浙江省科协
重点科普项目专项资助

中小学
气象科技探究实践

Zhongxiaoxue
Qixiang Keji Tanjiu Shijian

浙江省气象学会校园气象协会◎编

气象出版社
China Meteorological Press

图书在版编目(CIP)数据

中小学气象科技探究实践/浙江省气象学会校园气象协会编.
—北京:气象出版社,2014.8(2017.10 重印)
ISBN 978-7-5029-5990-6

Ⅰ.①中…　Ⅱ.①浙…　Ⅲ.①气象学-中小学-教学参考资料
Ⅳ.①G634.33

中国版本图书馆 CIP 数据核字(2014)第 197722 号

Zhongxiaoxue Qixiang Keji Tanjiu Shijian

中小学气象科技探究实践
浙江省气象学会校园气象协会　编

出版发行:气象出版社

地　　址:北京市海淀区中关村南大街 46 号		邮政编码:100081	
电　　话:010-68407112(总编室)　010-68408042(发行部)			
网　　址:http://www.qxcbs.com		**E-mail**:qxcbs@cma.gov.cn	
责任编辑:黄菱芳　胡育峰		终　审:章澄昌	
封面设计:符　赋		责任技编:吴庭芳	
责任校对:时　人			
印　　刷:北京中新伟业印刷有限公司			
开　　本:787 mm×1092 mm　1/16		印　张:19.25	
字　　数:468 千字		彩　插:1	
版　　次:2014 年 9 月第 1 版		印　次:2017 年 10 月第 3 次印刷	
定　　价:38.00 元			

本书如存在文字不清、漏印以及缺页、倒页、脱页等,请与本社发行部联系调换。

《中小学气象科技探究实践》编委会

主　　编:任咏夏

副主编:俞善贤

编　　委(以姓氏笔画为序):

申海明　邱良川　沈　钊　陈可伟

陈梅娟　赵贤产　俞国新　姚锦烽

徐　虹　程昌春　黎作民

序

穿越时间的隧道,追溯到46亿年前的时光,那时地球表面开始出现大气,随着大气的演化和运动,不但给地球带来无数生命,也给大自然带来勃勃生机。然而,大气运动也导致了无穷的自然灾害,狂风暴雨、电闪雷鸣、洪涝、高温、干旱、雪暴、低温、冻害、雾霾,造成山崩地裂、树倒家毁、人畜伤亡的惨象。

我国是世界上气象灾害比较严重的国家,根据《中国灾害史》和《中国自然灾害风险综合评估初步研究》两书统计,从公元前1766年的商代至民国时期的1936年,约3700年的时间里,发生的自然灾害共20 000多次,其中气象灾害15 000多次,约占自然灾害总数的70%。近20年来,我国平均每年因各种气象灾害造成的农作物受灾面积达4 800多万公顷,造成人员死亡4 400多人,直接经济损失达1 800多亿元,受重大气象灾害影响的人口达4亿人次。

大气运动的变化与人们的生活、生产息息相关。因此,气象科普不但历史久远,而且行于百科之先。我国对青少年实施气象科普教育始于秦代,秦宰相李斯编的我国最早的启蒙读本《苍颉篇》中就有气象科普教育内容。后来历代编的启蒙教育读本,诸如《三字经》《千字文》《幼学琼林》等就更加注重气象科普教育。到了20世纪初,我国以班级教学为模式的近代新式学校形成后,才有了常规、系统的校园气象科普教育,而后又有了从课本走向课外作业、课外活动等的演变、发展和飞跃。

在人类社会高度进步、科学技术高度发达的今天,各类科学技术的普及已经成为人们日常生活中的重要大事,其中气象科普更是重中之重,尤其是对青少年学生的气象科普教育。

新中国成立后,党和政府都非常重视校园气象科普教育,曾在全国范围内掀起了6次高潮,对成绩突出的中小学不但予以高度的重视与关注,还给予特殊的荣誉。如:陕西省西安市神鹿坊小学张友民校长,于1959年至1965年期间,不但连续7年被选为全国人大代表,还连续7年受党和国家主要领导人的邀请,登上天安门城楼参加国庆观礼;1978年10月,全国有10多所中小学被评为全国和省级先进单位,辅导员受邀参加"全国气象部门学大寨学大庆代表会议",受到党和国家主要领导人的亲切接见,并合影留念;1992年,时任国防部部长的张爱萍将军,时任全国人大副委员长、国务院副总理的陈慕华同志,中国气象局第五任局长邹竞蒙博士,时任湖南省省长的杨正午同志等曾先后给湖南省洪江市幸福路小学红领巾气象站题词。

然而,高潮与高潮之间也有过几个比较明显的低谷,虽然校园气象科普教育没有间断与消亡,很多中小学仍在坚持不懈地进行着。其中固然有诸多原因,可最主要的原因在于校园气象科普教育和气象科技活动在常年循环重复的气象观测之后,出现了极难突破的瓶颈问题。

其实,校园气象科普教育和气象科技活动还有无穷无尽的尚待开发的广阔天地和可以驰骋纵横的无限空间。《中小学气象科技探究实践》一书所表达的内容即是从洪荒中开拓出来的一片新圃,如果能在这片新圃上辛勤耕耘,相信一定能够培育出一批批茁壮的新苗。

我是《中小学气象科技探究实践》一书的主要组织者、编撰者之一，亲历了本书的酝酿、策划、设计、创作、编撰全过程。

本书在酝酿、策划时确定的主题是：通过丰富多彩的探究性学习模式的精心设计，将气象科技探究活动与校园气象科普教育紧密结合，从获取科学知识、树立科学意识、拓宽科学视野、培养科学精神、掌握科学技术与技能、提高全面素质的角度出发，努力打造和发展气象科技活动的载体与平台，突破校园气象科普教育普遍存在的瓶颈问题，开辟出与时俱进的广阔天地。

秉承我国著名的教育家、思想家、学者陶行知先生的"生活即教育""社会即学校""教学做合一"教育理念，以及他提出的"行是知之始，知是行之成"教育策略。本书在编写设计时，要求在选题上强调一个"做"字，使每个探究实践项目都能做得起来，在做中学习知识，在做中领悟科学原理，在做中掌握科学方法；在预期目标上，强调"过程"比"结果"重要，每个探究项目都没有标准答案，只有通过做才有结果；在统筹"知识"和"方法"上，避免单纯的"知识"灌输，重视"方法"的掌握，强调科学方法的合理应用。

纵观全书初稿，令人欣慰，无论是选题还是内容，完全达到当初设计的要求。这里值得一提的是，在科学方法的应用上，全书已经涉及大量的现代科学方法论元素：在获取科学事实、科学数据上有调查、观测和实验方法的应用；在调查研究中既有直接调查也有间接调查；在科学实验方面有定量实验、定性实验，还有模拟实验；在分析问题上有简化问题，抓主要变量，理想化（假设）思想的应用，在科学事实、科学数据的分析中，有演绎与归纳方法的应用，同时将相关相似判别法、比较法、对比法、类比法、求同法、差异法、剩余法、综合法等方法有机地融合其中；在科学数据分析和科学活动过程的表达上，有大量的科学图表的应用；在创造性科学思维培养上，有接近联想、相似联想、逆向思维、倾向思维的应用。

总之，本书不仅限于提供近 100 个可以借鉴应用的气象科技探究实例，更在于提供一种开展校园气象科技探究实践活动的思路和方法。"授人以鱼，不如授之以渔"。正是由于气象科学与生活、自然的紧密联系性和广泛应用性，以及气象灾害的多样性、危害性和常发性的特点，我们完全可以相信，只要思路正确，更多更好的气象科技探究实践活动的实例将层出不穷，校园气象科普教育必将上一个新台阶，并可持续发展。

在本书即将付梓出版之际，谨以此为序，表示祝贺和期待！

俞善贤

2014 年 5 月 8 日

前　言

　　1902 年 8 月 15 日,清廷颁布了《钦定学堂章程》,全国的中小学正式设置了《地理》课程,气象科普也成为其中重要的教育内容。1924 年 2 月 10 日,竺可桢等一批近代气象科学家在青岛浮山所七所小学内建立气象站,并开始气象观测,从此气象站进入了中小学校园,并开展了一系列活动。

　　110 年的校园气象科普教育,90 年的校园气象科技活动,从中小学的课本走到教室外的课外活动园地,经过了少先队、共青团活动项目,社团活动科目和科技教育平台的演绎,发展成今天素质教育的载体,为我国中小学教育立下了汗马功劳,在全国校园中留下了不可磨灭的印记。

　　然而,校园气象科普教育和校园气象科技活动的发展确也一路风尘,曾经有过影响全国、影响国际的辉煌,也有过暗淡、萎靡的时光。其中的道理十分简单:它的辉煌在于为气象科学普及、科技教育、人才培养发挥了不可替代的作用,但学生只是知识的学习和求索者,而不是实践发明的科学家,频繁的重复会使部分学生产生厌烦的情绪,因此,气象观测以后的后续活动便成了难以突破的瓶颈,成了校园气象科技活动展开与发展的缰绊。

　　浙江省气象学会校园气象协会在引导和发展本省校园气象科技活动时,也遇到了相似的难题。为了打破僵局,破冰远航,协会组织了杭州市德胜小学、杭州市留下小学、宁波市鄞州区高桥镇中心小学、温州市瓯海区丽岙镇第二小学、嘉兴市实验小学、嘉兴桐乡市崇德小学、湖州市爱山小学、湖州市德清县洛舍中心学校、舟山市岱山县秀山小学、金华市浦江县杭坪中心小学、上虞市竺可桢中学等十多所中小学的气象科技辅导员进行团体攻坚,经过讨论研究达成共识,决定编撰《中小学气象科技探究实践》一书。并于 2013 年 9 月 13 日组成编委会,同时对该书的编写内容、编写格式、编写进度,各编委的职责与任务等进行了全面部署,确保本书能够保质保量地按期完成出版面世。

　　《中小学气象科技探究实践》一书共分 9 篇,除"概论篇"外,每篇由 9～14 个气象科技探究案例构成。

　　"概论篇"是本书的综合概述,内容包括中小学气象科技探究的历史、目的意义、内容、方法以及目前的状况等。

　　"天气篇"是对天气、天气现象、大气中各种气象要素(如气温、湿度、云等)及天气过程进行探究的案例。

　　"气候篇"是对以月、季、年、数年乃至数百年以上为时间尺度的气候表征为研究对象,以各个不同侧面为专题进行探究的案例。

　　"生活篇"是以气象与人们的生活产生的关联为研究对象,从各个不同角度来探究的专题案例。

"生产篇"是以气象与工、农业及各行各业产生的关联为研究对象,从各个不同角度来探究的专题案例。

"预报篇"是以气象谚语预报、传统方法预报、现代科技预报为内容,从各个不同侧面进行探究的案例。

"实验篇"是以科学实验为方法,对气象科学领域内系列微问题进行探究,以明白科学道理、丰富科学知识为目的的专题案例。

"制作篇"是以动手制作为方法,对气象科学的观测仪器、使用工具进行探究,在明白科学道理、懂得科学知识的基础上,进行动手实践训练的专题案例。

"灾害篇"是以气象灾害为对象,以气象灾害危害的方式与性质为内容,以达到了解、掌握防灾减灾技术与方法为目的的探究案例。

《中小学气象科技探究实践》一书的写作有规定的模式,基本分为"概说""目的与意义""工具与材料""内容与步骤""说明""温馨提示""分析与结论""科学博士"等 8 个部分(有些篇幅不设置"说明"或"温馨提示")。

其中"概说"是对探究课题的概括性叙述,既介绍了课题的整体面貌,又给出了与课题相关的基础知识,为丰富师生的气象科普知识做了点缀。

"目的与意义"对探究课题开展的目的以及课题所具有的社会意义和实用性做了概括。

"工具与材料"和"内容与步骤"是对探究活动用品和内容的具体描述,虽然介绍的方法并不是唯一可行的,但却极具指导作用,特别是符合"只讲过程,不讲结果"的教育原则。

"说明"是对探究过程的补充叙述;"温馨提示"是对师生在活动过程中安全问题的具体强调。

"分析与结论"是虚设的栏目,是留给探究课题实际操作者填写的分析总结,课题设计者不需对其内容进行叙述。

"科学博士"包括"同类问题""拓展链接""延伸思考"3 个微问题,是专门为课题操作者在完成课题之后特别创设的后续拓展空间。

本书计划 5 个月时间写作,于 2014 年 2 月 10 日完成创作。如果历史记载确切的话,2014年 2 月 10 日正值我国气象站进入校园并开始观测 90 周年,在这个值得纪念的日子完成本书的创作,应该是我国校园气象科技活动史上一件具有重要意义的大事。

编　者
2014 年 2 月 10 日

目　录

实验篇

制作篇

灾害篇

概论篇

1995 年 12 月,美国国家研究理事会发布了《国家科学教育标准》(以下简称《标准》),该书清楚地描绘出了一幅在 21 世纪使面向全体美国人的科学素质教育成为现实的画面。《标准》中的一个突出特征就是对"探究"的强调,强调了学生需要发展的设计和实施科学实验研究能力以及应获得的对于科学探究本质的理解,强调了一种能使学生通过调查研究掌握科学概念的教与学的策略,也就是把科学知识的学习、科学方法的学习和科学精神的学习联系起来。

2005 年 2 月 9 日,我国颁布了《国家中长期科学和技术发展规划纲要(2006—2020 年)》,同时制定并实施了《全民科学素质行动计划纲要(2006—2010—2020 年)》(以下简称《纲要》)。《纲要》在未成年人科学素质行动的任务中提出:"完善基础教育阶段的科学教育,提高学校科学教育质量,使中小学生掌握必要和基本的科学知识与技能,体验科学探究活动的过程与方法,培养良好的科学态度、情感与价值观,发展初步的科学探究能力,增强创新意识和实践能力。"《纲要》也对"探究"进行了深度的强调。

美国的《国家科学教育标准》和我国的《全民科学素质行动计划纲要 2006—2010—2020 年》,是两部提升和发展综合国力的决策性重要文件,是目前激烈的国际综合国力竞争中,国家所采取和实施的重要部署与措施。

综合国力竞争是一个国家所拥有的生存、发展以及对外部施加影响的各种力量和条件的总和和势力的竞争,也是物质力量与精神力量相统一的竞争,其中科教兴国和人才培养是十分关键的一环。在这个环节中,各国都高度重视和充分强调"探究"的实施与运用,可见"探究"在教育和人才培养过程中的重要作用与分量。

一、探究性学习与校园气象科技探究活动

"探究"一词在我国文字史上有着悠久的使用历史,是追究事物或问题根本的意思。如:唐代进士元行冲在《释疑论》中说:"康成於窜伏之中,理纷挐之典,志存探究,靡所咨谋。"宋代大诗人苏轼在《寄周安孺茶》中说:"高人固多暇,探究亦颇熟。"清代学者姚范在《方颂椒山居记》中说:"与之登巉巖,披翁茸,盘桓寄思,探究窈窕。"近代著名作家巴金先生在《化雪的日子》中说:"我想把原因探究出来!"等。

"探究"一词在近现代来说,即科学探究,可分为科研工作者的探究活动和青少年学生的探究性学习。

科学探究是所有科研工作者科学素养的核心,其中除了科学技术知识外,还包括了科学思想、科学方法、科学精神素质。从国际科学技术史大量的案例统计分析来看,大凡杰出的科技人才在科学素养方面不但比较全面,而且还各有所侧重。如:希尔伯特比别人更关注科学思想,爱因斯坦比别人更强调科学方法,居里夫人比别人更具有科学精神。这些就是他们能够成为国际顶级科学大师的重要原因之一。

青少年学生的科学探究,也称"发现学习""探究性学习",是新课标积极倡导的一种积极的学习过程和方法,它让学生在学科领域内或现实生活情境中选取某个问题作为突破点,通过质疑、发现问题、调查研究、分析研讨、解决问题、表达与交流等探究学习活动,获得知识,激发情趣,掌握程序与方法。

探究性学习具有很多鲜明的特点,其中自主性、实践性、过程性、开放性等特点尤为突出。

所谓自主性,即自主学习,就是始终把学生作为活动的主体,让他们积极主动参与活动全过程,以自己原有的经验和知识为基础,通过积极主动的亲身体验与实践和深入的探索与研究,运用学过的知识来解决新的问题。这种自主性的探究学习,可以促进学生主体意识和主体能力的形成与发展,有利于塑造学生独立的人格品质。

所谓实践性,就是让实践活动贯穿于学习活动的全过程,让学生运用多种感官,通过感知、操作和语言等实践活动,实现直接经验和间接经验的交融与统一,促进了学生的认知发展。

所谓过程性,就是重视和关注过程,强调让学生经历一个完整的知识发现、形成、应用和发展的过程;强调让学生像科学家那样,发现问题、解决问题,经历一个完整的科学研究过程,体验发现知识、再创知识的创新过程。

所谓开放性,就是学习内容和探究结果的开放,为学生提供大胆创新、实现自我超越的学习环境,让学生在实践过程中,大胆地怀疑,提出问题,探讨解决问题的方案,对不同结果进行综合分析,培养与促进学生创新意识和创造能力的发展。

总之,探究性学习就是让学生以模拟科研工作者科学探究活动的方式获取科学知识,并在学习的过程中,学会科学的方法和技能、科学的思维方式,形成科学观点和科学精神。

然而,中小学学生的探究式学习和科研工作者的科学探究活动有着根本的区别:

(1)科研工作者科学探究活动的目的是要获取科学研究的新成果,推动国家科学技术的发展与发达;而学生的探究式学习目的在于获取新知识、新方法、新体验,掌握科学探究的方法与技能,促进学生自身的发展。

(2)科研工作者的科学探究活动要获取的新成果是历史上未有人知的新发现与新发明;而学生的探究式学习的新知识是学习者的未知与未能,并非世人的未知与未能。

(3)科研工作者的科学探究活动比较注重结果;而学生的探究式学习侧重于过程。

(4)科研工作者的科学探究活动以某一学科领域的尖端理论与知识结构为基础;而学生的探究式学习以学习者的学科结构和基本知识为基础。

(5)科研工作者的科学探究是向复杂、尖端的方向进军突破;而学生探究式学习中的问题、过程等环节往往被简化。

(6)科研工作者的科学探究项目由国家规划、科研单位部署或科研工作者自主提出;而学生的探究式学习的题目往往是由教材或教师提出并确定。

探究性学习是国际社会公认并积极强调高度重视的教学模式,虽然并不是所有的问题都适合探究性学习,但适合于探究性学习的学科课题实在是数不胜数,校园气象科技探究就是其中一门重要的课题。

首先,气象科学在近现代科学家的共同努力下,已经形成比较完整的独立科学体系,而且还派生出近百门分支科学。其中虽然还有很多有待科研工作者进行进一步探究的课题,但在已经完成的所有学科门类中,却有无穷无尽的课题供中小学学生用来设计探究。

第二,气象科学是一门交叉科学,随着科学技术的进步与发达,它与其他科学领域的交叉、渗透和辐射日益广泛与深入。因此,在实施气象科技探究时,不但会获取气象科学知识,而且还会获取相关学科的知识。

第三,在中小学的各门课程中,不但在《科学》《地理》等课程中有专门的气象科学知识教育,而且在《语文》《数学》《物理》《化学》《英语》《历史》等多门课程中也有气象科学知识的教育。

因此,通过气象科技探究活动,不但可以延伸、补充多门学科的课本知识,还可以拓宽学生的科学视野。

第四,气象科学与人们是息息相关的"零距离"密切关系,通过探究实践可以使学生明白生活中的许多事理,可以了解与人们相关的生产、交通、环境、科研以及城乡建设中与气象之间的科学联系。

第五,气象科技探究可以实施的模式繁多,其中比较典型的"动手做"学习模式和情境探索学习模式,对培养学生的动手能力,树立科学态度、科学精神,提高全面素质有着不可替代的作用。

鉴于上述,便是我们发动中小学教师创作编撰《中小学气象科技探究实践》一书的最原始初衷。

二、校园气象科技探究活动的历史

我国校园气象科技探究活动的历史源远流长,大约可以追溯到 20 世纪 20 年代。究其发展的过程,可以分为作业与实验、观测与预报、活动与探究等 3 个阶段。

第一阶段:作业与实验

1918 年,竺可桢先生在美国哈佛大学获博士学位回国,先后执教于武昌高等师范学校和南京高等师范学校。

竺可桢先生虽然任教高校,但对中小学的地理教育非常关注。1922 年 2 月,竺可桢先生在《史地学报》上发表了《地理教学法之商榷》一文,在当时的地理教育界产生了很大影响。该文共由 4 部分组成,其中第 3 部分是全文重点,也分为 4 点,第 4 点的原文是:"凡各种科学非实验不为功。地理既为研究地形、气候对于人生之影响一种科学,则断不能专恃教科书与地图,必须观察地形,实测气候,使儿童亲尝目睹,则较之专恃教科书与地图者,必能收事半功倍之效。故野外旅行与气象测候所之设立,实为中小学地理所不可少者也。"

竺可桢先生的这段论述,非常明确地提出了地理教学与学习的两条措施,一是必须动手实践,二是中小学必须设立气象观测所,也就是现在的校园气象站。竺可桢先生提出的两条措施,对于今天中小学的地理教学与学习仍然是行之有效的方法。

同时,竺可桢先生参与了多种《课程标准》的编写,特别是小学、初中、高中各学历段《地理课程标准》的编写,对中小学的地理教材、教学方法、作业、课外活动等都做了具体的规划和设计。

竺可桢先生参与编写的《地理课程纲要》中增加了许多动手动脑的气象科技活动项目。如《小学地理课程纲要》中的教材程序:

(1)用家庭设计,以研究气候与衣、食、住的关系。

(2)实地或用沙盘设计,以了解位置及地势等。

(3)由衣、食、住研究生产、输送、气候等关于地理的问题。

(4)连带研究日、月、星、风、雨、雪及四季、昼夜等各简单问题。

(5)地球运转状况和天气差异等,及其与人类文化关系的大概。

竺可桢先生参与修订的《小学常识科课程标准》增加了乡土地理的内容,该标准在设计的作业类别中设计了"乡土自然环境的研究"的题目,如:"气候(冷暖)的省察,本地气候变化(晴、雨、风、云、雪、霜、露、雾、雹)现象的观察研究,并开始记载温度气候等。"在"教学要点"的第 11 点规定了常识教学应有相当的设备,如:"……观测气候用的指风针、雨量计、温度表、气压表和参考应用的图书等。"

在作业的设置上也很有新意。如小学自然"各学年作业要项"中关于地学部分的设置:

(1)第一、二学年:①冷暖的省察。②秋冬春夏四时景物变化象征的观察研究。③春夏秋冬四时的认识。④云、雨、风等的研究。⑤日常晴雨的记载研究。⑥温度的记载研究。

(2)第三、四学年:①四时物候变化象征的调查、观察、研究、记载等。②植物和阳光关系的研究。③潮汐的发生,雨、露、气压的变化等的研究。④岩石风化的原因,山川的变迁等的研究。⑤昼夜运行与日食、月食等的研究。

(3)第五、六学年(此部分内容为地质学方面的作业,在此不做详细介绍)。

此外,《地理课程标准》还要求要配备地理教具,如:沙盘、模型、标本、幻灯片、图片、地图、地球仪、气象仪器等;要求学生要进行"观察、调查、旅行、讨论、发表、设计"等活动。

竺可桢先生的地理教学建议和亲自参与编写的《中小学地理课程标准》,设计的气象科学教育课外作业内容和实验活动方式,为我国中小学的校园气象科技探究开启了先河。

第二阶段:观测与预报

20 世纪 50 年代,刚刚成立的中华人民共和国很多方面都借鉴前苏联的经验与模式,教育方面表现得尤为突出。当时,校园气象站建设正风靡前苏联全国,这个经验也被介绍到我国,因此,当时我国县以上的重点中小学都比较普遍地建立了校园气象站。

1958 年,党中央在大办农业的同时,发出了"向科学进军"的号召,一时间全国数以万计的校园气象站拔地而起。这些校园气象站不但进行常规的六要素以上的气象观测,还直接参加了当地气象部门的天气预报业务。

到了 20 世纪 70 年代,随着党中央提出的"农业学大寨"和"建设大寨县"运动的深入发展,各地校园气象站的气象观测和天气预报业务日臻成熟,不但为当地农业生产发展做出了贡献,而且还造成了一定的国际影响。如:湖南省洪江市幸福路小学被评为全国先进单位,广西壮族自治区桂平县三罗小学等 4 所中小学、四川省兴文县大坝小学、陕西省西安市神鹿坊小学等数十所中小学被评为省级先进单位。据有关书籍记载,湖南省洪江市幸福路小学、陕西省西安市神鹿坊小学、广西壮族自治区桂平县三罗小学等学校的校园气象站还先后吸引了 20 多个国家的国际友人前来参观学习。

这个阶段的校园气象站,在进行气象观测和天气预报的同时也开展了气象科技探究活动。中国气象局主办的《气象》杂志,曾刊登了很多各地校园气象站的探究性小论文;各省气象局主办的相关气象杂志也刊登了大量学生气象科技探究论文。虽然这些论文的探究范围局限于天气、气候与农业,但就气象科技探究而论已经跨上了一个新台阶。

第三阶段:活动与探究

到了 20 世纪 80 年代初,随着我国气象事业的飞跃发展,校园气象站参与天气预报业务的活动也渐渐淡出历史舞台。但我国校园气象科技探究的脚步却没有停止,而且探究的范围逐渐扩大,探究的高度不断提升。如湖南省洪江市幸福路小学红领巾气象站撰写的科普实验小论文《蚊子和天气》,该文的作者用 3 年多时间,通过对蚊子的仔细观察与深入研究,弄清了"蚊子为什么要吸血?""蚊子与天气有何关系?"等问题,并运用朴实、生动、自然的语言将科学道理表达出来,具有极强的可读性。这篇小论文在获得第一届全国青少年发明创造和科学讨论会论文一等奖后,即被中央人民广播电台《星星火炬》节目广播。接着,又先后被《中国青年报》《中国少年报》《少年科学画报》等报刊转载。它曾被编入湖南省小学《自然》第九册课本,1984年又入选由中国科普创作研究所编选、中国少年儿童出版社出版的《少年科普佳作选》一书。至今,人民教育出版社为配合小学《科学》第一册第四单元《天气与生活》教学而编写的《科学与生活》读物还选用这篇小论文。

其后,《神秘的风》《看虹识天》《谁是春天的第一个绿衣使者》《"立体气候"和"立体农业"》《山区暖带景观》《对洪江地区酸雨成因的分析》等科技论文,先后被《气象知识》《中国环境报》等国家级杂志、报纸刊用。

此外,浙江省德清县洛舍中心校红领巾气象站、安徽省铜陵市望江亭小学红领巾气象站等,都有不少气象科技论文被省、市、县有关部门评奖。这是我国校园气象科技探究活动的又一次大飞跃。

新世纪前后,随着我国新课标改革和素质教育的不断深入,校园气象科技探究便成为优秀的素质教育载体与平台,被广泛地推广和普遍使用。

三、校园气象科技探究活动的特点与未来发展态势

校园气象科技探究是中小学学生探究性学习的一种常用模式,经过长期的使用和历史的考验,越来越被中小学师生认可,因此,使用的人越来越多,使用的频率越来越高。究其原因,是因为校园气象科技探究具有如下特点:

其一是专题性。校园气象科技探究的专题性质极强,它立足于气象科学的理论与原理,探究一切与气象相关的问题。

其二是辐射性。由于气象科学是一门交叉科学,它与其他学科互相辐射渗透,因此,在探究的过程中,学生在明白和掌握气象科学知识的同时,也明白和掌握了其他学科的知识。

其三是广泛性。中小学课本上的气象科学板块虽然不大,但知识含量却非常丰富,涉及气象科学的整个体系,因此,探究性学习就拥有无穷无尽的广泛题材与课题。

其四是社会性。气象科学除了与人们的生活关系极为密切之外,还和传统行业的生产与发展关系密切。随着现代科学与社会的发展,气象科学对高新行业与现代科学的渗透与辐射也日益深入。因此,气象科技探究具有非常广泛的社会意义。

其五是时代性。当代气象科学的进步突飞猛进,在气象科技探究的过程中,不但可以对传统的题材与课题进行探究,而且还可以对现代气象科技进行探究,因此,它具有与时俱进的时代性。

上述5个方面的特点,赋予了校园气象科技探究旺盛的生存力和强大的生命力。可以预见,当探究性学习将成为未来主要学习模式之时,校园气象科技探究将成为未来中小学教育中首选的模式之一。

天气篇

实践1　酷暑天，车内温度知多少

申海明

（嘉兴市实验小学）

一、概说

对现代人来说，汽车就是流动的"家"，这个"家"的冷暖直接影响到人们的身体健康和人身安全。有人曾在夏天对从树荫下移至烈日下的车内温度进行测量，在密封的狭小车内空间，短短10分钟内温度从40 ℃快速上升到50 ℃以上。在如此高温环境中，不但会使车内人员的舒适度骤降，而且随时有可能发生殃及车辆与人身安全的事故。

车内环境有别于自然环境，汽车外壳由金属构成，金属的导热性比一般的材料好；车体内侧和座椅等设施使用了大量的塑料与皮革制品，这些设施在制造的过程中使用了大量的胶体，在高温下，塑料制品和胶体会散发出有毒有害气体。而车内许多日常用品在高温下极容易产生异变，造成人们意想不到的事故。

多年来，根据各种媒体的报道和相关部门的统计，高温下发生车毁人伤的事故数量惊人。因此，高温下给爱车"把脉"也成了"拥车族"关注的焦点。

二、目的与意义

开展高温下车辆内外气温变化的调查活动，目的在于让学生了解高温下特定环境中的气温变化规律，同时通过对调查数据的分析，认识和预测这种变化可能产生的不良后果，并探索高温下改善车体内部环境的方法和措施。

通过该项活动，可以增强学生的多方面安全意识，提高学生自我保护的方法与技术，同时能够提高学生的科学探究能力，将自己学到的气象科学知识应用于社会实践，服务广大公众。

三、工具与材料

- 普通温度表4支（使用前先与校园气象站百叶箱中的温度表进行校正对比，并将器差记录下来，测量时对测量值进行订正）
- 计时钟表4个
- 记录簿4份
- 笔及制图用工具4份

四、内容与步骤

1. 实地测量调查

(1)选取一年中气温最高的夏季进行。

(2)组织12位学生分成4个小组,每小组由3位学生组成。

(3)选取学校驻地东、南、西、北4个不同方位比较空旷且停车比较集中的4个地点。

(4)4个小组成员约定在同一天中的同一指定时间内,在4个不同的确定地点对车辆的内外温度进行测量。

(5)每次调查测量分5次进行,测量的时间间隔为10分钟。

(6)这种实地调查测量视天气情况可多次进行,可连日或隔日。

(7)设计如表1所示的表格,并将实测的数据要填入表中。

表1 观测数据记录表

时间 温度	( ):( )	( ):( )	( ):( )	( ):( )	( ):( )
车内温度	( )℃	( )℃	( )℃	( )℃	( )℃
车外温度	( )℃	( )℃	( )℃	( )℃	( )℃

(8)根据上表的实测数据,经过统计整理求出平均值,并仿照图1制成柱状图。

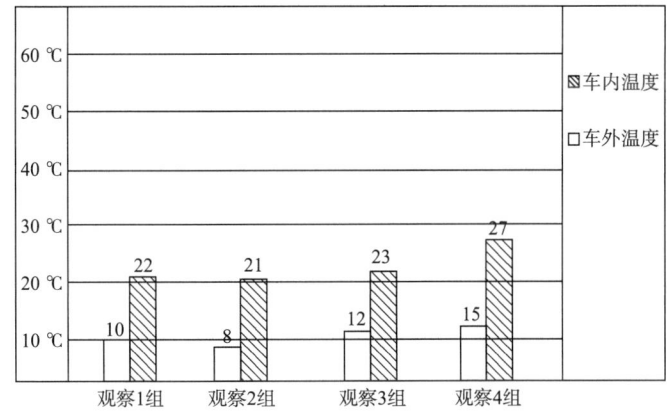

图1 车内、外温度对比图

2. 搜集因车内温度过高引发事故的新闻报道

(1)搜集报纸、网络、电视、广播等媒体上有关车内高温引发车辆事故的报道(如汽车自燃、自爆及人员伤亡等),特别要注意摘录事故发生时的自然环境气温和车辆内部空间的温度,以及事故发生过程的描述。

(2)将搜集到的事故案例进行综合分析后,按其性质类型进行分类。

(3)设计如表2所示的表格(表格列数可根据需要自定),并将事故案例按分类录入表中。

表 2　高温引起的车辆事故统计表

事故类型 \ 项目					
车辆颜色					
事发次数					
事发气温					
事故原因					

3. 对比分析

（1）对比烈日下车内和车外的温度差。

（2）根据车内外环境条件差异，分析车内温度比车外温度高的原因。

（3）找出引发事故的隐患（如在高温天气下，车厢内置放了汽车香水、液化气雾剂、碳酸饮料、老花镜或放大镜、电池及带电池的小电器、手机、手提电脑、平板电脑、游戏机等物品）。

（4）思考并提出消除安全隐患及有效降低车体内部温度的具体方法与措施（如常备灭火器、给车身穿反光罩等）。

五、说明

（1）"车内温度知多少"的调查是一项严肃细致的科学探究活动，要求每个组员都必须认真对待，每一个测量数据都必须真实有效。

（2）实际调查研究活动应选择晴朗、少云、静风的炎热高温天气。车内外气温测量均应避免阳光直射温度表。

（3）本调查实践方案，适合小学高年级学生进行。

六、温馨提示

在活动开展前，辅导老师必须事先对安全问题进行强调和警示；在活动实施的过程中，最好有辅导老师或家长陪同，做好交通安全和防暑降温的工作。

七、分析与结论

八、科学博士

同类问题：''温室效应''的研究。

拓展链接：在高温天气下，置放在车厢内的汽车香水、液化气雾剂、碳酸饮料、老花镜和放大镜、电池及带电池的小电器、手机、手提电脑、平板电脑、游戏机等物品的耐温程度研究。

延伸思考：夏日高温下，工厂、机关、学校等部门的安全、防暑等研究。

实践 2　桥面易积雪冻冰原因初探

程昌春

（浦江县杭坪镇中心小学）

一、概说

　　桥是跨水行空的道路，建桥的目的就是为了解决跨水或者越谷的交通问题，以便于运输工具或行人通行无阻。因此，桥也成为各地居住人群间交往的通道，成为促进社会发展和经济繁荣的一种重要设施。随着社会的进步和科学的发达，桥的作用也在不断地发展。在现代交通中，桥成了公路、铁路等陆路交通系统中不可或缺的有机组成结构，甚至还成了海岛的跨海纽带。

　　但在现代交通道路和交通工具高度发达的今天，桥面易于积雪和冻冰的现象也给人类社会带来了不少祸害，酿成了不少惨剧。如 2013 年 2 月 9 日上午，由于桥面积雪结冰，上海浦东有二十多辆车连环相撞，造成车辆毁坏和人员死伤的惨剧。这类交通事故各地都在频频发生。

二、目的与意义

　　桥面积雪冻冰是各地冬季下雪和阴雨天常见的现象，是妨碍行人和车辆交通的重要因素。通过引导学生对这种现象进行探究，了解形成这种现象的原因，可以达到如下目的：①让学生了解环境条件和气温变化的关系；②增强学生出行的安全意识；③帮助学生思考人员和车辆行驶安全的对策与措施；④提高学生综合实践能力，激发热爱科学的兴趣。

三、工具与材料

- 温度表 3 支
- 数码照相机 3 台
- 道路交通安全警示标志（三角牌或警示柱）若干个
- 30 米长的皮卷尺 3 只
- 50 厘米塑料直尺 3 把
- 指南针 3 个
- 记录簿若干本
- 笔若干支

天气篇

四、内容与步骤

(1)组织 12 名学生组成探究组,并分为 3 个小组。

(2)选择学校周边 3 座长度不一、建筑材料不同、环境位置各异的桥梁。

(3)规定统一的探究时间、探究内容、探究方法等。

(4)对所选择桥梁的环境条件进行勘察并拍照,将数据记录在表 1 和表 2 中。

表 1　桥梁环境条件记录表

桥梁名称:＿＿＿＿＿＿＿　　所处地点:＿＿＿＿＿＿＿

桥梁位置	东经:	北纬:	海拔高度:
桥梁朝向			
桥梁长度			
桥梁宽度			
桥下空间垂直高度			
最近障碍物距离			
桥梁建筑材料			
积雪厚度			
冻冰厚度			

探测小组组员:＿＿＿＿＿＿＿＿＿＿＿＿

表 2　观测数据记录表

桥梁名称:＿＿＿＿＿＿＿　　所处地点:＿＿＿＿＿＿＿

温度测量	离地面1.5米大气温度	离桥20米路面温度	路桥连接处温度	桥面左边温度	桥面右边温度	桥面正中心温度
第一次						
第二次						
第三次						

探测小组组员:＿＿＿＿＿＿＿＿＿＿＿＿

(5)对资料进行统计整理,绘制统计图。

(6)根据图表资料进行对比、交流、总结。

(7)撰写科技小论文。

五、说明

影响气温变化的环境条件因素较多,因此,本次探究还要兼顾桥梁建筑的材料、桥身长短、桥面高度、光照强度、周边条件等。对气温和桥面温度进行观测时均应避免或遮挡阳光直射温度表。

六、温馨提示

此次实践活动是在校园以外的交通道路上进行的,为了学生的人身安全和探究实践的顺利进行,特做如下参考建议:①活动仅局限于学校附近某个小范围。②不要选择高速公路和高铁的桥梁。③科学地布置交通警示标志。④每队学生都要有教师参与,活动前教师务必对学生进行比较周到的安全教育;活动中教师应特别关注学生的动向,确保学生的人身安全。

七、分析与结论

八、科学博士

同类问题:对易于积雪和冻冰的各种路段的探究。

拓展链接:影响气温变化的环境与条件。

延伸思考:人员和车辆在易于积雪冻冰桥面通过时的安全措施与对策。

实践3 酸雨观测

黎作民　陈秀芬
（湖州市爱山小学教育集团）

一、概说

　　酸雨,也称酸性降水,也就是说降水中含有多种无机酸和有机酸,绝大部分是硫酸和硝酸,还有少量灰尘。酸雨是一种能够对人类、建筑物、地面植物、水生生物等都能造成危害的降水现象,因此引起了现代人的高度关注,并对其进行了观测测量。

　　在观测测量酸雨时用"pH值"来表示降水中酸碱程度。pH值的概念是1909年由丹麦生物化学家索伦·彼得·劳里兹·索伦森提出的。溶液的pH值一般为0～14。在常温下(25 ℃),当溶液的pH值为7时,溶液呈中性;pH值小于7时,溶液呈酸性,值越小,酸性越强;pH值大于7时,溶液呈碱性,值越大,碱性越强。人们一般把pH值小于5.65的雨水称为酸雨,选择5.65这个值的原因是:常温下,二氧化碳气体溶于水达到饱和时的pH值为5.65,而二氧化硫溶于水形成的亚硫酸酸性略强于碳酸。

二、目的与意义

　　通过采集同一区域不同观测点的雨水样本,使用规定的测量手段测定雨水样本中的酸碱程度,可以达到以下目的:①让学生了解周边的大气环境情况;②让学生运用科学的手段实施科学实验,体会学科学、用科学的乐趣;③通过分析数据,培养学生的数据分析能力。

三、工具与材料

- 剪刀每组一把
- pH试纸若干张
- 记录用的纸和笔若干份
- 废弃的矿泉水瓶若干个
- 纱布若干
- 皮筋若干

四、内容与步骤

　　(1)选取本地若干个有代表性的观测点。

(2)将学生分为若干个观测组(每组2人以上)。

(3)制作雨水采集器,方法为:取一个空矿泉水塑料瓶,沿瓶身的3/4处剪开,边缘用砂纸打磨光滑,瓶口蒙上纱布,把上半部分套入下半部分,做成简易的雨水收集器,见图1。

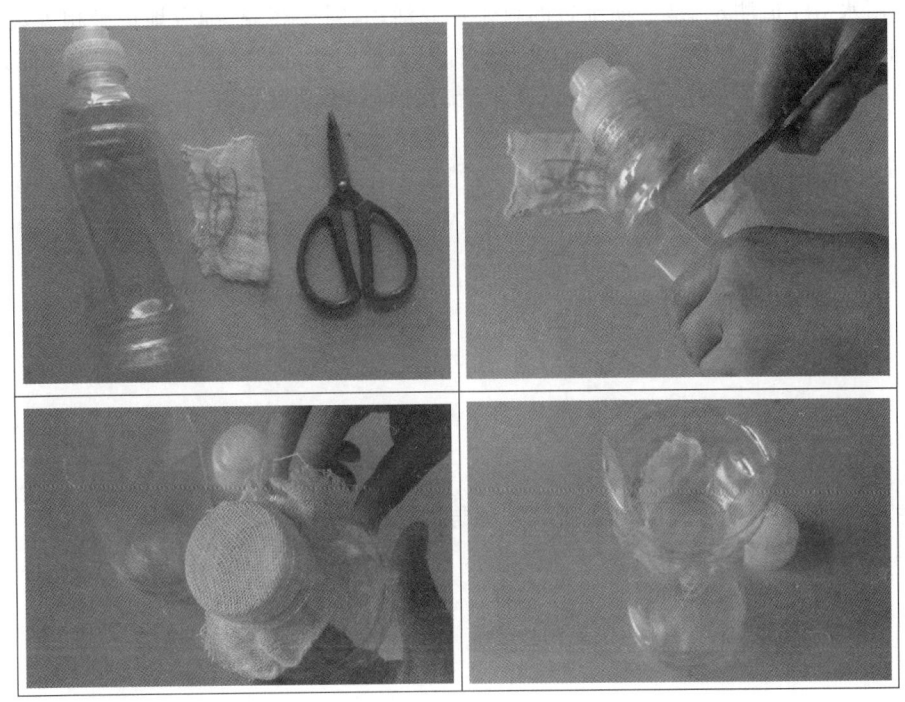

图1 雨水采集器的制作

(4)采样。选择同一区域,不同地点,分时段收集雨水。

(5)测定。样品取回后,利用pH试纸测定pH值。用玻璃棒把待测样品滴在pH试纸中间,把试纸显示的颜色跟标准卡对比,得到pH值,并记录在表1中。

表1 _____地区雨水pH值测量记录表 _____年_____月_____日

		采集点1	采集点2	采集点3	采集点4	采集点5
测量地点						
pH值	第1次					
	第2次					
	第3次					
	第4次					

(6)分析数据。对比不同时段的数据差异,分析、提出问题;对比同一时间,不同地点的数据差异,分析、提出问题。

五、说明

(1)"雨水 pH 值测定"是一项细致的科学探究活动,需要客观、细致地记录相关数据。

(2)活动后期的思考是本次活动的关键。针对当地雨水的 pH 值状况,可以向有关部门提出自己的建议,并向同学们发出倡议:低碳生活,保护环境,从我做起。

六、分析与结论

七、科学博士

同类问题:土壤酸碱度的测定。

拓展链接:酸雨的形成原因。

延伸思考:酸雨的危害及防治酸雨的方法与措施。

实践 4　影响蒸发速度因素的探究实验

范晓岚　陈梅娟

（嘉兴桐乡市崇德小学）

一、概说

在日常生活中,我们常常会见到这样的情况:一阵雨过后,许多坑洼的地方都积满了水,雨后天晴,有些地方的积水很快就干了,可是有些地方一时半会儿还干不了。这是为什么呢?

积水干掉的原因除了渗入地下就是被蒸发了。从物理学的角度讲,蒸发就是物质从液态转化为气态的相变过程。从气象学的角度讲,蒸发就是水由液态或固态转变成气态,水分子上升散布到大气中去的过程。

蒸发是自然界十分常见的现象,它与工农业生产和人们的生活有着非常密切的关系。首先,蒸发是海洋水、陆地水和大气水之间进行互相转换的水循环运动不可或缺的重要环节,水循环运动使陆地上的水资源不断地得到补充,滋润土地、哺育生命;其次,蒸发能够净化水资源,使工业生产、农业生产和人们生活用水不断得到更新;再次,水的蒸发增加了空气中的湿度,为地球上的一切生命提供了舒适的环境。

二、目的与意义

蒸发是气象观测中的一个重要项目,因为蒸发与天气变化有着密切的关系。造成蒸发的因素很多,首先是必须要有水源,没有水源是不可能有蒸发的,开阔水域、雪面、冰面或潮湿土壤都能产生蒸发;其次是要有热源,如果没有热量供给,蒸发面就会逐步冷却,蒸发减缓或逐渐停止;除此之外,还有很多影响蒸发的因素。本次活动的目的在于:①通过课题探究,使学生了解蒸发和对蒸发进行测量的重要性;②通过对影响蒸发速度因素的探究,掌握控制与调节蒸发速度的方法及技能,以服务于工农业生产和人们的日常生活。

三、工具与材料

- 气象用小型蒸发皿 2 个
- 储水瓶 1 个
- 量杯 1 个
- 大烧杯 2 个
- 酒精灯 2 个

- 大功率电风扇 1 台
- 小功率电风扇 1 台
- 笔记本若干本
- 笔若干支

四、内容与步骤

本活动通过 3 个小实验来完成。

实验 1

选取晴朗的日子,用雨量杯各量取 20 毫米的清水倒入 1 个气象用小型蒸发皿和 1 个储水瓶,按照气象观测规定,在第一天的 20 时置放在露天空旷处。要求 2 个器物的上口高度一致,器物并排靠近。到第二天的 20 时,把经过 24 小时蒸发的 2 个器物中的水用量杯测量,并将测量的结果记入笔记本中。该实验连续进行 3 次。

实验 2

第 1 次,取 2 只型号相同、体积大小相同的大烧杯,用雨量杯各量取 20 毫米的清水倒入其中,1 只置放在常温处,另 1 只置放在 1 盏燃烧的酒精灯上加热。10 分钟后对 2 只烧杯中的水进行测量,并将测量的结果记入笔记本中。

第 2 次,也取 2 只型号相同、体积大小相同的大烧杯,用雨量杯各量取 20 毫米的清水倒入其中,1 只置放在常温处,另 1 只置放在 2 盏同时燃烧的酒精灯上加热。10 分钟后对 2 只烧杯中的水进行测量,并将测量的结果记入笔记本中。

实验 3

取 2 个相同型号的气象用小型蒸发皿,用雨量杯各量取 20 毫米的清水倒入其中,用大功率电风扇对着其中一个蒸发皿吹风,用小功率电风扇对着另一个蒸发皿吹风。同时吹 10 小时,然后对 2 个蒸发皿内的水进行测量,并将测量的结果记入笔记本中。本实验进行 2 次。

五、说明

(1)实验 1 为探究水面面积不同对蒸发速度的影响;实验 2 为探究不同热能对蒸发速度的影响;实验 3 为探究风力大小对蒸发速度的影响。

(2)影响蒸发速度的因素除上述几点之外,还有其他因素,也可以设计实验深入探究。

六、温馨提示

在实验的过程中,教师务必提醒学生注意用电、用火及使用玻璃器皿时的安全。

七、分析与结论

八、科学博士

同类问题：探究影响蒸发速度的其他因素。

拓展链接：寻找蒸发与工农业生产、人们生活的密切关系。

延伸思考：如何利用蒸发耗热的性能，在夏日高温时给我们的生活与工作环境降温？

实践5　用平移填补法观测云量

陈梅娟[1]　蒋林锋[1]　张宏云[2]

（1. 桐乡市崇德小学；2. 桐乡市崇福镇留良中心小学）

一、概说

云是地球水循环过程的产物，是由千千万万个悬浮在空中的小水滴或小冰晶组成的，是从地球表面的水体经过蒸发升腾到大气层中的水汽经过冷却凝结或凝华而形成的。云在天空中的运动、发展和演变，在一定程度上能够预示未来的天气变化，因此，它便成了气象观测和天气预报中的重要项目。云的观测包括判断云状、估计云量、测定云高等3项，是气象观测中的目测项目，依靠观测员的目视作出判断。

云量是指云遮蔽天空视野的成数。我国气象业务观测中采用10成制来估计，即将整个天空划分为10等份，云占天空的十分之几，当时的云量就记为几，如云块占全部天空的1/10时，云量为"1"。记录云量一般只记整数，不记小数。云量在0～2时称为"晴天"，云量在3～5时称为"少云"，云量在6～9时称为"多云"，云量在9以上时称为"阴天"。

在小学《科学》教学中，学生可以用更简单的方法来描述和记录云量，即把天空当作一个圆，平均分成4份，把看到的云量填充到这个圆里，按照云在天空中所占的份数进行区分。如果云量不超过圆面的1/4就是"晴天"；如果云量超过1/4但不超过3/4就是"多云"；如果云量超过3/4或覆盖了整个圆面就是"阴天"。

二、目的与意义

在传统的气象观测中，云量观测的结果以当班观测员的判断为有效结果。当班观测员的判断能力与技术直接关系到"观测结果"的准确性和科学性。在校园气象观测中，学生们的判断能力与技术毕竟有限，采用"平移填补法"来观测云量，既可以提高观测结果的准确性，又可以达到下列效果：①极大程度地提高了校园气象观测云量的质量；②通过画画、剪剪、摆摆的简单操作，让学生认识"方法与技术"运用的重要性；③培养和提高学生的研究判断能力；④激发学生科学探究的兴趣。

三、工具与材料

- 云量观测记录单若干张
- 画有2个圆的记录纸若干张

- 铅笔若干支
- 小剪刀若干把

四、内容与步骤

（1）准备一张画有 2 个大小相同圆面的记录纸，把圆面分成 4 份，如图 1 所示。

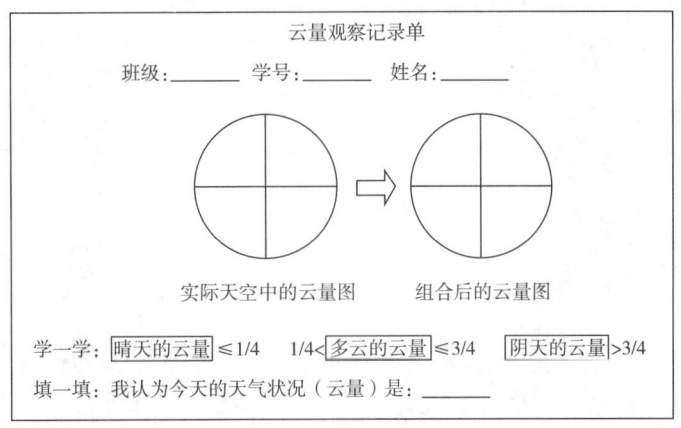

图 1　云量观察记录纸

（2）老师带领学生到室外空旷的地方，观察讨论当时天空的云量。

（3）如图 2 所示，把看到的云状画在记录单上的第一个圆面上（老师对学生记录的云块大小要进行把关，以保证记录结果贴近实际情况）。

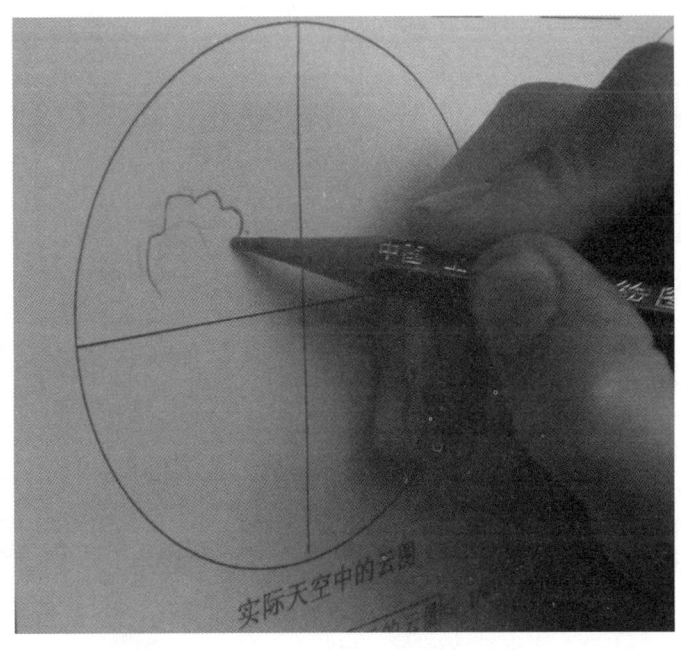

图 2　画出观察到的云状

（4）用剪刀把第一个圆中画有不同形状的云的纸片剪下来（图3）。

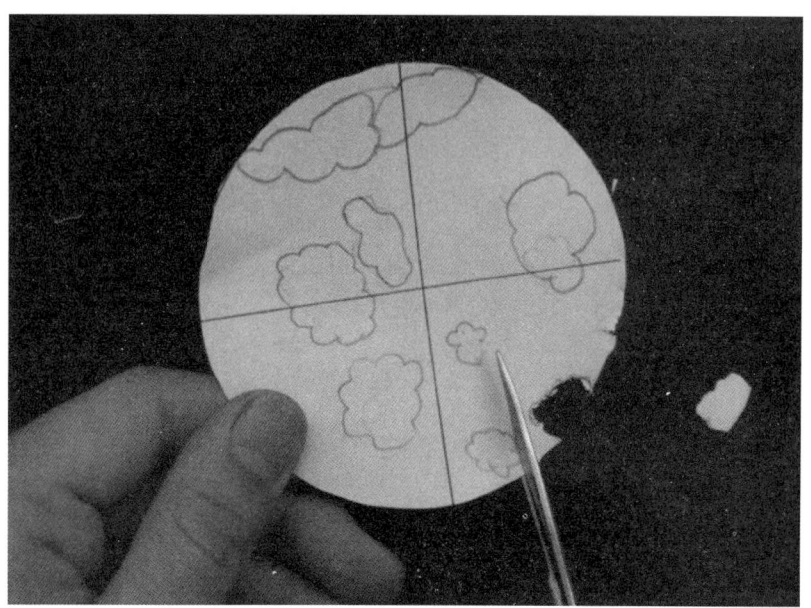

图3　将画好的云剪下

（5）把所有的小纸片一张挨着一张摆放到第二个圆面中（图4）。

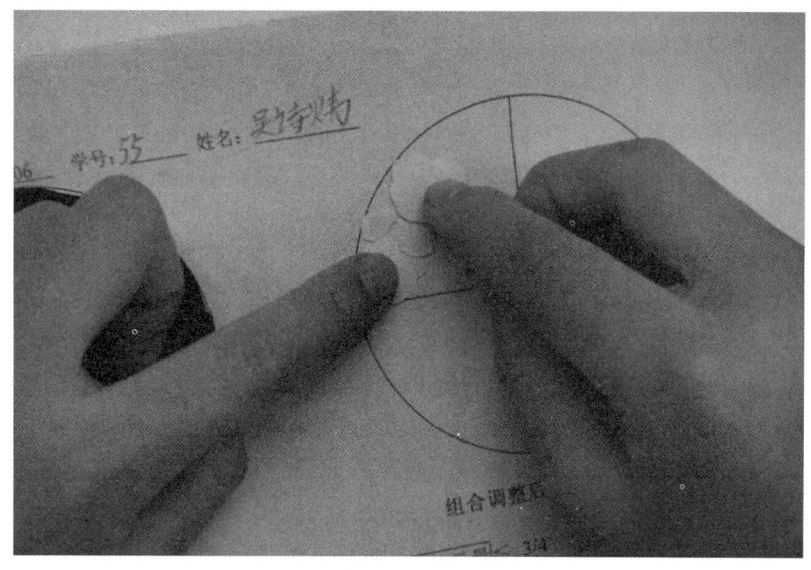

图4　将剪下的云摆放到第二个圆中

(6)观察重新组合后的云量图占圆面的几分之几(图5)。

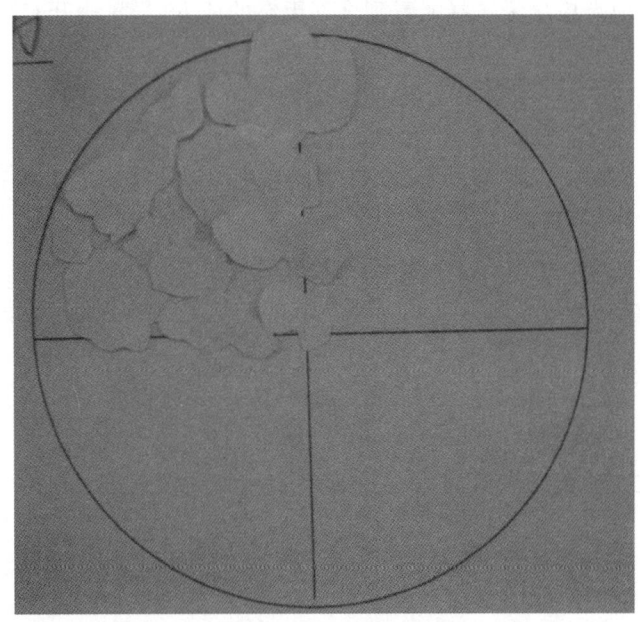

图 5　观察云量占圆面的比例

(7)根据相关标准判断当天是晴天、多云还是阴天(图6)。

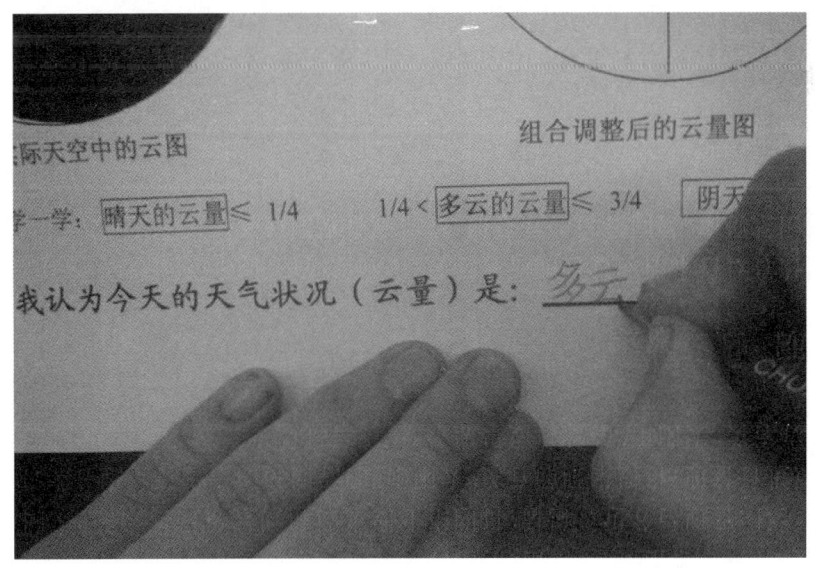

图 6　判断

五、说明

(1)本活动适用于小学中年级学生。

（2）实际观测中,总云量常由几种云组成,本活动比较适用于观测零散分布的各种云。

（3）观测云量的地点应尽量选择能看到全部天空的地方,尽量避开有视程障碍的地方。

六、温馨提示

本活动开展前,教师应提前勘察场地,并对学生进行室外观察安全教育;活动开展的过程中,教师要关注学生使用剪刀的安全。

七、分析与结论

八、科学博士

同类问题:云高观测的判断方法与技术。

拓展链接:云状观测判断的方法与技术。

延伸思考:云的发展演变与天气变化的关系。

实践6 "太阳雨"探秘

王 露[1] 黎作民[2]

(1. 湖州市新风实验小学教育集团;2. 湖州市爱山小学教育集团)

一、概说

"太阳雨"是指太阳和降雨同时出现的情况。这种现象在气象上称为降水量水平分布的不连续性,特别是在夏季尤为突出。产生这种状况的主要原因与产生降水的云体特点及下垫面(指地形、地貌等因素)性质有关。夏季,产生降水的云多为雷雨云,这是一种垂直发展十分旺盛,而水平范围发展较小的云,由于云体较小,在它移动和产生降水时,只能形成一狭小的雨区。而雷雨云的含水量比较大,云较厚,降水效率又比较高,因此,容易造成雨量分布显著不均的状况。所以,人们有时会发现,此时此处有雨,不远的彼处却是晴天。这种天气到底是晴还是雨?人们就用"太阳雨"三个字把它概括了。

二、目的与意义

产生"太阳雨"的原因基本有 3 个:一是远方的乌云产生了雨,被强风吹到另一地落下;二是高空有两块带有不同电荷的云,在风的作用下和异性电吸引下相互碰撞、并合,造成局部地区空中水汽含量过大,形成局地降水;三是天气突然转变开始降雨,从高空降下的雨还没落地,天空的云就已经消失了,所以看起来虽然天空晴朗却下起雨来了。"太阳雨"有益无害,对它进行探究,也可以使学生得到很多收获:①树立热爱科学、应用科学的思想意识;②训练科学思维,掌握科学探究的方法与技能。

三、工具与材料

- 可以上网的电脑若干台
- 数码相机若干台
- 记录用的纸和笔若干

四、内容与步骤

(1)搜集资料。包括:搜集文学作品中有关"太阳雨"的描述,如:"东边日出西边雨"等;搜集有关"太阳雨"的天气谚语;收集本地气象局有关"太阳雨"的记录资料。

（2）观测记录。包括：设计观测"太阳雨"的记录表（日期、降雨时间、降雨范围、离校区的距离等）；实际观测与记录；拍摄"太阳雨"的图片。

（3）资料统计、整理与分析。包括：将网络上搜集到和到气象局抄录的"太阳雨"案例按不同时间与地点进行整理；将搜集到的有关"太阳雨"的诗词和谚语进行整理分类；展示拍摄的照片和视频；举办有关"太阳雨"的学习成果展示会；撰写科技论文。

五、说明

（1）必须认真对待本活动过程的所有环节，以确保结论的真实可靠性。

（2）养成团结协作、共同参与的好习惯，确保调查观测任务的顺利完成。

六、温馨提示

这项调查有部分内容必须走出校门进行，教师必须反复强调调查过程中安全的重要性。

七、分析与结论

八、科学博士

同类问题：雷阵雨的探究。

拓展链接：云与降水关系的研究。

延伸思考：有关降水的综合研究。

实践 7　自制"穿衣指数"的实践活动

陈梅娟[1]　朱秋艳[2]

(1. 桐乡市崇德小学;2. 桐乡市虎啸中心小学)

一、概说

穿衣不仅是人类文明进步的体现,而且是适应外界气象要素变化影响的有效措施。由于穿衣与天气的密切关系,因此,可以根据天气的变化预测未来合适的穿着。穿衣指数是气象工作者根据环境气温、风力等对人体的影响,制作出适合的着装款式及着装厚度的预报,以便人们选择应时、舒适的衣服,提高生活质量。

穿衣指数是一个综合性的气象参数,一般分为 8 级,温度越低、风速越大,则穿衣指数级别越高;指数越小,穿衣的厚度越薄。1~2 级为夏季着装,指短款衣类,衣服厚度在 4 毫米以下;3~5 级为春秋过渡季节着装,从单衣、夹衣、风衣到毛衣类,服装厚度在 4~15 毫米;6~8 级为冬季服装,主要指棉服、羽绒服类,其服装厚度在 15 毫米以上。

二、目的与意义

(1)通过对比实验、查阅资料等方法研究温度、风力与人们着装的关系,使学生认识到天气的变化与我们的生产、生活息息相关。

(2)让学生学会使用简化的方法表示穿衣指数。

(3)激发学生关注气象与生活的意识。

三、工具与材料

- 温度表若干支
- 风向风速仪若干个
- 记录用的纸和笔若干

四、内容与步骤

(1)教师设计如表 1 所示的记录表(表格行数可按需求自定),让学生在每天相同的时间内测量气温、风力,并将衣着情况、舒适度等记录到表中。

天气篇

表1　每天研究活动记录表

时间	气温				风力	衣着情况	舒适度
	08时	14时	20时	平均			
年　月　日							
年　月　日							
年　月　日							
年　月　日							

记录人：_____

（2）从记录表中筛选出感觉舒适的内容，对气温与穿衣的关系进行统计、分析，并记录到表2中。

表2　气温与衣着关系记录表

序号	感觉舒适的衣着	气温
1	1件短袖类衣服	_____℃至_____℃
2	1件长袖类较薄衣服	_____℃至_____℃
3	2件长袖类较薄衣服	_____℃至_____℃
4	羊毛衫外加较薄的棉衣	_____℃至_____℃
5	羊毛衫外加较厚的棉衣、羽绒服等	_____℃至_____℃

记录人：_____

（3）从记录表中筛选出风力的内容，研究其对穿衣多少是否有影响，并记录到表3中。

表3　风力与温度关系记录表

序号	风力	影响情况
1		无影响
2		−0.5 ℃
3		−1 ℃
4		−1.5 ℃
5		−2 ℃或以上

记录人：_____

（4）整合前两个关系记录表的资料，制作自己的（温、风两要素）"穿衣指数"表，如表4所示。

表4　"穿衣指数"表

指数	感觉舒适的衣着	气温	风的影响
1级	夏季着装，短袖类衬衫、T恤等	_____℃至_____℃	
2级	春秋季着装，1～2件长袖类衬衫、T恤、羊毛衫或运动服等	_____℃至_____℃	
3级	冬季着装，羊毛衫外加棉服、羽绒服等。	_____℃至_____℃	

记录人：_____

五、说明

（1）本活动适合小学中高年级学生。

(2)没有气象站的学校,可以在每天的同一时间打开"中国天气网",根据该网站提供的资料进行研究。步骤如下:

①输入网址 http://www.weather.com.cn/,打开中国天气网。

②输入城市名,如"杭州",点击"查询",如图1所示。

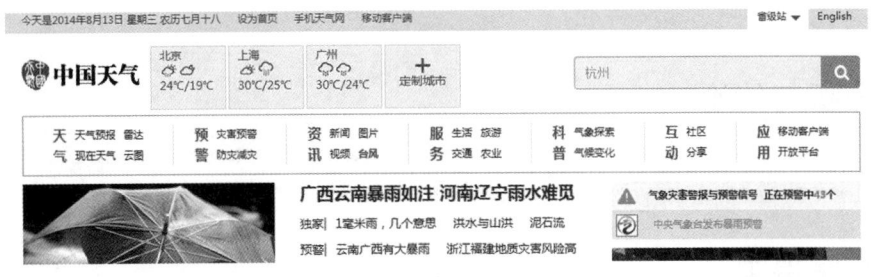

图1

③打开相关页面,查询风向、风力和整点实况气温等数据,如图2所示。

图2

④通过每天的气温变化折线统计图,了解每天的最高、最低气温,如图3所示。

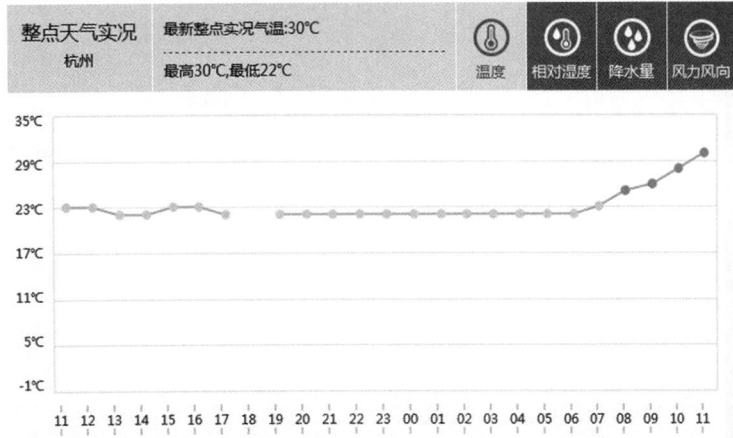

图3

天气篇

六、温馨提示

本活动开展前,教师应提前对学生进行正确使用温度表的训练。室外观察风力要注意安全。

七、分析与结论

八、科学博士

同类问题:利用手机中的天气预报资料自制穿衣指数的研究。

拓展链接:气象工作者制定的穿衣指数分为哪8个等级?

延伸思考:除了穿衣指数以外,还有哪些气象指数?

实践 8 闪电距离探索

赵贤产[1] 金关琦[2]

(1. 义乌市气象局;2. 义乌市廿三里第二小学)

一、概述

雷电是产生在积雨云中的放电现象。闪电是雷电的可视现象,分为云内闪、云间闪和云地闪 3 种。闪电的极度高热使沿途的空气剧烈膨胀,膨胀后的空气迅速移动,因此,形成波浪并发出声音,这就是雷声。

闪电和雷声是同时发生的,但人们总是先看到闪电然后才听到雷声。这是因为"光"和"声"在大气中传播的速度相差很大。据科学家计算,光在大气中的传递速度为每秒 30 万千米,而声音在大气中的传递速度为每秒 340 米。根据科学家的计算结果,我们可以从看到闪电起到听到雷声止的时间间隔(秒数),乘以 0.34(声速,单位为千米/秒),即可大致算出闪电离我们有多远。

云内闪与云间闪无法达到地面,因此,对人类不会造成直接影响。而云地闪发生在云体和大地之间,其能量非常巨大,并可伴着暴风雨或冰雹、龙卷等一起向地面袭来。云地闪造成的灾害十分严重,常常会造成人畜伤亡、建筑物损毁,甚至引发火灾、爆炸,造成电力、通信、计算机系统的瘫痪,并危及航空安全等。因此,测量和计算闪电距离对预防雷电灾害都具有十分重要意义。

二、目的与意义

"怎样测量闪电的距离?"是初中《物理》课本中的一道思考题,许多同学都会在课后进行实验计算,但这样的计算仅为巩固课本知识而做的练习。而从气象科普教育角度进行科学探究,却有更加重要的意义:①既巩固了课本知识,又拓展了气象科普知识;②大多数校园气象站的观测均未记录雷电情况,通过该活动增加了雷电记录和统计分析资料;③加深了对雷电和雷电灾害的认识,增强了防雷安全观念。

三、工具与材料

- 秒表 1 只(可用有秒表功能的手机代替)
- 计算器 1 个(也可用有计算器功能的手机代替)
- 记录和统计用的纸与笔若干
- 指南针 1 只

四、内容与步骤

(1)先在纸上画出简单的方位示意图。

(2)设计如下表所示的记录表(表格行数可按需求自定)。

闪电距离观测记录表   _____年____月____日

时间	间隔(秒)	方位	计算距离(千米)	雷电灾害情况
日　时　分				
日　时　分				
日　时　分				

(3)选择在雷雨天进行活动。

(4)使用公式:距离(千米)＝0.340(千米/秒)×间隔时间(秒)。

(5)见闪开表计时,闻雷结束计时。

(6)根据测量结果,按上述公式计算,得出闪电距离。

(7)分析。在同心圆中标上距离与方位,根据如图1所表示方法进行描图,分析闪电的密集区,并可与地图对照查到大致的行政区域。

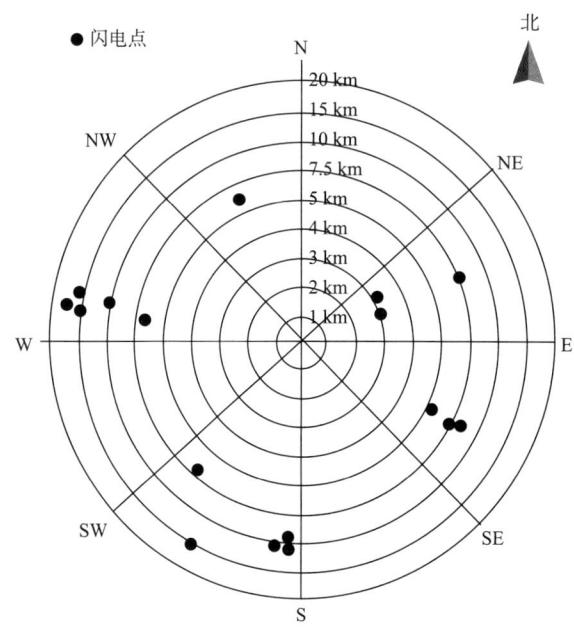

图1　闪电方位示意图

五、说明

(1)收听、收看或上网查询当地气象台发布的实时天气预报,如预报有雷阵雨天气,准备进行闪电距离探究。

（2）闪电的密集区有雷灾风险,但不一定会发生雷灾。

（3）上述计算距离严格来说是斜线距离,但对闪电定位的不确定性来说,与水平直线距离的误差,可忽略不计。

（4）听到雷声即停止计时,而不是等雷声消失后才停止。

六、温馨提示

雷电观测有一定的风险性,应在保证安全的前提下进行。让学生查询并学习"遇到闪电应该怎么做"和"防雷电知识",也是安全教育的内容。

七、分析与结论

八、科学博士

同类问题:雷电强度的探究。

拓展链接:雷电灾害密集区的特点分析。

延伸思考:学生如何进行个人防雷?

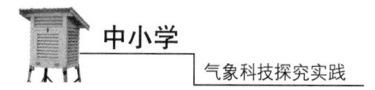
实践 9　一天露水知多少

何　芹[1]　赵贤产[2]

（1. 义乌市廿三里第二小学；2. 义乌市气象局）

一、概说

清晨，我们常可以在一些植物叶面上看到一颗颗亮晶晶的小水珠，这就是露。露水是怎样形成的呢？根据《地面气象观测规范》，露是在晴朗少风湿度大的夜间，地表温度在 0 ℃以上时，水汽在地面及近地面物体上凝结而成的水珠。

二十四节气中的第十五个节气是白露，时间是每年的 9 月 7 日至 9 日。根据蒸发和凝结的科学道理可以获知，露水一年四季都有，只不过是到了秋天，地面温度逐渐下降，凝成的露水也逐渐增多。白露节气说的就是秋天天气转凉，凝成的露水越来越多。

露水对农作物生长很有好处，人们普遍有"雨露滋润禾苗壮"的说法。用科学原理分析，就是在炎热的夏天，由于白天农作物强烈的光合作用，蒸腾掉大量的水分，农作物会发生轻度的枯萎；到了夜间，由于露水的供应，又使农作物恢复了生机。另外，我国民间还有"白露白迷迷，秋分稻秀齐"的俗语，意思是说，白露前后若有露，则晚稻将有好收成。

二、目的与意义

露是一种天气现象，是近现代气象观测的规定项目之一。露水与天气变化、自然植物和人类生活等都有密切关系，因此，人类对于露水的研究也历史悠久。随着地球水污染的加剧和水资源的短缺，更是吸引了一批科学家对露水进行深入研究。通过本次探究实践活动，可以使学生有以下收获：①了解露水产生的原理；②通过观测一天露水的量，研究露水量与天气变化的关系；③通过观察下午和清晨的植物，了解露水给农作物带来的好处；④通过自行设计制作采露器，培养学生的动手能力。

三、工具与材料

- 吸墨纸若干张
- 天平 1 台
- 烧杯 1 个
- 冰块若干
- 干球温度表 1 支

- 毛发湿度表 1 个
- 风向风速仪 1 台
- 记录用的纸和笔若干
- 关于露水的相关资料

四、内容与步骤

本次实践活动包括 4 个小活动。

活动 1

(1)通过图片展示露水,回顾露珠出现的时间,推究露水形成的必备条件。

(2)利用烧杯和冰块,做水蒸气的遇冷凝结实验。烧杯加入冰块,静置一段时间后,观察烧杯外壁的水珠,尝试解释水珠的由来。

(3)通过实验和生活经验建立起露水是夜晚或清晨近地面的水汽遇冷凝结于物体上而形成的概念。

活动 2

(1)分小组讨论如何测量一天中形成的露水有多少。

(2)观测放在空旷自然界中的吸墨纸中午、下午和第二天清晨的重量,并测量当时的气温、风速和相对湿度,完成表1的记录(提示:建议连续观测 3 天以上)。

表 1　气象要素观测记录表

	12 时	16 时	06 时
气温(℃)			
风速(米/秒)			
相对湿度(%)			
吸油纸的重量(克)			

(3)通过观测记录,了解一天中大约有多少露水。分析露水的多少与外界气温、风速、湿度的关系。

活动 3

(1)小组合作调查中午、下午和第二天清晨的 4 种植物,观察不同时段中植物的状态,并完成表 2 的记录。

表 2　植物状态记录表

	12 时	16 时	06 时
植物 1			
植物 2			
植物 3			
植物 4			

（2）通过观察，分组讨论露水对植物的作用。

（3）阅读有关露水的资料。

活动 4

（1）分小组设计制作收集露水的装置。

（2）利用自制的露水收集器收集露水。

五、说明

（1）在观测工具缺乏的学校，可以通过 http://www.weather.com.cn 提供的本地天气数据做参考记录。

（2）活动的开展尽可能安排在连续几天晴朗且温差较大的日子。

（3）要确保记录的翔实、准确。

（4）为了节省时间和精力，活动 2 和活动 3 可以同时开展。

（5）学生自己设计制作露水收集器较困难，可以向家长寻求帮助。

六、温馨提示

在活动期间，教师要确保学生定时、定点进行观测，且要确保学生安全。

七、分析与结论

八、科学博士

同类问题：霜形成原因和条件探究。

拓展链接：露、霜、冰形成的天气条件的异同。

延伸思考：露水对沙漠、干旱地区的作用。

实践 10　一天中日照与气温变化原因探究

陈梅娟[1]　邱良川[2]

(1. 桐乡市崇德小学；2. 岱山县秀山小学)

一、概说

　　气象台每天的天气预报总是要报一个最高气温和一个最低气温，这两个数据指的是一天中气温所达到的最高值和最低值。根据科学研究，一天中气温最低的时间是在 04 时至 05 时，气温最高的时间是 14 时至 15 时。为什么这两个时间段会分别出现一天中气温的最低值和最高值呢？

　　大家都知道，气象台预报的气温是指离地面 1.5 米处空气的温度。影响空气温度的主要因素是由太阳辐射的强度，但是，太阳辐射并不能直接促使气温变化。据科学家测算，当太阳辐射穿过近地面空气时，空气只能直接吸收太阳辐射热能总量的 14% 左右，而有 43% 左右的太阳辐射热能却被地面吸收了。当地面吸收了太阳辐射热能之后，又会通过辐射、对流等形式向空气中传递，促使气温升高，不过热能的释放和传递需要一定的过程与时间。正午 12 时左右是太阳辐射最强烈的时候，地面也吸收了充足的太阳热能，但此时地面仍没有停止对空气加热，气温依然在上升，直到 14 时至 15 时，近地面空气温度达到最高值。太阳下山后，地面失去了太阳辐射热能的供应，同时，白天吸收的太阳辐射热能也逐渐释放得越来越少，到了凌晨，近地面空气的温度也降到了最低值。

二、目的与意义

　　本活动以探究气温日变化的原因为目标，通过活动，可以使学生进一步了解引起气温变化的因素，明确不同高度气温不同的原因；同时也使学生了解百叶箱内的温度表为什么要安装在离地面 1.5 米高的地方。

三、工具与材料

- 记录用的纸和笔若干
- 气象观测用温度表 4 支(也可选用双量程的 TEMPer 2 电子温度计，同时需要安装温度计配套软件的笔记本电脑一台)
- 双金属温度计 1 台(日记)
- 1.5 米高架子 1 个

- 2 米长的竹竿或木竿 1 根
- 记录探究过程的表格 2 份(如表 1、表 2 所示)

表 1 不同高度气温变化记录表

观测时间	11:00	11:30	12:00	12:30	13:00	13:30	14:00	14:30	15:00
地面温度									
0.5 米气温									
1.0 米气温									
1.5 米气温									

表 2 不同时间气温变化记录表

观测时间	08:00	09:00	10:00	11:00	12:00	13:00	14:00	15:00	16:00	17:00	18:00	19:00
1.5 米气温												
观测时间	20:00	21:00	22:00	23:00	00:00	01:00	02:00	03:00	04:00	05:00	06:00	07:00
1.5 米气温												

四、内容与步骤

(1)人数:学生 3~5 人。

(2)天气与场地:夏天,天气晴朗,四周空旷的场地,下垫面最好是泥地。

(3)在场地上放置一个 1.5 米高的架子,上置双金属温度计(设遮阳装置)。

(4)将 2 米长的竿子竖插在场地上,要求垂直、牢固。

(5)分别把 4 支温度表固定在竿子的高度为 0 米、0.5 米、1.0 米和 1.5 米处(其中 0 米处的温度表球部接触地面),在温度表的上面添加遮阳物,不让温度表直接暴露在阳光中(可用一把遮阳伞挡在上面)。如果有电子温度计,则可在温度表的位置放置电子温度计,在旁边放张小书桌,桌上放置电脑,并与电子温度计相连接。

(6)按照上表,分别观测各支温度表的读数,并进行记录。如果用双量程的电子温度计,则可自动记录温度,并能分析温度变化的情况。

(7)分析讨论影响气温变化的因素,总结气温发生日变化的原因。

五、说明

(1)场地最好选在校园内比较空旷的地方。

(2)夜间的数据可用双金属温度计自记纸的读数。

(3)日间采用人工观测,如果条件许可,观测的间隔时间更小一些,设定 5 分钟或者 10 分钟观测一次,这样的实验效果会更好一些。

六、温馨提示

日间人工观测应注意遮阳防暑。温度表是易碎品,且内充水银,要牢牢地固定在竹竿上,不能掉到地上或碰到其他物品。温度读数要准确,观测时间要准时。

七、分析与结论

八、科学博士

同类问题:日照与蒸发速度的关系探究。

拓展链接:热能释放与传递的条件。

延伸思考:影响气温日较差的因素思考。

实践11 雾与霾的区别探究

姚锦烽

（中国气象局气象宣传与科普中心）

一、概说

雾和霾是自然界的两种天气现象。

雾是由大量悬浮在近地面空气中的微小水滴或冰晶组成的水汽凝结、凝华物，常呈乳白色，使水平能见度小于1千米。

霾是指大量极细微的颗粒物均匀地浮游在空中，使水平能见度小于10千米的空气普遍混浊现象，这些颗粒物主要来自自然界以及人类活动排放，霾能使远处光亮的物体微带黄、红色，使黑暗物体微带蓝色。

雾和霾都是漂浮在大气中的粒子，都能使能见度恶化从而形成灾害，但是其组成和形成过程完全不同。雾是由大气气溶胶中排除了降水粒子的水滴或冰晶组成，而霾是由排除了云雾降水粒子之后的大气气溶胶中的非水物质组成。霾与雾的区别在于发生霾时相对湿度不大，而雾中的相对湿度是饱和的，当大量凝结核存在时，相对湿度不一定达到100%，就可能出现饱和。

由于组成霾的干气溶胶粒子与云雾滴、冰晶都能影响能见度，所以能见度低于10千米时，可能既有干气溶胶的影响，也可能有雾滴的影响。雾和霾在一天之中可以变换角色，甚至在同一区域内的不同地方，雾和霾的分布也会有所不同。

导致霾天气出现的干气溶胶粒子一部分源自人类活动，特别是工业生产、能源燃烧，还有一部分来自大自然，例如森林火灾、沙尘天气、火山爆发、作物花粉、海浪抛起的盐粒子等，这些都提供了形成霾的干溶胶粒子。

二、目的与意义

2013年中国100°E以东地区平均雾日数为16天，比常年偏少8天，为1961年以来最少；而平均霾日数为36天，比常年偏多27天，为1961年以来最多。目前霾天气的多发导致社会公众对霾的关注度急剧增高。

随着近年来，霾天气多发，而新闻媒体对雾与霾天气并没有区分对待，因此，造成社会公众谈"雾"色变。其实雾天时，空气中湿度较高，但是可吸入颗粒物并没有增加，可以说干净的雾对人的身体并没有危害，因此，科学地认识雾与霾的区别，有助于公众更好地安排生活，避免恐慌。

通过此项调查,可以使学生对雾与霾天气现象有更加具体、直观的认识,并可以向身边的人解释其区别,避免社会公众谈"雾"色变。

三、工具与材料

- 照相机若干台
- 毛发湿度表若干个
- 标本收集瓶若干个
- 记录用的纸和笔若干

四、内容与步骤

雾与霾天气区别的调查分为:资料搜集与学习、实地调查、观测与记录、分析与探究、分析总结等5个环节。

1. 资料搜集与学习

组织学生认真查阅有关雾与霾的有关资料,让学生了解和认识如下问题:
(1)什么是雾,什么是霾?
(2)雾与霾有怎样的区别?
(3)雾与霾是科技发展到今天的特有产物吗?
(4)哪些天气条件下容易发生雾与霾?

2. 实地调查

通过不同部门和不同实际点的调查,见证雾与霾的不同。
(1)到气象部门深入了解雾与霾天气不同的观测依据,参观观测仪器。
(2)到医疗部门了解出现霾天气时,容易暴发哪些疾病。
(3)到环保部门了解如何简易分析空气中的污染物成分。

3. 观测与记录

(1)记录当天的天气,如果出现雾或者霾天气时,用照相机记录下当时的能见度情景。
(2)在户外,用毛发湿度表分别测量出现雾天和霾天时的空气相对湿度。

4. 分析与探究

将搜集到的资料按照一定的规律进行有序整理,对本地雾与霾天气情况的不同做出比较明确的展示。
(1)前往当地医疗部门了解呼吸道、心血管等霾天气中易发疾病在雾天和霾天的接诊情况。
(2)利用在环保部门的数据资料,对比分析本地雾和霾天气空气中主要污染物成分的区别。
(3)归纳本地雾与霾天气情况不同。

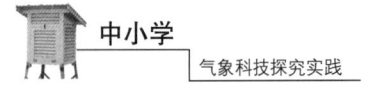

5.分析总结

(1)利用学习到的有关雾与霾区别的知识,加上自身观测的能见度与空气湿度,分别天气情况,并与气象部门的实际观测做对比。

(2)对比雾与霾天气下,医院对于呼吸道、心血管疾病的接诊情况,了解雾与霾不同天气对公众身体的影响。

(3)利用自己测量出来的空气中的污染成分数据,对比雾与霾天气的区别。

(4)撰写活动过程的调查报告。

(5)撰写科技小论文。

五、说明

(1)本活动可组织 10~20 人,分为 2~4 个小组进行。

(2)本活动可计划为 8~12 周时间完成。

(3)分类统计发动学生设计。

(4)到各部门调查时要注意文明礼貌。

六、温馨提示

本活动必须走出校门进行与实施,辅导老师必须事先进行安全教育,并对各项安全事项做出具体规定。

七、分析与结论

八、科学博士

同类问题:沙尘暴天气与雾、霾的区别。

拓展链接:酸雨中的污染成分是否与霾暴发时空气中的污染成分一致?

延伸思考:PM_{10},$PM_{2.5}$颗粒与雾、霾天气有什么联系?

实践12 山区雾多原因探究

程昌春 黄 妙

（浦江县杭坪镇中心小学）

一、概说

雾是指大量微小水滴或冰晶浮游在空中,常呈乳白色,使水平能见度小于1千米的天气现象。

雾形成的条件非常简单,一是冷却,二是加湿,增加水汽含量。在水汽充足、有微风及大气层稳定的情况下,如果接近地面的空气冷却至水汽饱和时,空气中的水汽便会凝结成细微的水滴悬浮于空中,使地面水平能见度下降,形成雾。雾的种类很多,有辐射雾、平流雾、混合雾、蒸发雾、烟雾等。

雾在平原、山区、城市、沿江等处随时可见,但浓重持久的雾大多见于山区。山区雾多的原因很简单,首先是因为山区的海拔较高,温度比平原低,水蒸气在山地遇冷凝结成小水滴即成雾;其次是山区林深草密,植物光合作用蒸腾出来的水汽经过晚上的冷却作用,即由气态变成了液态在空中形成雾。因此,山区形成雾的条件就比平原优裕。

二、目的与意义

雾是"隐性降水",它可以减轻干旱对农作物的侵袭。秋冬季的夜晚,雾可以减缓地面温度下降,减轻或避免霜冻的发生。雾是一种优厚的水资源。目前,国际上正在兴起一门新的技术体系——"雾水工程",采用捕雾捉水的方法,把雾直接转化为人类生产和生活用水。然而,雾也能造祸害,它会阻断水、陆、空交通,甚至造成物毁人亡。因此,对雾进行探究很有意义,可以使学生有以下收获:①了解雾形成的原因;②了解地理位置、季节变化等因素对雾的影响;③了解雾给人类和动植物带来的益处;④了解山区雾多的原因,以及山区雾给人类带来的益处。

三、工具与材料

- 温度表若干支
- 毛发湿度表若干个
- 数码照相机1台
- 记录用的纸和笔若干
- 本地地图1张

天气篇

四、内容与步骤

(1)组织 12 名学生组成探究小组。

(2)阅读有关雾的科普书籍。

(3)上网查找有关雾的信息资料。

(4)向山区居民了解有关雾的情况,并设计如表 1 所示表格(表格行数可根据需求自定),将了解的情况填入表中。

表 1　山区雾况记录表

地点:＿＿＿＿＿　采访人:＿＿＿＿＿　　　　　　　　　　　＿＿＿＿年＿＿月＿＿日

被采访人	本地山区雾多的时间	多雾情况简单描述

(5)向本地气象部门调取 3 年雾日资料,设计如表 2 所示表格(表格行数可根据需求自定),将雾日历史情况填入表中。

表 2　本地雾日历史情况记录表

时间	雾况	温度	湿度
月　日			
月　日			
月　日			
月　日			
月　日			

(6)对当年本地雾日进行观测,设计如表 3 所示表格(表格行数可根据需求自定),将观测情况填入表中。

表 3　本地雾日观测记录表

本地雾日	雾日起止时间	温度	湿度
月　日			
月　日			
月　日			
月　日			
月　日			
月　日			

（7）实拍雾况。

（8）对历史资料和观测资料分别进行整理,绘制统计分析图。

（9）分析总结本地山区雾况对农作物的影响。

（10）撰写科技小论文。

五、温馨提示

　　这项实践活动进行的时间比较早,需要提醒学生注意保暖。考虑到要爬高,所以特别要注意选取牢固的工具,小心玻璃易碎。活动要有教师参与随队,确保学生的人身安全。

六、分析与结论

七、科学博士

同类问题:本地多雨季节的探究。

拓展链接:雾与动植物的关系研究。

延伸思考:山区雾的有效利用。

气候篇

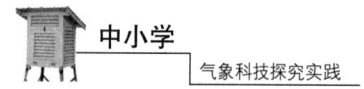

实践1　青蛙冬眠探秘

杨炎文

（杭州市留下小学）

一、概说

冬眠是休眠现象的一种，是动物对冬季不利的外界环境条件（如寒冷和食物不足）的一种适应，主要表现为活动减弱、不食懒动、反射活动下降、处于昏睡状态等生理现象。处于冬眠状态的动物呼吸和心率减慢，体温降低，基础代谢率下降，总之，一切生命活动都降至最低限度，仅仅依靠体内贮存的物质来维持生命。

江浙地区的气候虽然比较温和稳定，但到了冬天还是比较寒冷，有很多动物仍不能适应本地冬季的环境变化，也出现了冬眠现象，如青蛙、蛇等。

动物的冬眠是一种奇妙的现象，我们观察和探究某种动物的冬眠，就会发现许多意想不到的现象，现以"青蛙冬眠"为题，探究其中的奥秘。

二、目的与意义

对青蛙冬眠进行探索，让学生了解本地冬季近地面大气温度、地面温度和浅层地下温度的差异；了解青蛙冬眠必须具备的环境温度条件。

本活动是一项时间长、次数多的观察和研究工作，虽然并不复杂，但却必须耐心细致，而且也比较有趣味。因此，通过本活动可以达到如下效果：①以兴趣支撑活动，以活动激发兴趣，从而形成科学探究的兴趣；②本活动涉及测量、观察、统计、分析等多项工作过程，这些过程可以使学生的多项技能得到锻炼和提高；③本活动是一个科学研究过程，可使学生多维心理素质得到磨炼和完善；④本活动需要多小组共同协作完成，可使学生的团队协作精神得到有效培养。

三、工具与材料

- 锹 3 把
- 锄 3 把
- 最高温度表 3 支
- 最低温度表 3 支
- 地面温度表 3 支
- 浅层曲管地温表 5 厘米、10 厘米、15 厘米、20 厘米各 3 支

- 记录用的纸和笔若干

四、内容与步骤

(1)组织 9 名学生,分为 3 个实验研究小组。

(2)制作用于记录观测数据的表格,如表 1 所示。

表 1　青蛙冬眠探究实验表

实验地址:＿＿＿＿＿＿＿＿＿＿小组成员:＿＿＿＿＿＿＿＿＿＿观测日期:＿＿＿年＿＿月＿＿日

时间数据	08 时	12 时	16 时
最高气温			
最低气温			
地表(0 厘米)温度			
5 厘米温度			
10 厘米温度			
15 厘米温度			
20 厘米温度			

(3)选择两处青蛙可能冬眠的地点,用锹、锄进行挖掘,直到挖出冬眠青蛙为止。

(4)在这两处设置观测点,并对观测仪器设置保护设施。

(5)确定观测时间,分配观测任务。

(6)观测记录的时间为:08 时、12 时和 16 时。

(7)绘制温度折线图(最高最低气温图、地表温度图和地温图 3 份)。

(8)在获取最后一次观测数据后,对所有数据进行归类统计,分析对比,得出青蛙冬眠必须具备的环境条件的结论。

五、说明

青蛙是冷血动物,冷血动物的体温会受到气温的影响,随着气温的变冷,它们的体温也会逐渐下降,当气温下降到一定程度时,它们就会被冻死。为了生存,像青蛙这类的冷血动物就钻进泥土里,处于假死状态,以此来躲避严寒,等到第二年春天地温回升后再出来活动。根据这一情况,本活动的性质和过程是:

(1)是一项生态观察研究;

(2)活动的时间为:本年度的 11 月至第 2 年的 3 月底之间的任意时间段;

(3)活动分 6 次进行,每次间隔为 10 天;

(4)因为观测时间较长,温度表必须放置在平整、结实的土壤里,特别注意要防止学生踩踏。

气候篇

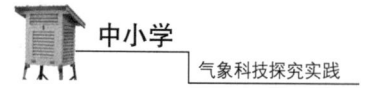
六、温馨提示

在校外选择观测点进行活动时,老师必须注意学生的人身安全;在作业施工时,注意工具使用的安全;对观测点和观测仪器要有比较可靠的保护措施。

七、分析与结论

八、科学博士

同类问题:窖藏甘薯的环境条件和地温。

拓展链接:对有冬眠习性的不同类别动物进行相似探究。

延伸思考:自然生存成长的青蛙是一种对农作物有益的动物,应予以保护。随着社会经济和养殖业的发展,可以探索人工饲养菜蛙、牛蛙等越冬的方法与措施。

实践 2　绿化对城市热岛效应的缓解与抑制

沈　钊

（绍兴上虞竺可桢中学）

一、概说

城市是人口高度密集、工业发达、交通车辆拥挤的区域，居民生活排热、工业生产耗能、交通车辆排废使城市的气温升高。并且城市内有大量的人工构筑物，如混凝土、柏油路面，各种建筑墙面等，这些人工构筑物吸热快而热容小，在相同的太阳辐射条件下，比自然地面层大气升温快。因此，

图 1　城市热岛效应示意图

城市上空经常维持一个气温高于四周郊区的暖空气团，犹如海面上的岛屿，人们称其为城市"热岛效应"。

城市热岛效应会给人们生活和工作带来严重影响。首先，它会损害人们的身体健康，甚至会造成一些人因中暑而死亡；其次，它会加剧大气污染，形成对人体有害的"烟尘穹隆"；再次，严重的热岛效应还会导致气候、物候失常。

多年来，人们对城市热岛效应采取了一系列的缓解和抑制措施，大力推动园林城市创建活动就是其中一项重要措施，也就是以"绿岛效应"来抑制和缓解热岛效应。

为了了解以"绿"制"热"的效果，我们便组织学生对其进行探究。

二、目的与意义

热岛效应是城市化建设发展的"死对头"，以"绿岛效应"来抑制和缓解热岛效应是一项有力的措施。通过对绿化对"热岛"缓解和抑制效果的探究，可以让学生得到如下收获：①了解城市热岛效应形成的原因；②了解城市热岛效应对人们造成的危害；③懂得绿化缓解和抑制"热岛"的作用和原理；④树立美化城市、改善居民居住条件、爱护花草树木的思想意识；⑤训练科学思维，掌握科学探究的方法与技能；⑥培养团队协作精神。

三、工具与材料

- 温度表 13 支（使用前与本校校园气象站百叶箱中的温度表进行器差校对）
- 最高温度表 13 支

气候篇

- 最低温度表13支
- 固定和保护温度表的简单材料若干
- 记录用的纸和笔若干
- 遮阳工具若干

四、内容与步骤

（1）选择城市中心较大的、植物长势良好的绿地。

（2）将所选绿化地中心点标记为O，在绿化区边缘选择如图2所示的A，B，C，D 4点，在绿化区外 n 米选择如图2所示的E，F，G，H 4点（其中 n 为未知数，可根据实际情况而定，但不可过小）。若条件允许，可在E，F，G，H 4点外，再选择如图2所示的I，J，K，L 4点，共13个观测点。

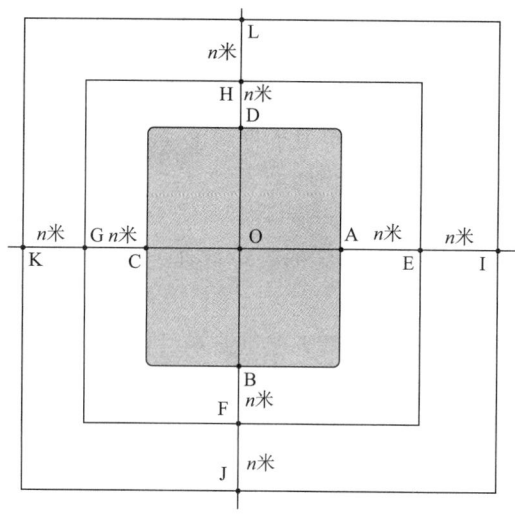

图2　观测点示意图

（3）组织13名学生分别负责各点的观测和仪器保护。

（4）观测时间为1周，即周一至周五，共5天；每天观测3次，即08时、14时、20时各1次。

（5）做好各点的观测记录，填入表1。

表1　观测记录表

日期：_____年___月___日

观测点	08时			14时			20时		
	气温	最高温度	最低温度	气温	最高温度	最低温度	气温	最高温度	最低温度
O									
A									
B									
C									
D									

观测点	08时			14时			20时		
	气温	最高温度	最低温度	气温	最高温度	最低温度	气温	最高温度	最低温度
E									
F									
G									
H									
I									
J									
K									
L									

观测员：_____

(6)数据处理。

①计算各点各种温度5天的平均值。

②将C,G,K;D,H,L;A,E,I;B,F,J等4个方向上各点的平均值做对比。

③对L,K,J,I 4个方位的周边环境进行对比,总结出绿化地对周围温度的影响。

五、说明

(1)测量时,尽量做到各个观测点同时进行,同时要尽量缩短每次读数和记录的时间间隔。

(2)测量时,温度表放在离地面1.5米左右的高度,要避免阳光的直接照射。

(3)本实践活动适用于小学高年级和初中学生。

六、温馨提示

由于本实践活动在户外进行,因此,必须有教师或家长陪同,并注意交通安全;同时应做好防暑工作,避免学生中暑。

七、分析与结论

八、科学博士

同类问题:绿化面积大小对缓解和抑制城市热岛效应效果的探究。

拓展链接:寻求缓解和抑制城市热岛效应的其他对策。

延伸思考:绿化区植物种类不同,对缓解和抑制城市热岛效应的效果是否也不同?

气候篇

实践3　城市温室效应调查

陈可伟　王　芳

（宁波市鄞州区高桥镇中心小学）

一、概说

温室效应，又称"花房效应"，是指阳光透射到一个密闭的空间里，而这个密闭的空间又缺乏与外界进行热量交换的功能，致使空间内温度上升而形成的保温效应。在很多城市的上空，由于工业耗能和密集人口生活排废，大量的二氧化碳弥漫在城市上空近地面层的大气中，就像一层厚厚的玻璃，使城市变成了一个巨大的密闭空间。由于二氧化碳对太阳短波辐射的吸收能力极弱，太阳短波辐射可以透过大气射入地面，而地面增暖后放出的长波辐射却被大气中的二氧化碳等温室气体所吸收，从而使城市近地面层的大气变暖，整个城市变成了一个大暖房，这就是城市温室效应。

而大气温室效应有着极大的危害，它会使气候变暖，诱使灾害性天气及次生灾害多发；能使冰山融化海平面上升，严重破坏地球生物和人类的生存环境；还会危害人们的健康，甚至危及生命，造成人员死亡。

二、目的与意义

通过对城市温室效应的调查，使学生对温室气体和温室效应有更加具体的认识，并通过分析，了解产生城市温室效应的原因、危害及抑制和缓解的方法与措施。促使学生树立环境保护意识，懂得环境对地球和人类的重要性，从点点滴滴做起，保护环境，爱护地球。

三、工具与材料

- 可以上网的电脑若干台
- 笔记本和记录统计工具若干
- 有关城市温室效应的科普书籍
- 有关城市温室效应的个例资料

四、内容与步骤

1. 思考下列问题

(1)什么是温室效应？温室效应产生的原因是什么？

(2)引起温室效应的气体主要有哪些？

(3)温室效应对人居环境产生的危害是什么？

(4)为减少温室效应的危害,目前国际上采取了哪些策略和措施？我国对温室气体的排放的态度如何？我们在日常生活中应采取哪些行动？

2. 研究资料

(1)通过阅读相关书籍资料和上网浏览,了解有关城市温室效应的危害。

(2)利用多途径搜集与温室效应有关的个例。

(3)利用资料了解大气中的主要温室气体。

(4)根据上述问题,整理可以回答问题的资料。

(5)写好研究日记。

3. 资料整理

(1)提出抑制或缓解城市温室效应的具体方法与措施。

(2)撰写科技小论文或结题报告。

(3)创作文艺作品,如:戏剧小品、图片等,通过黑板报、演出、演讲等多种形式,对温室效应的危害和环境保护进行有效的宣传。

五、说明

(1)城市温室效应调查是一项细致的科学探究活动,因此,必须认真对待调查过程的所有环节,以确保结论的可靠性。

(2)这项活动可以分几次进行,直到完成全部内容。

(3)发现不同观点,要展开热烈讨论或请教专家帮助解决。

(4)适用年级:小学高年级至初中七、八年级。

六、温馨提示

这项调查必须走出校门进行,老师事先必须对学生的安全问题进行强调和警示;在活动实施的过程中,老师必须时刻关注学生的安全。

气候篇

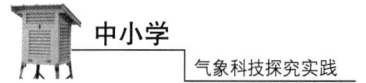

七、分析与结论

八、科学博士

同类问题: 城市热岛效应的调查。

拓展链接: 二氧化碳的吸热实验。

延伸思考: 城市绿地建设和城市温室效应的关系。

实践4 梅雨探究

赵贤产[1]　俞善贤[2]

（1. 义乌市气象局；2. 浙江省气象学会）

一、概说

每年入夏以后的 6 月中下旬至 7 月中旬，我国的江淮流域一带、长江中下游地区，东南部的福建、广东、台湾等地，以及日本中南部、韩国南部等地经常会出现持续阴天有雨的气候现象，这段时间正是江南梅子成熟的时候，所以人们也常常把这种气候现象称为梅雨。同时，由于梅雨期间空气湿度大、气温也较高，诸如衣物、谷物、器物等很容易发霉，因此也有人将梅雨称为"霉雨"。

梅雨是一种规律性的气候现象，每年都会如期光临，因此，人们对梅雨也特别关注。通常把梅雨带停留的这段时间称为梅雨季节，梅雨季节开始的一天称为"入梅"，结束的一天称为"出梅"。

梅雨还是一种复杂的天气气候现象。正常的梅雨大约在 6 月中旬开始，7 月中旬结束，也就是出现在"芒种"和"夏至"两个节气内。梅雨期大约有 20～30 天，雨量在 200～400 毫米。据统计，这种正常梅雨，大约占总数的一半左右。但梅雨也有很多异常情况，存在着梅雨期长短不一、雨量大小不同的现象，通常称为"异常梅雨"，如早梅雨、迟梅雨、特长梅雨、短梅、空梅、倒黄梅等。

二、目的与意义

浙江省地处长江下游，"正常梅雨"或"异常梅雨"是每年必然光临的常客，对本地区的工农业生产和人们的日常生活造成了较大的影响。参考前人对梅雨的认识，包括有关梅雨的天气谚语，学习现代科学家有关梅雨的论述，再对客观现实中的梅雨进行探究，对于中小学学生来说，无疑又是一次进步与提高。通过本次探究活动，将使学生得到以下收获：①增加梅雨的相关知识；②对客观现实中的梅雨从感性认识上升到理性认识；③学会辨别有关梅雨天气谚语的对错；④深刻地认识梅雨天气带来的不利影响；⑤懂得并掌握梅雨天气防霉、防病的知识与技术。

三、工具与材料

- 空盒气压表 1 个
- 干球温度表 1 支

气候篇

- 毛发湿度表1个
- 雨量筒1个
- 风向风速仪1台
- 用于记录的纸和笔若干
- 本地气象台往年有关梅雨的资料
- 本校校园气象站往年有关梅雨的资料

四、内容与步骤

(1)本活动可以分别由3个气象探究小组共同实施。

第一小组观测气象要素,观测梅雨前后的气象要素,可分为3部分:第一部分是观测入梅前后的气象要素情况,以便研究入梅前后往往表现出什么天气状况和气象要素变化特点;第二部分是观测梅雨期间的高温高湿气象要素特点和降水量等,查阅连续暴雨引发洪涝、地质灾害等描述或记叙情况(也可以观看电视、阅读报纸等媒体的报道),了解较大降雨可能引发的灾害情况,以便做好预防措施;第三部分是观测出梅前后的气象要素变化,可以比较一下入梅前与出梅后有什么不一样,完整性地认识梅雨的气象状况,为防灾减灾打下基础理论。

第二小组查阅历史上有关梅雨的记录、诗词、天气谚语等,为下一步对天气谚语的验证打下基础。

第三小组可以搜集有关如何应对梅雨天气带来的不利影响的资料,如梅雨季节如何会引发疾病、梅雨季节如何防霉、梅雨季节饮食须知等科普知识,为提高人们生活质量打下基础。

上述3组共同合作的成果,可形成梅雨探究的完整资料。

(2)观测记录与统计。

设计如表1所示的记录表(表格行数可根据需求自定),并按表格要求进行观测并记录,在备注栏标明本地发生洪涝、地质灾害情况。

表1　梅雨观测记录表

____月____日至____月____日

	气温	气压	相对湿度	雨量	最大风速	风向	备注
日　时							
日　时							
日　时							

对观测记录进行画图,气象要素随时间的线性变化情况就可以一目了然。如以2013年6月7日入梅、7月1日出梅的梅雨为例(图1~2),可参考画类似的图。同时在图的下面也可以再标上风向,或再标上什么时候出现的灾害情况。通过画图,就可以分析梅雨的气温、气压、湿度、降水量随时间的变化状况以及风、雨、灾害状况等。

(3)对多年梅雨资料进行统计分析,总结梅雨期间总体上有什么特点。

(4)思考:为什么入梅前会出现气压下降而气温略有升高现象,而出梅后同样也出现气压波动下降气温升高的现象?为什么梅雨期间气压明显低,气温相对略低而相对湿度特别大?

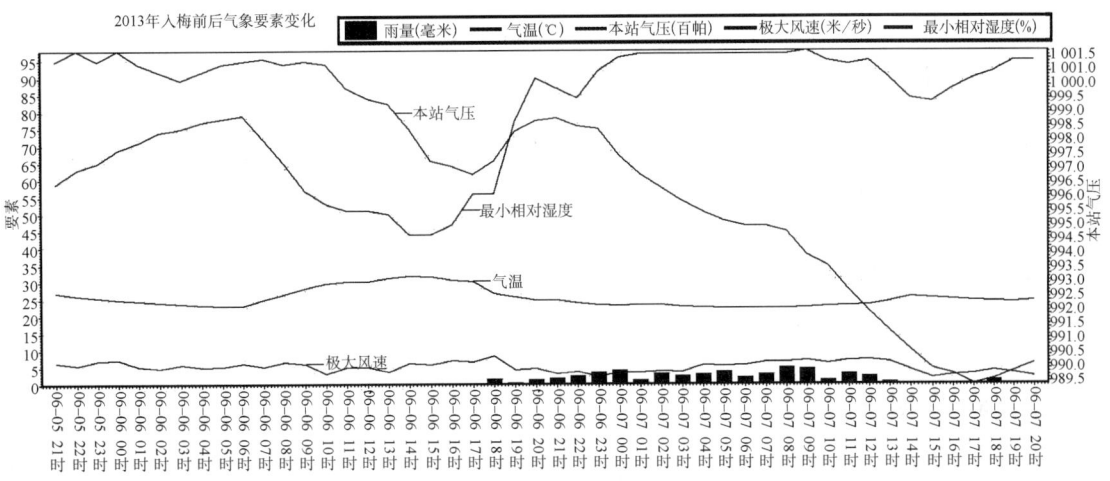

图 1   2013-06-06/06-07 义乌站逐时资料

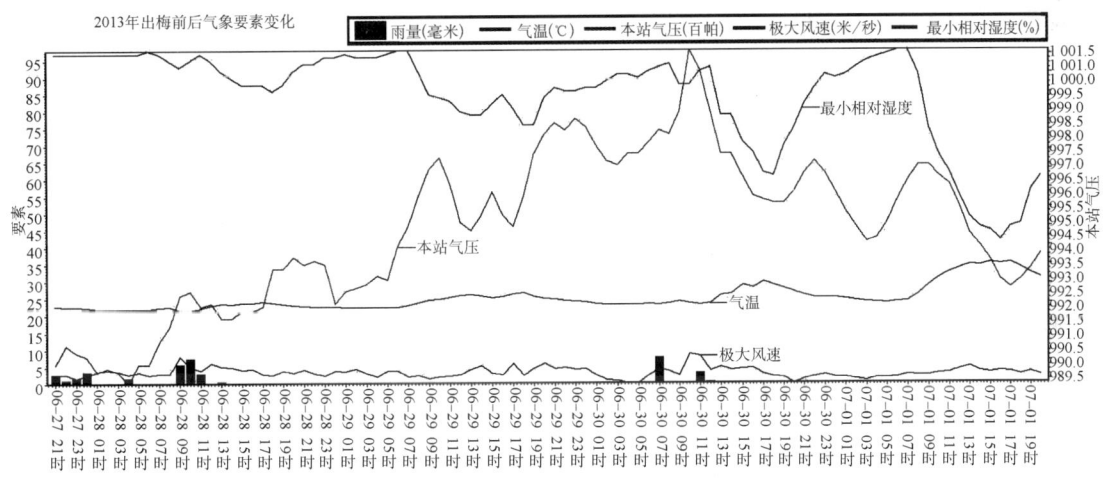

图 2   2013-06-28/07-01 义乌站逐时资料

五、说明

（1）在进行实践之前,要对学生进行仪器使用和观测方法的培训。

（2）可以利用有关天气网站,如 http://www.weather.com.cn/等作辅助参考记录。

（3）灾害情况可以通过观看电视、阅读报纸等媒体的报道了解,也可以由老师带部分学生在安全的前提下,到现场感受洪涝灾害后的惨状,深刻认识防灾减灾和气象工作的意义。

（4）该活动的主要目的是通过亲自观测、记录、画图分析等工作,使学生学会做时间曲线变化图,对梅雨天气有理性认识,同时学习一些梅雨相关语句、诗词和预防的科普知识。

六、温馨提示

观测梅雨期间降水量较大、天气复杂,户外环境较危险,教师要关注学生的安全。若条件允许,可就近参考自动站记录以代替人工观测记录。

七、分析与结论

八、科学博士

同类问题:其他天气气候现象(如倒春寒)的探究。

拓展链接:异常梅雨对农作物的影响。

延伸思考:梅雨天如何防病。

实践5　城市小气候调查与研究

陈可伟　黄　平

（宁波市鄞州区高桥镇中心小学）

一、概说

城市小气候是指城市中心出现了与郊区显然不同的局地气候。主要表现为：气温明显比较郊区偏高，形成"热岛"现象；地面风速减小，空气中的水汽压比郊区水汽压平均偏低 0.3～0.7 百帕，且空气湍流增加；蒸发和空气湿度减小，空气中的相对湿度要比郊区低 4％～6％；城市上空的云量和降水均比郊区多。

这种城市小气候也别具特点：首先是范围小，它的垂直尺度仅局限于 2 米以下薄气层内，水平尺度可从几毫米到几十千米或更大一些；其次是差别大，即小气候范围内的各种气象要素与城郊相比，存在着一定的差异，尤其是气温，一般要比城郊高出许多；而且这种小气候现象还比较稳定，差异的存在常年几乎没有多大的变化。

城市小气候除了"热岛"现象，还有"干岛""雨岛"等现象。

二、目的与意义

本活动在引导青少年认识自己生活在和谐环境的同时，更应该引导青少年居安思变、居乐思进，用科学的手段探索自然平衡的守则，体察身边的小气候是否达到绿色生态，思考怎样为创造良好的气候环境做出贡献。

三、工具与材料

- 可以上网的电脑若干台
- 测量气温、风向风速、相对湿度等的相关工具若干
- 记录本、笔若干
- 相关的科普书籍、杂志等

四、内容与步骤

1. 组织学生开展考察活动

(1)组织学生对相邻两个城市的气温、相对湿度、风向、风速进行定时测量，搜集气候资料，

气候篇

对比找出基本规律。

（2）对比两地的城市小气候差异,比较城市化的小气候与气候类型背景下的城市气候特征有什么差异。

（3）对城市道路下垫面的热辐射性质进行考察、研究,探求出这种热性质对城市小气候的形成作用有多大。

（4）考察居民生活用空调(外挂机)散发的热量对城市小气候的作用(高排碳作用)。

（5）查阅垂直绿化的建筑物与裸墙建筑物在室内温度差异方面的研究,为提倡建设垂直绿化式的城市建筑群搜集依据。

2. 组织学生进行考察成果汇报

（1）制作城市夏季热状况地图(挂图或沙盘)。
（2）做考察报告(分专题做)。
（3）考察资料展示和考察器材展示。

3. 组织学生撰写课题报告

（1）本地城市夏季小气候热状况分布。
（2）相邻两地城市夏季热状况比较。
（3）城市马路的热效应。
（4）垂直绿化带在夏季的降温作用。
（5）夏季空调使用对城市气候的热贡献。

五、说明

（1）组织学生进行考察活动时建议实行 4 个区块管理(4 个分队),各配备对讲机。考察队员实施定点操作,总部实施巡回检查的方法对各个观测点实行监督。

（2）组织全天对本地城市夏季小气候进行全面考察,需要大空间密度设观测点、大时间密度测日变化,集合数据探求城市热岛中心位置、分析出城市的热状况分布,为制作热状况地图做准备。

六、温馨提示

本考察活动任务重、时间长、会涉及夜晚工作。除了做好测量之外,各个观测点必须把安全放在重要位置上考虑。

七、分析与结论

八、科学博士

同类问题: 城市空调街道小气候考察。

拓展链接: 城市绿地建设和城市小气候的关系。

延伸思考: 改造城市小气候的措施与建议。

实践6　楼层小气候的调查与研究

俞国新　潘月红

（德清县洛舍中心学校）

一、概说

气候是指以对某一地区气象要素进行长期统计（平均值、方差、极值概率等）为特征的天气状况的综合表现。气候与人类社会的关系非常密切，因此，长期以来备受人们的关注。

小气候是指由于下垫面性质以及人类和生物活动的影响而形成的小范围气候，如农田、城市、住宅区的气候等。小气候有范围小、差别大、变化快、规律稳定等特点。

近年来，随着我国城市化和工业化步伐的加快，各地林立的高楼迅速拔地而起，这些高楼低者十几层，高者数十层，甚至上百层。大量的居民迁入高楼居住，感受着城市化和工业化带来的新环境，享受着社会经济发展的新生活。然而，由于各楼层离地面的高度不同，各楼层所接触的大气中的气象要素也不同，再加上不同楼层四周的自然环境也各不相同，因而便形成了不同楼层的不同小气候。

二、目的与意义

由于楼层小气候影响的范围正是楼层居民生活的空间，因此，研究楼层小气候可为居住在不同楼层的居民改善生活环境提供参考，也可为高楼的设计者和建造者提供设计与建筑的参考。引导学生进行楼层小气候的调查和研究，可以使学生得到以下收获：①对典型的楼层小气候有更加具体的认识；②科技探究方法与技能得到一次实际训练；③深刻体会大气变化与人们生活的密切关系。

三、工具与材料

- 温度表（包括一般温度表和最高、最低温度表）4 套
- 手持式风向风速仪 4 台
- 记录表簿 4 本
- 记录用的笔 4 支

四、内容与步骤

1. 摘录资料

(1)到气象局摘录近5年的每月平均气温和风力资料。

(2)调取本校校园气象站近5年的气温和风力资料做月平均统计。

(3)把到本校校园气象站摘录的资料按日平均气温、风力进行整理,并画出气温和风力的曲线图。

2. 实地测量调查

(1)分别在城市中心和周边选取4个具有代表性的20层以上的高层建筑物,确定为调查对象。

(2)分别在每座高楼的5层、10层、15层和顶层设4个观测点。

(3)组织32名学生分成16组,每组2人,分别在所设的观测点上进行定时观测。

(4)观测的周期为两周,每周为周一至周五,每天观测3次,具体时间分别为08时、12时、16时。

(5)设计如表1所示的专用表格进行记录。

表1 楼层小气候观测记录表

高楼名称:＿＿＿＿＿＿＿＿＿＿＿＿＿＿　　　　观测楼层:＿＿＿＿＿＿＿＿＿＿＿＿＿＿

观测日期:＿＿＿＿年＿＿＿＿月＿＿＿＿日,观测员:＿＿＿＿＿＿＿＿＿＿＿

观测时间和项目	08 时	12 时	16 时
楼层气温			
最高气温			
最低气温			
风向			
风速			

3. 统计、对比、分析

(1)截取气象台5年资料中与探究活动相同月份的数据做对比统计。

(2)截取本校校园气象站5年资料中与探究活动相同月份的数据做对比统计。

(3)将实时观测的10天的记录按调查对象和楼层进行分类统计。

(4)将上述3类统计结果进行对比研究。

(5)展开讨论并撰写科技小论文。

五、说明

(1)调查工作会涉及楼层居民,因此,要和相关居民做好说明,取得他们的支持。

（2）温度表、最高温度表、最低温度表要设定在楼层的固定位置,要请楼层居民协助保护,确保调查观测任务的顺利完成。

（3）本探究活动既是一次科技探究活动,也是一次社会活动,请楼层居民协作帮助时,要讲究文明礼貌,学会耐心细致的工作态度和尊重他人的高尚情操。

六、温馨提示

这项调查必须走出校门进行,老师在事先必须对学生的安全问题进行教育、强调和警示。在实施的过程中,老师必须时刻关注学生的安全。

七、分析与结论

八、科学博士

同类问题:各种小气候产生的原因和环境探究。

拓展链接:楼层小气候的完善与改造对策,购房时楼层选择的基本原则。

延伸思考:大气要素(如温度)的垂直变化。

实践 7　农田小气候观测

陈可伟　王桂素

（宁波市鄞州区高桥镇中心小学）

一、概说

农田小气候是指农田上贴近地面的气层、土层与作物群之间产生的物理过程和生物过程相互作用所形成的小范围局部气候环境。这种小气候一般由农田上贴近地气层中的辐射、空气温度、空气湿度、风、二氧化碳以及土壤温度和土壤湿度等农业气象要素来表征。

由于不同的农业耕作措施、不同的作物和作物群体动态变化，不断改变着农田活动面的状况和各项物理特性，从而形成各种不同类型的农田小气候特征。一定的农田小气候形成后，作为农作物生长的环境条件，又会反过来影响农作物的生长发育进程和产量的形成。也就是说，农田小气候是影响农作物生长发育和产量形成以及病虫害发生的重要环境条件。

二、目的与意义

研究农田小气候的目的，是通过对农田小气候各要素的分布和变化特征的分析，寻找改善作物生长环境（即农田小气候条件）的措施，从而使小气候条件有利于作物的生长发育，提高农作物的产量和质量。

通过本次农田小气候气象观测活动，可以让学生实地体验各项气象要素的测定方法，了解并掌握各种气象观测仪器的使用方法。通过对观测获得的数据进行总结分析，培养学生自主分析研究问题的能力，进一步加深对所学知识的理解，加强对学生将知识运用到实践中的能力的培养。具体目标如下：①了解农田小气候观测点的选择以及观测高度、深度和观测时间的测定原则；②能利用常见的观测仪器进行农田小气候观测；③掌握农田小气候观测资料的整理和分析方法。

三、工具与材料

- 通风干湿表 4 支
- 轻便风向风速表 4 个
- 地面温度表 4 支
- 最高温度表 4 支
- 最低温度表 4 支

- 照度计 4 支
- 记录用的纸和笔若干

四、内容与步骤

1. 观测点选择

(1)活动前,教师实地勘测,选取并确定本地具有代表性的农田区域作为观测点。
(2)对观测地段进行面积大小的测定,搜集相关种植的农作物的信息和数据。

2. 观测项目的确定

(1)空气温度和湿度观测。
(2)风向和风速观测。
(3)光照度观测。
(4)地面最高、最低温度和地面温度观测。

3. 观测方法的确定

(1)将学生分成 4 组,分别对确定观测的项目进行依次观测。
(2)学生按组为单位领取观测器具,自主进行观测,分别操作并熟练掌握各项技能。

4. 观测时间的确定

(1)观测的时间应尽可能包括气象台站的观测时间,以便相互比较。
(2)观测时间的选取建议为:08:00,10:00,12:00,14:00,15:00,16:00,18:00。

5. 进行观测数据记录

设计如表 1 所示表格(表格行数可根据需求自定),将观测数据填入表中。

表 1　观测数据记录表

项目 时间	干球温度 （℃）	湿球温度 （℃）	相对湿度 （%）	最高温度 （℃）	最低温度 （℃）	地面温度 （℃）	光照度 （勒克斯）	风速 （米/秒）	风向

6. 农田小气候资料的整理与分析

(1)计算各个时段的气温平均值。
(2)根据气温和地温的极值,分别计算出它们的较差。(最高温-最低温=较差)
(3)根据以上数据绘制各项目走势图。
(4)分析总结农田小气候的特征。

五、分析与结论

六、科学博士

同类问题:山地小气候、防护林小气候等的观测实验。
拓展链接:农田小气候与农作物生长的关系。
延伸思考:改进和创建优良农田小气候的措施与建议。

实践8　衣服小气候的研究

陈梅娟　范晓岚

（桐乡市崇德小学）

一、概说

人是恒温动物,有非常完善的体温调节机制,所以人能够在环境温度千变万化的情况下始终保持体温的相对稳定。人体的体温调节是通过辐射和对流散热来实施的,当外界温度降低时,人体的皮肤表面会辐射出大量的热,并通过体表空气的对流来调节。

人们主要通过穿衣服来调节体温。当人们穿上衣服后,衣服和皮肤之间就会形成一个空气层,由于空气是热的不良导体,人体辐射出的热量不仅不会快速散发,还可以使衣服里层与皮肤间的温度保持在 32～33 ℃,保持了人体所需要的适宜温度,这就形成了理想的衣服小气候。

二、目的与意义

衣服除了可以让人们装扮靓美以外,最主要的作用是给人们创造"衣服小气候"来调节体温。我们以衣服小气候为主题进行探究,可以使学生了解:①衣服既是人类文明进步的体现,更是人类营造衣服小气候、调节体温的重要工具;②不同材料、不同厚度的衣服,可以形成不同的衣服小气候;③气象与生活息息相关,在日常生活中应时时刻刻高度关注气象。

三、工具与材料

- 温度表若干支
- 相同的瓶子 2 个
- 不同种类的衣服若干件
- 电水壶 1 个
- 计时器 1 个
- 记录用的纸和笔若干

四、内容与步骤

1. 衣服小气候概念探究

(1)选择在寒冷的冬季进行。

(2)组织 6 名学生参与探究,每人穿 4 件相同质地的相同衣服立于室外。

(3)2 人为 1 组,先对人体体温进行测量,接着相互测量对方每件衣服外边的温度,并记入如表 1 所示的表格中。

表 1　观测数据记录表

序号	姓　名	体温	第1件衣服外边温度	第2件衣服外边温度	第3件衣服外边温度	第4件衣服外边温度
1						
2						
3						
4						
5						
6						

注:这里所指体温不是口腔温度,而是第 1 件衣服内的温度;第 4 件衣服外的温度,其实就是室外环境温度。

2. 适宜的衣服小气候探究

(1)选择寒冷的冬、春季节进行。

(2)组织 6 名学生参与,其中 3 人分别穿 2 件、3 件、4 件衣服,另外 3 人同穿 2 件衣服,但其第 2 件分别为羽绒服、棉服、夹布服。

(3)按表 2 要求,互相测量对方的衣服小气候温度,并记录入表中。

表 2　观测数据记录表

序号	姓名	第1件衣服外边温度	第2件衣服外边温度	第3件衣服外边温度	羽绒服	棉服	夹布服
1							
2							
3							
4							
5							
6							

注:羽绒服、棉服、夹布服等均测量衣服里边的温度。

3. 哪些衣服容易形成适宜的衣服小气候

(1)教师讲述:当外界温度低时,皮肤表面辐射出大量的热,通过体表空气的对流,身体就会发冷。如果我们穿上棉衣就会感到暖和,这并非是棉衣可以产生热量,而是它阻挡了外界冷空气与体表热空气层的对流,因而起到防寒保暖的作用。

(2)讨论:什么样的衣服保温效果更好?

(3)开展实验活动。

①准备如表 3 所示的实验记录表和热水。

表 3　观测数据记录表

	开始温度	10 分钟后温度	降温幅度	保温效果
不"穿"衣服的杯子				
"穿"了＿＿＿＿衣服的杯子				

②将同样多的热水倒入相同的杯子中,用两支温度表同时测出水的温度并记录(图 1)。

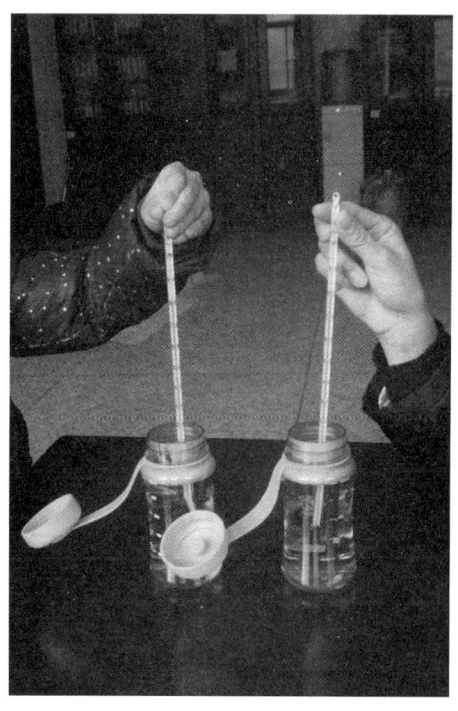

图 1　测量实验前的水温

③盖好瓶盖,给其中一个瓶子"穿"上衣服,等待 10 分钟(图 2)。

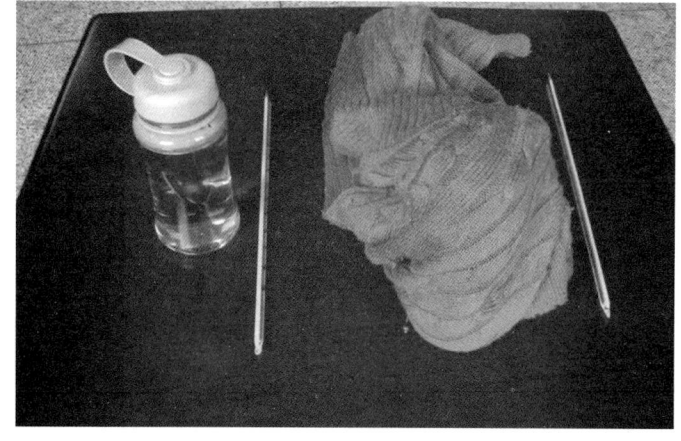

图 2　进行对比实验

④打开瓶盖,测出水温并记录(图3)。

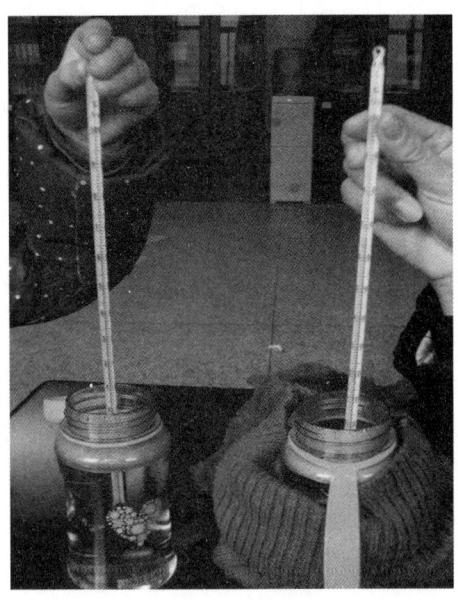

图3　测量实验结束后的水温

⑤计算出每瓶水的降温情况和所"穿"衣服的保温效果相对值(图4)。

不同衣服的保温效果实验记录表

时间:2013 年 12 月 22 日

	开始温度	10分钟后温度	降温	保温效果
不"穿"衣服的杯子	81℃	63℃	18℃	
"穿"了棉毛衫的杯子	81℃	65℃	16℃	2℃

图4　实验结果记录表

⑥选择其他衣服开展实验,方法同上。

⑦测量每件衣服的厚度,将不同衣物的保温效果填入表4(表中所列的衣服种类可按实际更改或增加),比较、分析衣服的保温效果与什么因素有关。

表4　不同衣物的保温效果记录表

衣服	棉毛衫	毛衣	运动服	棉衣	羽绒服
厚度					
保温效果					

⑧讨论:冬天,什么样的衣服容易形成适宜的衣服小气候?

气候篇

五、说明

(1)活动前,应检查温度表的读数是否一致,选取读数相同的温度表进行实验,避免实验误差。

(2)为了和实际穿衣情况一致,在瓶子外"穿"衣服时,应只包一层。

(3)用于实验的衣服,不能选择刚从身上脱下来的,避免体温影响实验结果。

六、温馨提示

本活动开展前,教师应对学生进行正确使用温度表的训练。用电水壶烧水要注意安全。

七、分析与结论

八、科学博士

同类问题:被窝小气候的研究。

拓展链接:不同衣服材料的导热度。

延伸思考:影响衣服小气候的因素还有哪些?

实践 9　树木"冬衣"保暖探究

陈熊峰　沈旭东

（湖州市吴兴区弁南小学）

一、概说

树木是人类的好朋友，它具有调节气候、净化空气、防风降噪的功能，特别是在人口密集的城市或交通线旁，树木还能起到美化环境的作用，形成靓丽的风景。因此，植树造林、保护树木成了全民的共同行动。

大自然里有许多奇妙的现象是十分值得引人深思的，比如同样种植的树木，有的怕冻，有的不怕冻。松柏、冬青一类树木，即使在滴水成冰的冬天里，依然苍翠夺目，经受得住严寒的考验；而枫、柳、桐等一类树木，当入秋气温骤降时，则落叶纷纷，有的甚至皮焦汁枯，丧失生命。因此，保护树木安全越冬也成了一项重要的课题。

根据科学研究，惧冻树木易受低温危害的部位有根系、根茎、主干和枝杈等，因此，人们对惧冻树木的保暖安全越冬也采取了相应的措施：一是对惧冻树木进行根茎培土；二是对枝干涂白；三是喷洒防冻剂；四是熏烟；五是为树木穿上"冬衣"。其中，"穿冬衣"是一种最常用、最普遍的措施。因此，冬天的路旁、公园等处，人们很容易看到不少树干上都绑有麻绳、草绳，还有一些树木被围上无纺布、玻璃墙等。

二、目的与意义

通过本课题探究，首先可以增强学生爱护树木、美化环境的意识，并激发学生主动地去研究植物与天气关系的热情；同时通过学搓草绳、给树木穿衣等活动，培养学生的动手能力；通过探究使学生掌握科学方法与技能，培养科学意识与科学态度。

三、工具与材料

- 稻草若干
- 温度表若干支
- 可以上网的电脑若干台
- 记录用的纸和笔若干

气候篇

四、内容与步骤

本活动主要分为选样、搓绳、穿衣、测量、总结 5 个阶段完成。

1. 选样

(1)组织 12 名学生分成 4 个小组,每小组 3 名学生。
(2)上网查询或请教林业专家,找出本地惧寒的树木品种。
(3)在校园不同区域筛选出 12 棵惧寒的不同树种作为实验样本。
(4)给筛选出的实验样本树标号。

2. 搓绳

(1)教师给每个学生分发稻草。
(2)教师进行搓绳示范。
(3)进行搓绳练习,要求每人完成 30 米的搓绳任务。

3. 穿衣

(1)选择给树木穿衣的部位。
(2)教师示范穿衣的方法与技术要领。
(3)对指定的树木进行穿衣。
(4)教师检查穿衣结果,让学生对不符合要求的结果进行修正。

4. 测量

(1)各小组每天分别按到校、中午、下午大课间活动、放学 4 个时间点对树木进行温度测量。
(2)每小组负责 3 棵树,对每棵树进行连续 15 天的温度测量。
(3)将测量的数据记录在表 1 中。

表 1　实验样本树体温记录表

（　）月（　）日　　　　天气（　）（　）号树　　　　　　　　　　　　　　　　记录人（　　　　　）

温度＼时间	到校	中午	大课间活动	放学
草绳内温度	℃	℃	℃	℃
草绳外温度	℃	℃	℃	℃

5. 总结

(1)各小组对每棵样本树木草绳内、草绳外的温度数据进行汇总。
(2)把每棵样本树的情况汇总到一张汇总表(表 2),分析草绳内、草绳外的温差情况。
(3)通过数据的比较,初步得出结论。

表 2　小树草绳内和草绳外温差统计表

（　　）号树　　　　　记录人（　　　　　）

温差情况 时间点	温度相同	温差在 1 ℃内	温差在 2 ℃内	温差在 3 ℃内	温差在 3 ℃以上
到校					
中午					
大课间活动					
放学					

（4）在教师的指导下进一步对数据进行分析，了解温差的具体原因。

五、说明

（1）本探究活动是一项以温度测量为依托的科学研究活动，要求每位组员坚持长时间对树木分时间段进行草绳内外的温度进行测量。

（2）样本树木选择应区分向阳、背阳、品种。

（3）测量前的温度表需进行检查，以免造成误差。

（4）每天测量的时间点要相对统一。

六、分析与结论

七、科学博士

同类问题：惧寒树木保暖越冬的其他方法研究。

拓展链接：树木惧寒的原因探讨。

延伸思考：校园绿化树木品种的探究。

气候篇

实践10　油菜花期南北地域分布研究

范晓岚　陈梅娟

（桐乡市崇德小学）

一、概述

　　油菜，别名芸苔，是我国重要的农作物之一。油菜具有极高的经济价值：其茎、叶可作蔬菜，是人们餐桌上的美味食品；其果实含油量非常丰富，不仅是我国居民第一大食用植物油原料，而且在食品、冶金、机械、橡胶、化工、油漆、纺织、制皂、造纸、皮革和医药等方面都有广泛的用途。此外，油菜花还具有极高的观赏价值。

　　我国油菜种植分布极广，从南到北，油菜花的花期从1月到8月先后展开。形成这一现象的原因主要是地球在自转和公转时有一定的倾斜角度（23°26′），导致太阳直射点在南、北回归线之间来回移动，造成热量沿纬度成带状分布，所以我国由南到北气温的高低也各不相同。此外，还有小气候因素的影响。油菜开花最适宜的温度为12～20 ℃，以14～18 ℃为最好。如果超过25 ℃，开花就不正常；如果低于10 ℃，开花数量会减少；低于5 ℃时大多不开花。油菜花期可持续一个月左右。

二、目的与意义

　　教科版小学《科学》四年级下册教材中有《油菜花开了》一课，课文对油菜花的结构阐述得非常详细。而通过本探究活动，可使学生对油菜花有进一步的了解：①通过查阅资料，了解油菜开花适宜的气温；②了解全国各地油菜开花的先后时间；③了解本地油菜开花的基本时间；④了解气温影响油菜开花的原因。

三、工具与材料

- 可以上网的电脑若干台
- 记录工具、表格若干份
- 各地气温的信息资料
- 本地气温的信息资料

四、内容与步骤

　　（1）搜集我国大面积种植油菜区域的资料，按纬度的高低进行排列，并将这些区域确定为本次探究活动的关注区。

（2）搜集往年关注区和本地油菜花期的资料，列表统计。

（3）每天按时查阅并记录关注区的气温和本地气温(本地气温的数值可以自己测量，也可上网查询)，记录的时间为 1－6 月份。对记录的数据进行定月统计，找出各地气温的变化差。

（4）记录关注区油菜开花的信息。

（5）在学校附近确定观测用的油菜种植地块，每天观察油菜生长的情况并记录。

（6）查阅关注区的油菜花期，分析其与气温的关系。

（7）关注本地的油菜花期，分析其与气温的关系。

（8）总结并写出课题探究报告。

五、说明

各地气温和油菜花期信息可从电脑网络上获悉。

六、温馨提示

观测与记录油菜花期南北分布是一项时间持续长的活动，必须坚持不懈地进行。

七、分析与结论

八、科学博士

同类问题：其他农作物花期的南北分布研究。

拓展链接：气温变化与农作物生长关系的探讨。

延伸思考：反季蔬果的气象条件控制。

实践 11　我国沿海夏季少见西北风探究

沈　钊

（绍兴市上虞区竺可桢中学）

一、概说

　　风是空气的水平运动,是由于不同地区的气压不同引起的。风总是从气压高的地区吹向气压低的地区,我们用风向来表示风吹来的方向。

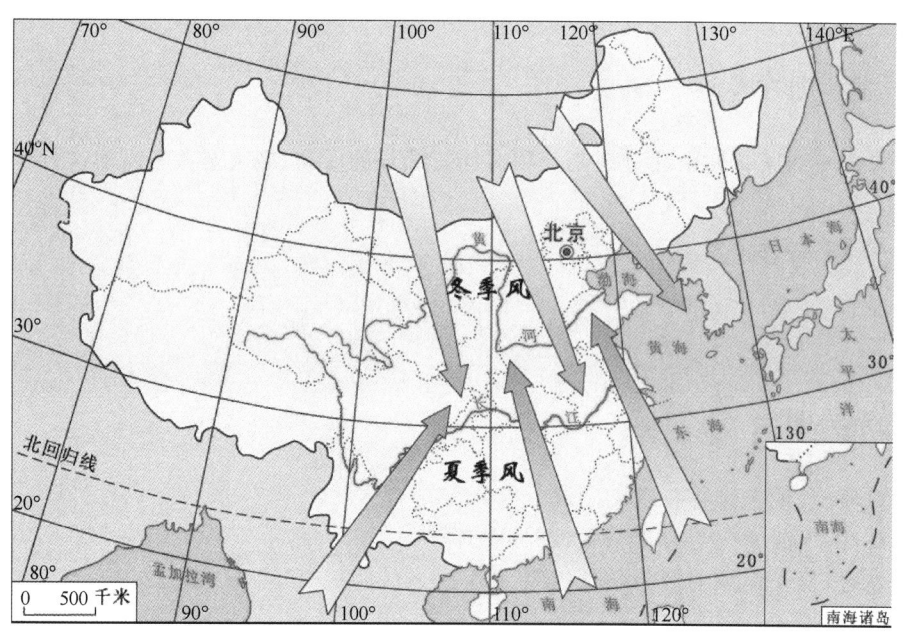

图 1　冬季风和夏季风示意图

　　造成气压高低的原因是空气的冷热变化。空气受热后发生膨胀,使空气密度减小,单位面积上承受的空气柱重量也减小,即气压降低了;相反,空气冷却后会引起气压的升高。两地间气压差加大,气压梯度力就会增加,风也越刮越有劲。

　　空气冷热具有季节性,因此,风向也有季节性。大家知道,冬季和夏季海面和陆地的气温是不同的,冬季海洋比陆地暖,夏季海洋比陆地冷。因此,冬季大陆上气温低些气压高些,海洋上气温高些气压低些,这样风就从陆地吹向海洋;相反,夏季海洋上气温低些气压高些,大陆上气温高些气压低些,这样风就从海洋吹向陆地。由于季节的周期为一年,因此这些风向随季节变化的风系被称为季风。

　　就季风现象而论,世界上最明显的要数亚洲东部和南部,我国东南地区是强大的季风区。

每当冬季,欧亚大陆气温低,太平洋气温高,欧亚大陆近地面形成高气压,太平洋近海面形成低气压,风从中国大陆吹向太平洋,也就是西北风;夏季,欧亚大陆气温高,太平洋气温低,欧亚大陆近地面形成低气压,太平洋近海面形成高气压,风从太平洋吹向中国大陆,也就是东南风(图1)。所以我国东部沿海夏季多东南风,冬季多西北风。

二、目的与意义

根据季风形成的原因及特点,我国东南沿海夏季少见或不见西北风是正常的大气规律。通过对规律和原理的探究,可以使学生获知季风形成的原因和规律。

三、工具与材料

- 大小相同的烧杯若干个
- 基本相同的酒精灯 2 个
- 温度表 2 支
- 铁架台(带铁圈和铁夹)2 个
- 石棉网 2 张
- 大玻璃罩 1 个(可用大号的烧杯代替)
- 线香(或蚊香)若干
- 干细砂若干
- 冰块若干
- 清水 1 杯
- 开水 1 壶
- 火柴 1 盒或打火机 1 个
- 记录用的纸和笔若干

四、内容与步骤

1. 比较砂石和水的比热容大小

(1)取两个大小相同的烧杯,分别放入等质量的干细砂和清水。

(2)如图2所示,将装有干细砂和清水的烧杯分别放到铁架台上。

(3)将两个温度表分别插入装有干细砂和清水的烧杯中,并悬挂在铁架台上。

(4)用两个相同的酒精灯给两个烧杯加热。

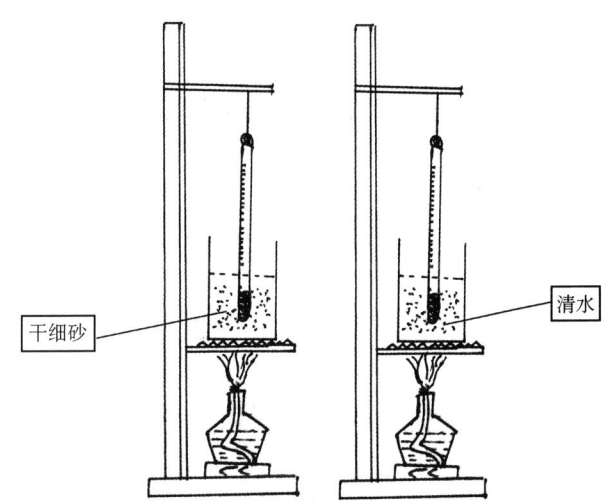

图 2　测量相同加热条件下的干细砂和清水的温度变化

气候篇

（5）每隔 2 分钟读取温度表的读数并记录在表格中，如表 1 所示。

表 1 观测数据记录表

烧杯温度	装干细砂	装清水
初温		
2 分钟后读数		
4 分钟后读数		
6 分钟后读数		
8 分钟后读数		
10 分钟后读数		

（6）根据记录比较在相同的加热情况下，砂石和水升温的快慢。

（7）停止给干细砂加热，继续给清水加热，直至干细砂和水的温度相同。

（8）停止给两个烧杯加热。每隔 2 分钟对温度表进行读数并记录在表格中，如表 2 所示。

表 2 观测数据记录表

烧杯温度	装干细砂	装清水
初温		
2 分钟后读数		
4 分钟后读数		
6 分钟后读数		
8 分钟后读数		
10 分钟后读数		

（9）根据记录比较在相同的情况下，砂石和水降温的快慢。

（10）根据实验数据，比较砂石和水的比热容大小。

2. 模拟季风形成的原因

（1）取两个烧杯，分别装满开水和冰块。

（2）用玻璃罩将两个烧杯罩住，使两个烧杯分别位于玻璃罩内两端（如图 3 所示）。

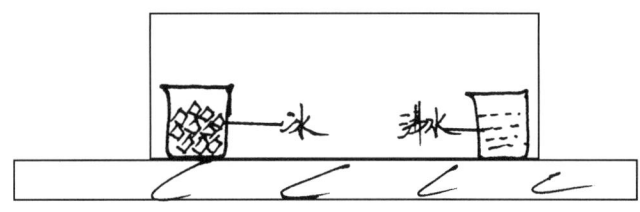

图 3 季风形成的模拟实验

（3）用线香或蚊香制造烟雾，并通入玻璃罩中。

（4）利用烟雾飘动的方向，判断玻璃罩内空气的流动方向。

（5）调换玻璃罩内两个烧杯的位置，重复步骤"（2）"至"（4）"。

3. 根据两部分的实验现象，结合中国地图，分析我国东部沿海夏季为何少见西北风。

五、说明

（1）两个酒精灯要相同，特别是火焰的大小要控制基本相同。

（2）比热容实验过程中要注意挡风。

六、温馨提示

两部分实验可分组同时进行。酒精灯和开水使用过程中应注意安全。

七、分析与结论

八、科学博士

同类问题：风形成的其他因素。

拓展链接：季风气候的基本天气情况。

延伸思考：受季风影响，本地夏冬季节天气的基本特征。

生活篇

实践1　给教学楼走廊降降温

申海明

（嘉兴市实验小学）

一、概说

每逢炎热的夏季,学校的教室内外高温如灼,同学们在教室里上课学习确实酷热难耐。有条件的学校在教室里安装了空调,给师生创设了舒适的教学和学习的环境。但学校的楼道和走廊等处却仍然难驱暑热,因此,同学们都喜欢躲在有空调的教室内,甚至课间也不愿到室外活动。

其实,空调房没有换气功能,如果很多人长时间集聚一起的话,二氧化碳的排放会十分严重,会造成严重缺氧的情况。人们如果长期待在空调房内,会造成免疫力下降,环境适应能力变差,还容易感冒发烧。因此,下课的时候要关掉空调打开门窗,让教室通风换气。特别是要让同学们走出教室,走到楼道和走廊等处活动,呼吸新鲜空气。

给楼道与走廊降温的方法很多,水雾降温就是其中一项比较先进又节能的新方法。这种方法只需把喷雾设备与自然水龙头相连,如水压不够高的话,再配一个小小的增压泵即可喷出细细的水雾。这种装置安装在教学楼的楼道与走廊里,启动后即可取得明显的降温效果。水雾降温的原理是:用高压喷雾设备将水通过喷嘴喷射到空气中,使之分散并破碎成小颗粒液滴,雾化的微小水滴在空气中遇热蒸发,吸收周围空气的热量,从而降低空气的温度。

二、目的与意义

水雾降温装置是一种新产品,对学校来说,是一种省钱、节能、安全、实用、便捷的设备。通过对设备使用效果进行探究,可以使学生获得很多相关的知识:①进一步加深对课本知识的认识与理解;②将学过的气象知识和掌握的气象观测技术运用于科技探究实践;③培养和增强学生服务社会、服务公众的思想意识。

三、工具与材料

- 1套5米或10米的雾化喷头
- 小增压泵1台
- 塑料软管数十米
- 温度表4支(使用前先与校园气象站百叶箱中的温度表进行校正对比,并将器差分别

记录附在表上,测量完毕后对测量值进行订正)
- 计时钟表、记录用的笔和记录簿及制图用的工具

四、内容与步骤

1. 水雾降温前

(1)确定楼层观测点。

(2)组织8名学生,每2人负责一个观测点。

(3)确定统一的观测时间。

(4)测量教学楼各楼层的走廊温度。

(5)将观测数据填写在表1"降温前"一栏中。

表1　楼层走廊温度观测记录表

楼层 温度变化	一层楼	二层楼	三层楼	四层楼
降温前	℃	℃	℃	℃
降温后	℃	℃	℃	℃
前后温差	℃	℃	℃	℃

2. 水雾降温时

(1)安装水雾喷发设备,检查各连接口是否紧密。

(2)打开水阀,检查水压情况,发现压力不足时,马上连接增压泵。

(3)细水雾喷洒10分钟后用温度表测量各楼层的温度,并记录在表1"降温后"一栏中。

3. 对比分析

(1)计算各楼层降温前后的温差数据,并记录在表1"前后温差"一栏中。

(2)根据上表收集到的数据填到图1中,绘制曲线图。

图1　降温前后的温度曲线图

(3)结合观测数据,分析水雾降温的原理。

(4)撰写有关水雾降温探究的科技小论文。

五、说明

(1)水雾降温最好选择在炎热的夏季进行。

(2)观测时应选择晴朗、少云、静风的炎热天气,这样得到的数据才更有说服力。

(3)本活动方案适合小学中高年级学生进行。

六、温馨提示

在调查观测过程中需要用水和电,具有一定的危险性,所以老师事先必须对安全问题进行强调和警示。在活动实施的过程中,最好有老师陪同,确保本次调查顺利完成。

七、分析与结论

八、科学博士

同类问题:工、农、牧业生产和公共场所室内外降温的方法。

拓展链接:水雾降温的利弊探索。

延伸思考:水雾降温可适用的对象和范围。

实践 2 湿度与健康

章岑芳

（宁波市鄞州区高桥镇中心小学）

一、概说

在日常生活中,我们常常会遇到存放在橱柜里的衣物、存储在仓库里的谷物、图书馆置放在书架上的图书等发霉的现象。这是因为空气中蕴含着一定量的水汽,存放物接触到空气中的水汽的时间久了,也就产生了发霉的现象。

气象学上把空气中蕴含的水汽多少称为"湿度",空气中蕴含的水汽越多,湿度就越大,空气中蕴含的水汽越少,湿度就越小。湿度是反映大气变化的重要因素之一,因此,也成了气象观测的重要项目。湿度的量值一般用百分比来表示,称为相对湿度。

在自然界中,人、动物、植物等都要在一定的湿度环境中生存。按照国家室内空气质量标准要求,冬季室内空气湿度标准为 30%～60%。在湿度为 50%～60% 的环境中人体感觉最为舒适。湿度过低或过高都会影响人们的生活与健康。

二、目的与意义

空气湿度大小,对人体健康影响很大。中小学生正是长身体的阶段,为使他们能够健康地成长,引导学生对影响人体健康的气象要素进行探究是十分必要的。

本课题通过对湿度的了解与研究,使学生了解和掌握有关湿度的知识,进一步关注自己身边的湿度变化,改进自己的生活方式,使得自己能够健康成长。

三、工具与材料

- 记录用的纸和笔若干
- 可以上网的电脑 2 台

四、内容与步骤

1. 搜集湿度资料

（1）在网络上搜集有关湿度影响健康的资料。

（2）到本地气象局摘取 5 年的湿度资料。

（3）摘取校园气象站 2 年的湿度资料。

生活篇

2. 湿度影响健康资料调查

(1)到卫生防疫站了解本地区人民健康受到湿度影响的案例。

(2)对本校师生进行1次健康状况调查(最好在3—6月份或8—10月份)。

3. 资料统计整理

(1)根据全国主要城市年平均湿度资料,列出湿度过高和过低的城市。

(2)根据气象资料,列出本地每年湿度过高和过低的月份。

(3)根据校园气象站2年的湿度资料,列出每年湿度过高和过低的月份。

(4)列出与湿度相关的病例情况。

(5)根据对本校师生进行的健康状况调查,找出受湿度过高或过低情况影响的案例。

4. 归纳总结

(1)分析湿度对人们生活和健康的影响。

(2)提出在湿度过高或过低时应对的方法与措施。

(3)撰写课题总结报告。

(4)撰写课题探究科技小论文。

五、说明

(1)这项活动可分几次进行,直到完成。

(2)搜集到的资料可在大组内交流再汇总,以增强资料的充分性。

六、温馨提示

在调查和搜集资料过程中要进行安全教育,并制订安全措施。

七、分析与结论

八、科学博士

同类问题:气温对人的影响或风对生活的影响等。

拓展链接:在沙漠地带湿度对人、动物和植物的影响。

延伸思考:湿度除对人的生活与健康影响外,还对哪些方面有影响?

实践 3 水果皮保温探究

沈　燕[1]　陈梅娟[2]

(1. 桐乡市实验小学教育集团振东小学;2. 桐乡市崇德小学)

一、概说

在自然界中,一年四季都有很多多汁且有甜味的可以供人们食用的植物果实,人们将其统称为水果。水果不但含有丰富的营养,而且能够帮助消化,有很多水果还有降血压、减缓衰老、减肥瘦身、保养皮肤、明目、抗癌、降低胆固醇等保健作用。

到了冬天,在品种繁多的水果中,有的水果耐不住寒冬低温的侵袭烂掉了,让人看了很是心疼;而有的水果却可以抗御严寒,尽管天寒地冻,它却完好无损。特别是现实生活中还常常遇到这样的现象:随着气温的下降,有些水果摸上去温度较低,而有些水果却不冷;有些水果吃起来很凉,而有些水果却并不凉;有些水果的果皮很厚实,而有些水果的果皮却比较薄;有些水果的果皮内侧有一层棉絮状物质,外部比较粗糙,而有些水果的内外部都比较光滑。

综上所述,产生这些现象的原因到底是什么呢? 我们大家可以对其进行探究。

二、目的与意义

通过本次探究活动,不但可以使学生了解水果自我保温的原理,筛选出不用人工保暖就可以越冬的水果品种,而且还可以实现如下目标:①以活动激发兴趣,以兴趣支撑活动,培养学生运用科学的手段实施科学实验的能力,使学生体会学科学、用科学的乐趣,从而养成科学探究的习惯;②在了解水果自我保温原理的基础上,研究使不能自我保温水果的安全越冬的措施;③通过观察与测量,培养学生的科技探究素质与能力;④让学生深刻体会温度变化与人们生活的密切关系。

三、工具与材料

- 温度表若干支
- 小烧杯若干个
- 电热水壶 1 把
- 各类时令水果若干个
- 水果刀 1 把
- 透明胶带若干卷

- 手表或计时器 1 个
- 记录用的纸和笔若干

四、内容与步骤

（1）用水果刀取不同种类水果的果皮，将同一种类的果皮修剪至相同厚度，然后将同一种果皮贴于同一个小烧杯外部，以正好包裹小烧杯为宜。

（2）准备一个不做任何处理的小烧杯做对比。

（3）分别倒入相同温度、相同量的热水。

（4）分别用温度表测量出起始温度并记录。

（5）每隔 5 分钟测一次水温并记录，至少连续实验 30 分钟。

（6）设计如表 1 所示的记录表（表格行列数可根据需求自定），将实验数据填入表 1 中，计算降温幅度。

表 1　实验数据记录表

编号		1	2	3	4	5	6
水果皮名称							
相关图片							
起始温度							
5 分钟	水温						
	降幅						
10 分钟	水温						
	降幅						
15 分钟	水温						
	降幅						
20 分钟	水温						
	降幅						
25 分钟	水温						
	降幅						
30 分钟	水温						
	降幅						

（7）分析数据，得出结论。

（8）撰写科技小论文。

五、说明

（1）本活动操作较简单，但需要定时测量水温，需耐心细致，仔细严谨。

（2）成员分工合作，同时开始，同时读数。

（3）最好选择气温较低的冬季开展实验。

（4）尽量选择不同性质、水果皮特征差距较大的水果。

六、温馨提示

水果刀及热水的使用要注意安全。

七、分析与结论

八、科学博士

同类问题：水果自我保温原理在水果有效越冬措施中的运用。

拓展链接：常见保温材料的研究与选用。

延伸思考：热传递原理的研究与应用。

实践4 住宅"坐北朝南"的原理探究

施晓兰

（德清县洛舍中心学校）

一、概说

"坐北朝南"是我国由来已久的传统建筑原则之一。早在原始社会,中国先民就按照"坐北朝南"的方向修建村落房屋。现代考古发现的绝大多数古代房屋都是大门朝南。

遵循历代的住宅建筑传统原则,我国的建筑物大部分都是"坐北朝南"的。其中紫禁城就是典型的"坐北朝南"的建筑格局,而且是最为正北方向的坐子朝午的坐向。直到现代,住宅"坐北朝南"仍是现代人家居购房的首选。

现代城市建设由于受到各方面条件的制约,住宅不可能都采用"坐北朝南"的格局,但不少优秀的建筑设计师还是不断为我们设计出较为理想的住宅空间环境,有效地改变住宅朝向不佳的问题,以满足我们健康生活的愿望。

那么,住宅选择"坐北朝南"的格局到底是什么原因呢？下面我们将从气象学的角度予以探究。

二、目的与意义

房屋是人类居住和工作的地方,室内环境的好坏和舒适度直接影响人们的生活质量与工作效率。通过对住宅朝向与室内环境关系的探究,可以使学生得到如下收获：①了解影响室内环境的基本气象因素；②懂得住宅选择"坐北朝南"建设格局的基本原理；③学会气象科技探究的方法；④训练科学思维,提高科学素养；⑤进一步深刻认识气象与人们生活的密切关系。

三、材料与工具

- 温度表若干支
- 经过统一对时的钟表若干个
- 手持风向标若干个
- 手持简易风速计若干个
- 记录用的纸和笔若干份

四、内容与步骤

1. 摘取本校校园气象站和本地气象台(站)近两年夏冬两季的每日气温与日照资料

(1)把摘录的气温资料进行日平均、月平均处理。
(2)把日照时间进行日平均、月平均处理,画出曲线图。

2. 实地调查

(1)确定城市中心 4 个不同朝向的,且具有代表性的住宅建筑作为实地调查点。
(2)确定农村 4 个不同朝向的,且具有代表性的住宅建筑作为实地调查点。
(3)分别选择夏、冬两季中的某一月份,在这两个月中每月选择不同天气情况对楼层室内的气温、风向、风速、湿度进行 5 次测量。
(4)将测量的结果分别记录入表,并绘成曲线图。

3. 对比分析

(1)对比城市中心不同朝向住宅的气温差和日照时间差。
(2)对比农村不同朝向住宅的气温差和日照时间差。
(3)分析不同季节,不同朝向住宅产生气温差与日照时间差的原因。
(4)提出改造非"坐北朝南"住宅室内条件的建议与措施。

五、说明

(1)本次调查是一项对比性比较强的科学探究活动,因此,必须多方位、多角度地进行实地调查分析。
(2)这项活动可分夏季和冬季两个对比比较明显的季节进行,分多次实施,直到完成全部内容。
(3)在实际测量调查时,应分别选择不同天气情况进行。

六、温馨提示

这项调查必须走出校门进行,老师在事先必须对学生的安全问题进行强调和警示。在实施的过程中,老师必须时刻关注学生的安全。

七、分析与结论

八、科学博士

同类问题：同一幢住宅不同楼层的室内气象条件的差异。

拓展链接：同一地区不同环境条件下住宅建设的思考。

延伸思考：不同纬度地区的住宅朝向是否也一定是"坐北朝南"最好？

实践5 一年中什么季节人们最容易感冒？

陈海燕　孙　伟

（辽宁省鞍山市二一九小学）

一、概说

由各种病原引起上呼吸道炎症的急性上呼吸道感染，简称上感，俗称"感冒"。感冒常伴有发热、鼻塞、流涕、咳嗽、头痛、全身乏力等症状。

感冒给我们的学习、生活带来了诸多不便，但人类无法避免感冒。据英国《每日邮报》报道，人的一生将感冒200次，每次平均持续9天，一辈子感冒症状持续时间大约有5年。为了提高我们的生命质量，我们要了解感冒，预防感冒。

众所周知，感冒是与季节、气候、天气变化和环境等因素有着十分密切地关系。我国古代中医学中就有"四时感冒"这一说法。即，春天温度突然升高易患风热感冒；夏季湿度大、温度高，易患夹湿或夹暑感冒；秋季空气干燥易患夹燥感冒；冬季受风寒易患风寒感冒。那么究竟什么季节最容易感冒呢？我们又将如何把感冒发生的气象因素联系起来，运用气象知识有效地预报感冒和防止感冒的发生呢？

二、目的与意义

感冒给人们带来了身体和心理上的危害，严重影响我们的学习和生活质量。通过对感冒发生与气象环境因素关系的探究，有效地总结出最易感冒的季节，可为人们的健康生活起到提示作用。引导学生进行季节性气候的调查和研究，可以让学生获取更多大气变化的新知识，同时也训练和提高学生的科学探究能力。通过本项探究活动，可以使学生更加了解季节性气候的变化特点，锻炼学生的总结与分析能力，使学生深刻体会到气候的季节性变化与人们的生活的密切关系，提高自身的保健意识。

三、工具与材料

- 温度表若干支
- 手持式风向风速仪若干个
- 用的纸和笔若干

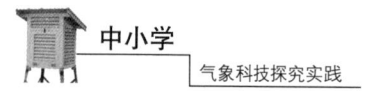
四、内容与步骤

1．搜集气候资料

(1)组织学生到气象局摘录近 2 年的月平均气温和风力资料做季节平均统计,并做好记录。

(2)组织学生将校园气象站近 2 年的月平均气温和风力资料调取出来做季节平均统计,并做好记录。

(3)运用温度表和手持式风向风速仪测量本地一年的日气温和风速变化,做好季节平均记录。

2．季节气候影响健康资料调查

(1)到本地两家重点医院门诊调取近 2 年的感冒患者数据进行季节平均统计,并做好记录。

(2)到校防疫办公室调取近 2 年的感冒学生患者数据进行季节平均统计,并做好记录。

(3)在校园内做好一年内的学生感冒数据调查,按季节做好平均统计。

3．资料统计整理

(1)根据本地区的季节平均气候资料,画出季节平均气温和风力的柱状图。

(2)根据本地区的感冒患者资料,按季节平均统计画出曲线图。

(3)合并柱状图和曲线图。

(4)将"1．搜集气候资料"中的"(3)"与"2．季节气候影响健康资料调查"中的"(3)"的记录结果与柱状图和曲线图的结果进行对比研究。

4．归纳总结

(1)分析季节气候变化特点,预报感冒多发的气候特点与季节分布。

(2)提出预报感冒的方法与措施。

(3)撰写课题总结报告。

(4)撰写课题研究科技小论文。

五、说明

(1)对四季的气温与风力资料的统计是一项烦琐复杂的工作,请同学们仔细认真地对待计算的每个环节,以确保结论的可靠性。

(2)这项活动分成两组活动,最后归纳总结合为一组进行。

(3)两组将搜集的资料汇总,统计过程中两组互相检查,直到完成计算过程。

六、温馨提示

在调查和搜集资料环节老师要进行安全教育,并制订安全措施。

七、分析与结论

八、科学博士

同类问题:什么月份最容易感冒?

拓展链接:季节性湿度的变化对感冒有何影响?

延伸思考:不同纬度的季节变化对人的身体健康有何影响?

实践 6　教室里每个学生座位的气温都相同吗?

邱良川[1]　申海明[2]

(1. 岱山县秀山小学;2. 嘉兴市实验小学)

一、概说

气温通常指与人类关系密切的近地面空气的温度,气象观测和预报的气温指的是百叶箱里距地面 1.5 米高的空气温度。

气温是在不断地变化的,影响气温变化的因子很多,从大的方面考察有:纬度位置、大气环流特征、地形、下垫面的性质、洋流、大气热力作用、昼夜长短的变化、人类活动等;从小的方面考察有:一时一地的环境条件、人群结构、人群移动的密度等因素。

教室是学校的重要组成部分,是老师进行教学、学生完成学业的地方,是师生日常生活最密集、出入最频繁的处所。因此,教室内的环境条件和师生的教学活动与健康关系尤为密切。

教室虽然是一个不大的空间,且在一个特定的平面上,但数十名学生却占据着室内各自不相同的位置,每一个位置的周边小环境也各不相同。那么,教室内每一个学生座位的气温会相同吗? 我们可以对此进行观察测量,如果不相同,原因是什么? 怎样可以平衡?

二、目的与意义

教室内的环境条件与师生的关系最为密切,尤其是冬、夏的气温,直接影响到师生的教学与健康,因此,平衡教室内的气温,给学生创造一个舒适的学习环境是相当重要的。本活动试图对教室内的气温进行调查探究,然后对调查探究的结果进行综合评估,找出教室内每一个学生座位气温不同的原因,提出改善和均衡每一名学生学习环境的方法与措施。

三、工具与材料

• 读数比较精确,精度在 0.1 ℃的干球温度表 50 支(也可以用多通道的电子温度计代替)
• 测量长度用的米尺 1 支(或皮带尺)
• 记录用的纸和笔若干

四、内容与步骤

1. 活动组织

(1)组织全班 50 名学生参与,由班主任和班长负责。

(2)选择一学期中晴、阴、雨等比较典型的天气进行探究性测量。

2. 气温测量

(1)测量桌子底下地面附近的气温。
(2)测量桌子面上的气温。
(3)测量学生站直与个子等高位置的气温。
(4)在如图 1 所示的座位图纸上填写自己测量的气温结果并签名。

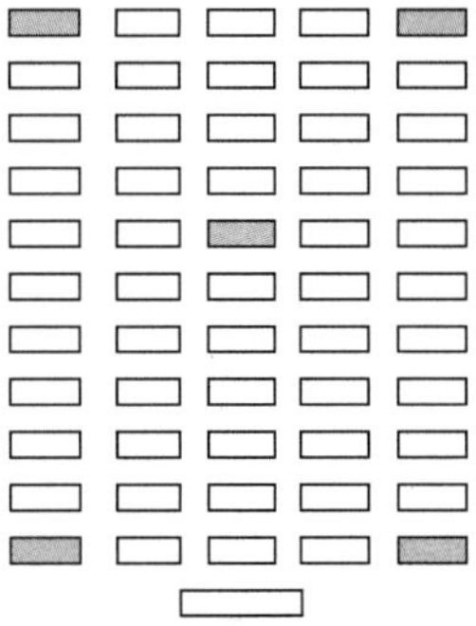

3. 统计、分析

(1)按座位纵向排列为一组,指派每小组的组长参与。

图 1　班级座位示意图

(2)选出气温最高、最低的地点。
(3)分析气温高或低的原因。
(4)提出改善和均衡教室内气温的方法与措施。

五、说明

(1)事先测量好桌子高度和学生个人的高度。
(2)活动可以分多次进行,每次都必须每人发 3 张位置图。
(3)统计图表另行设计。

六、温馨提示

使用温度表时要注意保护好温度表,避免碰撞损坏。把温度表放在 0 米高的地点测量时,下面可垫一本书,不要让感应球部直接接触到地面。

七、分析与结论

八、科学博士

同类问题:教室里每个学生座位的湿度和气压探究。

拓展链接:教室内气温对学生身体健康和学习情绪的影响。

延伸思考:夏天中午在家里休息时,如何更好地利用不同位置温度差异的现象,寻找气温较低的位置?

实践 7 "气象病"预防探究

邱良川[1]　申海明[2]

（1. 岱山县秀山小学；2. 嘉兴实验小学）

一、概说

"气象病"是指与天气变化有关的疾病,这类疾病的发作或症状加重都受天气突变的影响。天气突变主要表现在气温、气压、风力等气象要素的剧烈变化上。

我国大部分领土位于中纬度地带,由于受锋面系统的影响,气象要素和天气变化非常剧烈。特别是每年的晚秋至冬季,北方的强冷空气和寒潮不断南侵,锋面活动十分频繁,导致人的神经系统功能紊乱,改变了血液运动的正常规律,增加了毛细血管以及周围小动脉的阻力,并且还促使肾上腺素分泌增多,血中蛋白增加,血液黏性增高,加重心肌负担,这样就很容易导致高血压、冠心病、克山病等心血管病发作。此外,还会导致关节炎、风湿痛、感冒、支气管炎等病的发病率增高。这种现象称为气象病或季节病。慢性支气管炎、支气管哮喘、风湿病、类风湿性关节炎、冠心病、高血压以及部分皮肤疾病等患者,对季节变化或异常气候特别敏感,症状往往出现在天气变化之前,所以,人们常称他们是"特别的气象预报员"。"气象病"是与气象要素和天气密切相关的,如果能够掌握好这些疾病的季节性发病规律,对及早预防是十分有利的。

二、目的与意义

本探究课题以拓宽学生的科学视野为目标,以初步涉猎了解为原则,通过对气象与人体疾病密切关系的探究,使学生懂得天气变化会引发疾病的科学原理,从而促使他们自觉地关注天气变化,提高自我保护身体、防止疾病发生的意识。

三、工具与材料

- 可以上网的电脑若干台
- 记录用的纸和笔若干
- 有关医疗气象学的科普书籍若干本

四、内容与步骤

（1）把学生分成若干个小组,每组 2～3 人。

（2）通过查找资料和走访医学专家等途径，了解哪些疾病的发生跟气象有密切的关系，以及这些病症发生的气象因素。

（3）调查的对象可分为"个案"和"群案"两种：个案是指特定的某一个气象病的患者；群案是指某一个人群，如一个班级、一个单位等。

①个案调查

每一组确定 1～2 个不同症状的"气象病"患者。

调查小组通过调查走访，找出当地群众中常年患有这种气象病的人员，作为调查重点对象，进行跟踪调查研究。研究时可以分两步走：

一是先详细地了解该患者的病情以及该病与天气的关系，做好详细的记录，记录患者患病的天气情况及次数，自我防治的方法及效果等。并通过查找资料与咨询医学专家，寻求防治的方法。

二是当气象部门预报最近的天气情况可能会使调查的对象病情发生或者加重时，及时与之进行联系，做好预防工作，努力使该患者的病情减轻或者不再发生。

②群案调查

这类调查可以在学校里组织实施。

选择在春夏之交或者秋冬之交疾病多发的季节，指派每个小组负责一个班级，每天进行详细的记录，特别是在天气突然变化或异常时（如春季的"倒春寒"，夏季的酷热天气），更要密切关注校园中学生的身体变化情况，做出详细的情况记录，记录的内容可参考表 1。

表 1　天气与学生患病情况记录表

日期	天气情况				学生情况		病情特征	原因分析
	天气现象	气温	风向风速	湿度	总人数	不适人数		

（4）通过一段时间调查，及时做好调查数据的整理与分析工作，总结各个小组在调查过程中的发现与体会，写成总结报告，向有关人员或群体进行宣传，努力使天气预报为保护身体、减少疾病服务。

五、说明

身体出现疾病往往有诸多因素，在调查过程中要努力排除与气象无关的因素。

六、温馨提示

在调查访问过程中，要注意方法与方式，努力取得被调查对象的积极配合，保持友好的沟通。

七、分析与结论

八、科学博士

同类问题:天气剧变对陆生动物、水生动物和植物的影响。

拓展链接:校园"气象病"预防的有效方法与措施。

延伸思考:"气象病"的病理探究。

程昌春

（浦江县杭坪镇中心小学）

实践8　霜后青菜味更甜的原因探究

一、概说

青菜,即白菜,亦称"油白菜",江南地区称"青菜",北方地区称"油菜"。青菜属十字花种,共有 6 个变种,即普通白菜、塌菜、菜薹、多头菜和油菜。青菜是我国南方地区的主要蔬菜,长江、淮河以南,四季均能露地栽培。

青菜的营养价值极高,可为人们提供人体所必需的多种维生素和矿物质;此外,还含有多种多样的植物化学物质,是人们公认的对健康有效的成分,如类胡萝卜素、二丙烯化合物、甲基硫化合物等。目前,青菜中含有的可以有效预防慢性、退行性疾病的多种物质正在被人们研究发现。因此,青菜是人们生活中必需的重要食品。

青菜的肌体组织疏松、柔软,含水量较高,在食用时味比较清淡。可是,入秋以后,气温骤降,入夜起霜,青菜的味道也变得更加鲜甜。因此,人们便有了"霜后青菜味更甜"的说法。这个普遍的事实是大家熟知的,但是其中的原因未必人人皆知。

二、目的与意义

青菜对周围环境因素的变化很敏感,诸如温度、湿度、气体成分、光线和微生物等,尤其是气温变化。

由于青菜体内含有淀粉,淀粉不仅不甜,而且不容易溶于水。但是霜降后气温下降,青菜体内的淀粉在植株内淀粉酶的作用下,由水解作用变成麦芽糖,又经过麦芽糖酶的作用,变成葡萄糖,葡萄糖很容易溶解在水中,而且是甜的,所以青菜也就有了甜味。而青菜中有了葡萄糖,细胞液中就增加了糖分,这样青菜就不容易被霜打坏了,这也是植物的一种自我保护行为。

根据这个原理进行探究,首先使学生懂得青菜经霜冻后味变甜的道理,其次获知糖水和清水的不同冰点,再则让学生了解植物自保的功能,还可以让学过化学的同学体验一次气温变化促成物质化学变化的过程。从而激发学生对科学研究的兴趣,培养细心留意周围事物的习惯。

三、工具与材料

- 小碗 3 个
- 量杯 1 个

生活篇

- 淀粉若干
- 白糖若干
- 冰箱 1 个
- 记录用的纸和笔若干份

四、内容与步骤

(1)搜集有关凝霜的气温条件的资料。

(2)用量杯量取等量的清水,分别注入 3 个碗中。

(3)分别在其中 2 个碗中加入同样量的淀粉和白糖,并分别贴上标签。

(4)同时将 3 个碗放入冰箱冷藏格内,并温度调至 0 ℃。

(5)1 小时后打开冰箱,品尝一下淀粉碗中的味道,看是否变甜。

(6)然后分别将冰箱调至 −2 ℃,−3 ℃,−4 ℃,−5 ℃……

(7)每隔 1 小时打开冰箱,查看淀粉水和白糖水的冰点。

五、说明

(1)实验过程应有详细记录。

(2)完成实验后应有实验报告。

六、温馨提示

利用冰箱做实验要取得家长的同意与支持。

七、分析与结论

八、科学博士

同类问题:霜后还有哪些蔬菜会变甜?

拓展链接:蔬菜对其他气象要素的敏感度。

延伸思考:越冬植物在寒冷环境中自保的不同方式。

实践9 "菜篮子"里看天气

陶苹雪　邱良川

（岱山县秀山小学）

一、概说

"菜篮子"即盛菜的篮子,通常借指城乡居民日常生活所需的蔬菜、瓜果、水产品、禽蛋、肉类及其制品、粮油及其制品、豆制品、熟食、调味品、土特产等各类农产品和食品的供应。

小小的"菜篮子"是所有人日常生活的重要组成部分,它与人们的生活息息相关,既具有明显的经济属性,也具有很强的社会性。就其社会地位而言,"菜篮子"的社会价值取向更能体现政府形象,政府通常将其作为"民生工程""再就业工程""三农问题"等工作的平台,以此促进城市发展,展示城乡形象,构建和谐社会。小小的"菜篮子"看似普通、平常,但它的品种、质量,尤其是价格变动,却牵动着每一个城乡居民的心。

影响"菜篮子"品质的因素很多,季节和天气变化是其中一个不可忽视的重要因素。也就是说,"菜篮子"里蕴含着天气变化的信息,人们可以从季节和天气变化来判断"菜篮子"的品质与价格,也可以从"菜篮子"的品质与价格状况来判断过去的天气情况。

二、目的与意义

天气与人们的工作、生产和生活关系非常密切,这是一个被大家一致认可的常识。那么怎样来理解这句话所蕴含的道理呢? 我们可以对"菜篮子"品质与价格变化进行实际调查,来了解天气、气候与"菜篮子"关系,来进一步认识"天气与人们的工作、生产和生活关系非常密切"的深刻道理。本实践活动的目的在于:①让学生把学过的气象科学知识应用于实际的生产与生活;②从生产与生活实际中理解与认识天气、气候变化给人们带来的利弊。

三、工具与材料

- 可以上网的电脑若干台
- 笔若干支
- 笔记本若干本
- 记录用的表格若干份(如表1所示,表格行数可根据需要自定)

生活篇

表1　农贸市场菜价调查表

_____年____月____日

品种名称	当日单价(每500克)	货物品质	当天气温及天气状况	备注

四、内容与步骤

(1)把学生分成3~4个小组,每小组选出小组长1人。

(2)到当地气象台调取本地本月的气象资料。

(3)调取本校校园气象站本月的气象资料。

(4)上网搜索近期各地农贸市场的菜价。

(5)确定调查的农贸市场。

(6)确定调查的"菜篮子"主要品种。

(7)确定调查的时间段。

(8)进行实地调查,并将每天调查的资料数据填入"农贸市场菜价调查表"(特别关注在重大天气发生后,比如出现暴雨、大风、雾霾、台风等天气后,各农贸市场"菜篮子"价格的升降情况)。

(9)调查任务完成后,撰写课题总结报告。

(10)撰写气象科技小论文。

(11)进行相关的调查过程和成果展示。

五、说明

(1)此活动要重视校园气象站的观测记录资料的应用,排除其他原因引起的变化。

(2)特别关注特殊天气所引起的"菜篮子"价格变化。

(3)有些菜价的变动与天气变化关系非常密切,如过年时的冬笋,若遇到冷空气或者下雪天,冬笋生长缓慢,上市数量少,引起价格上涨;反之,如果过年期间天气好,温度高,冬笋上市量大,价格就会大幅度下降。水产品的价格也会因为大风天气渔船不能出海,捕鱼量少而上涨。

(4)有些产品是从外地运进来的,就要注意该品种产地的天气情况,多搜集一些有关的信息,以便分析其中的原因。要引导学生透过生活中的现象(菜价的波动),看到其背后的原因(天气变化)。如果菜价波动是由于其他原因引起的,可以在备注栏中说明。

六、温馨提示

调查期间,农贸市场人员流动较多,要注意人身安全,并保护好身边的财物,同时要注意不要影响公共秩序。

七、分析与结论

八、科学博士

同类问题:天气变化对其他生活用品价格的影响(如日用品、服装等)。
拓展链接:天气变化影响"菜篮子"品质与价格的原因。
延伸思考:控制与稳定"菜篮子"品质与价格的方法和措施。

生产篇

实践1　为什么秋冬也能吃到草莓？

陈一红

（杭州市德胜小学教育集团）

一、概说

草莓是一种营养价值很高的水果，而且香甜可口，因此，非常受人们的喜爱。

江浙地区的草莓一般成熟于每年的 3—4 月份，持续的时间相当短暂。可是，目前的农副产品市场上一年四季都有草莓供应，特别是秋冬季节也能够吃到草莓。这些草莓是哪里来的呢？其实，答案很简单，这些草莓是人们运用先进的栽培技术种植出来的反季节农作物的产物。

反季节农作物的生产是立足于当地自然条件和小气候进行早熟或极早熟、晚熟或极晚熟、耐热或耐寒的农作物生产，这种生产采用先进、科学的栽培管理与技术，实现在不适宜农作物生长的季节，生产出符合要求的农作物产品。

反季节农作物的生产有多种方式，保温设施栽培是其中比较重要的一种方式。这种方式还分为塑料大棚、塑料小拱棚、地膜覆盖、电热温床等技术。反季节农作物生产的目的，主要是为了使某些农作物早春抢早上市和晚秋延后供应。

二、目的与意义

反季节农作物生产是一项科学的、现代化的新兴农业生产技术，这项技术的成熟和有效应用是传统农业生产的一次飞跃与进步。在校园中开展反季节农作物生产的实践，让学生们亲自动手直接参与运用科学的生产实践全过程，不但能够使他们体验科学与各行各业的密切关系，而且能够充分提高他们学习科学、运用科学的热情，还可以达到以下效果：①了解农作物生长的全过程，学习和掌握农作物种植管理的初步技术，经受农业生产劳动锻炼，体验农业劳动者的艰辛，懂得珍惜劳动的成果；②将学过的气象科学知识运用于实践，使之得到延伸、补充和巩固；③了解地膜在植物生长过程中保持地表温度、降低水分蒸发的原理；④进一步深入探究农作物生长与气候的关系。

三、工具与材料

- 地面温度表 2 支
- 浅层曲管地温表 2 套共 8 支
- 最高、最低温度表各 2 支

- 地膜 6 米^2
- 锄、铲、锹、水桶、水勺等
- 记录用的纸笔若干

四、内容与步骤

(1)组织学生在 9—10 月份,选择校园中比较空旷通风,阳光照射比较均匀的地块,开辟一块实验园地。

(2)用锄、铲、锹等工具将土铲松,并整理成 2 垄各宽为 1 米、长为 2～3 米的菜畦。

(3)将整理好的菜畦中的一垄覆盖上一层塑料地膜。

(4)在 2 垄菜畦的相应位置分别安装最高温度表、最低温度表、地面温度表各 1 支,浅层地温表 5 厘米、10 厘米、15 厘米、20 厘米各 1 套。

(5)在 2 垄菜畦的相应位置各开若干种穴,分别种上草莓种苗。

(6)每天进行 5 次温度观测,时间分别为 08 时、10 时、12 时、14 时、16 时。

(7)将观测的数据记入表 1。

表 1　观测数据记录表

_____年____月____日(地膜覆盖垄/自然垄)

时间 项目		08 时	10 时	12 时	14 时	16 时
地面温度表						
最高温度表						
最低温度表						
曲管地温	5 厘米					
	10 厘米					
	15 厘米					
	20 厘米					
植物生长情况描述						

组　长:_____　观测员:_____　记录员:_____　校对员:_____

(8)按月对数据进行整理和分析,绘制曲线统计图。

(9)对比 2 垄菜畦的地温变化和草莓生长的差异,并分析其中的原因。

五、说明

(1)选择场地时,注意不影响学校正常教学秩序。

(2)在实践开始前,务必对参与人员进行仪器使用和观测方法培训。

(3)做好实践基地的保护工作,免使实践活动半途而废。

(4)地膜有多种颜色,且厚薄也不同,请参照相关资料,或请教农业技术员、经验丰富的农民。

(5)本探究实践适用于三至六年级学生。

六、温馨提示

在使用锄、铲、锹掘垄整畦过程中,注意人身安全,注意爱护劳动工具和保护观测仪器。

七、分析与结论

八、科学博士

同类问题:其他反季农作物的探究。

拓展链接:温室植物的种植规律。

延伸思考:山区梯度环境对农作物影响。

实践2 遮阳网对蔬菜生长的作用

丁燕忠　俞国新

（德清县洛舍中心学校）

一、概说

遮阳网又称遮光网，是近 10 余年来推广的一种最新型的农、渔、牧业，以及防风、盖土等专用的保护覆盖材料。利用遮阳网栽培蔬菜已成为一项大力推广的新技术。遮阳网主要应用在夏季，在南方利用遮阳网覆盖栽培蔬菜，北方应用还只限于夏季蔬菜育苗。夏季覆盖遮阳网主要作用是防烈日的照射、暴雨的冲击、高温的危害、病虫害的传播，尤其是对阻止虫害迁移起到很好的作用。

遮阳网有多种用法，主要的方法有：浮面覆盖、小拱棚覆盖、大棚覆盖等，其中浮面覆盖的方法最为简便。浮面覆盖就是把遮阳网直接盖在叶菜的表面，因它重量轻，每平方米只有 45 克左右，对已经长成的高棵叶菜也不会压倒、压弯，不降低商品性；又因它有一定的透气性，覆盖后叶子表面仍干爽，减轻了病害的发生；它还有一定的透光性，覆盖后也不会被"捂黄捂烂"。

遮阳网的使用已有 10 多年的历史，技术相对成熟，我国农业生产已在广泛使用，它对推动农业生产的发展起到了很积极的作用。

二、目的与意义

浙江省夏季露天最高气温常超过 35 ℃，有时候甚至接近 40 ℃，地面温度则更高，对蔬菜生长极为不利。而夏季晴天光照强度大，超过蔬菜的光饱和点，使蔬菜常表现出光抑制。因此，在夏季，用遮阳网覆盖，遮去一部分阳光，可达到降低气温与地温的效果，同时又保留适度的光照强度，能为蔬菜的生长创造较适宜的光温条件。利用遮阳网进行蔬菜的提早育苗及栽培，对缓解蔬菜供应的"夏秋淡季"具有一定的作用。

通过田间对比试验，可以较全面地研究遮阳网覆盖的小气候效应以及其对蔬菜生长的影响，为遮阳网的进一步推广应用提供理论依据。让学生了解气象与农业生产的密切关系，懂得营造和改变局部气候条件对农业生产发展的重要作用。

三、工具材料

- 锄、锹等种植工具若干把
- 地面温度表 2 支

生产篇

- 最高温度表 2 支
- 最低温度表 2 支
- 浅层曲管地温表 2 套
- 宽幅为 2 米的遮阳网 20 米
- 记录资料的工具
- 有关蔬菜种植技术的书籍
- 有关遮阳网使用的说明资料

四、内容与步骤

1. 准备工作

(1)选拔 6 名学生分为 3 组参与课题探究活动。
(2)在校园内选择一块约 10 米² 的空地,掘成 2 垄各 5 米长的菜畦。
(3)各栽种若干同一品种的蔬菜苗,其中一垄覆盖遮阳网。

2. 摘录资料与调查

(1)查找遮阳网的具体作用的资料。
(2)摘录为何大部分农户运用遮阳网种植蔬菜的资料。
(3)调查 1～2 户不使用遮阳网种植蔬菜的农户,了解种植和产量的情况。
(4)调查 1～2 户使用遮阳网种植蔬菜的农户,了解种植和产量的情况。

3. 实地测量

(1)分别在自己开发的 2 垄菜畦上设置各种温度表。
(2)对气温观测和记录提出具体要求。
(3)做出观测时间的规划与安排。
(4)做出观测项目的设计。
(5)对所种植的蔬菜进行全程观测和记录。

4. 比较分析

(1)对比网内和网外的温度差。
(2)分析产生气温差的原因。
(3)对网内和网外蔬菜的生长情况进行对比分析。
(4)总结使用遮阳网种植蔬菜的好处和缺陷。
(5)撰写科技探究小论文。

五、说明

这项活动必须每天进行观测和记录,直到蔬菜收获才能完成全部内容。

六、温馨提示

调查活动需要走出校门进行,老师在事先必须对学生的安全问题进行强调和警示。在活动实施的过程中,老师必须时刻关注学生的安全。

七、分析与结论

八、科学博士

同类问题:对小拱棚覆盖、大棚覆盖等形式的遮阳网种植技术进行探究。

拓展链接:遮阳网种植技术对水果生长的作用。

延伸思考:遮阳网的小气候效应在更大范围的应用。

实践 3　降水量与粮食作物产量关系的探究

嵇秧赟　俞国新

（德清县洛舍中心学校）

一、概说

　　水分是粮食作物生长所必需的五大要素之一。农田的给水来源一般有 3 种渠道：一是人工灌溉给水，二是天然降水给水，三是地下水资源给水。人工给水完全可以控制，地下水资源给水比较有限，还需天然降水补给，而天然降水给水无法控制，全凭天公任意"作法"。

　　天然给水即自然降水，气象学上按降水强度把降水分为：小雨、中雨、大雨、暴雨、大暴雨、特大暴雨等。一年中各种不同强度的降水都会发生，只是频率各不相同，同时不同年份的降水情况也不相同。

　　粮食作物需水是有一定要求的，给水量的不足或过量都会影响它们的正常生长，直接影响粮食作物的收成产量，古人所企盼的"风调雨顺"就是这个道理。因此，年降水量和粮食作物的产量有着非常密切的关系。

二、目的与意义

　　探究降水量与粮食作物产量关系是一项极具现实意义的科学活动，通过该项活动，可使学生得到以下收获：①了解当地历年夏季的降雨情况，了解历年粮食作物的长势、秋季收成情况；②从中找寻出降水量与粮食作物产量的关系；③培养科学分析能力和思维能力，激发热爱科学和科技服务农业的意识。

三、工具与材料

- 小型雨量器 4 个
- 量杯 4 个
- 记录用的纸笔若干

四、内容与步骤

（1）组织 8 名学生分为 4 个小组，每组 2 名成员。

（2）选取学校周边 4 个不同村庄的 4 个粮食作物专业种植户作为调查和观测点。

(3)到县气象局调取最近 5 年 6,7,8 月 3 个月本地的月降水量资料。

(4)调取本校校园气象站相同年份 6,7,8 月 3 个月的月降水量资料。

(5)统计 4 个粮食作物专业种植户相同年份每年的产量值。

(6)测量本年度 6,7,8 月 3 个月降水量,并记录在表 1 中。

(7)调查 4 个粮食作物专业种植户本年度生产粮食总值。

表 1 ＿＿＿＿＿ 年 6 月、7 月、8 月的晴、雨、阴天气汇总表

月份	晴天天数	阴天天数	雨天天数	月降雨量
6 月份	＿＿＿天	＿＿＿天	＿＿＿天	＿＿＿毫米
7 月份	＿＿＿天	＿＿＿天	＿＿＿天	＿＿＿毫米
8 月份	＿＿＿天	＿＿＿天	＿＿＿天	＿＿＿毫米
合计	＿＿＿天	＿＿＿天	＿＿＿天	＿＿＿毫米
所占总数比例	＿＿＿%	＿＿＿%	＿＿＿%	＿＿＿%

(8)将 5 年的降水量和 5 年的粮食作物总产值做对比。

(9)将本年度的降水量和本年度的粮食作物总产值做对比。

(10)根据对比情况进行综合分析、交流汇总,探究两者之间关系,找出一定的规律。

(11)提炼观点,撰写科技探究小论文。

五、说明

(1)5 年资料调查统计和本年度降水量测量同时进行。

(2)进行本年度降水量测量时,晴、阴天气也要巡视观测点的仪器情况,以保证活动的正常顺利开展。

(3)本年度降水量测量使用本校校园气象站的观测簿。

(4)探究活动完毕时要作出总结,总结活动的总体收获和欠缺之处。

(5)对在活动中表现认真细致的成员予以表彰或评出先进个人。

六、温馨提示

在整个调查、访问和观测、记录的过程中,教师需十分关注学生的安全问题,活动前,做好比较周到的预见性安全教育。

七、分析与结论

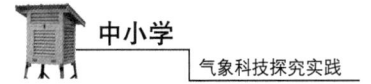
八、科学博士

同类问题:降水量与其他农作物产量的关系。

拓展链接:其他气象条件下,争取粮食作物丰收的管理与保障。

延伸思考:在不同降水量的条件下,争取粮食作物丰收的建议与措施。

实践4 "二次开花"与气候变化关系的调查

施云霞　俞国新

（德清县洛舍中心学校）

一、概说

植物逢季开花是大自然的正常规律,可是近年来却有大量关于植物一年中开两次花的报道。如:2011年北京地区牡丹国庆期间二次开花;2011年8月,大连市旅顺口大樱花二次开花;2013年7月,山西太原出现垂丝海棠二次开花;2013年9月,河北石家庄达活泉公园近500年的古槐二次开花等。这些原本一年只开一次花的植物,却出现了二次开花的奇迹,让很多人都觉得非常好奇。其实,植物二次开花并不神奇,这也是一种自然现象。

二次花,俗称二次开花,指原本一年只开一次花的植物,当年分化形成的花芽当年开放的现象,导致一年之中2次见花。由于第2次开花大多出现在秋季,故又被称为"秋花"。

植物二次开花并不是植物的"错误"行为,这种现象与该植物的生长环境变化密切相关。

二、目的与意义

自2003年以来,全国范围内有关二次开花现象的报道呈不断增加之势。据统计,出现二次开花现象时观察到气候反常的记录占总记录数的50.53%,其中除个别为夏季二次开花的记录外,大部分为秋季,甚至冬季二次开花。秋季至冬季二次开花的现象均与气候异常偏暖有关,这是符合生物学规律的,因为植物开花要求一定的温度条件。

通过对二次开花现象的调查,使学生了解二次开花现象频发的根本原因。同时通过亲历探究,提高数据分析能力,激发热爱科学的兴趣,做个生活有心人。

三、工具与材料

- 温度表若干支
- 记录用的纸和笔若干
- 可以上网的电脑若干台

生产篇

四、活动的方法与过程

1. 摘录资料调查

(1)到县气象台摘录本县近五年的气温资料。

(2)通过上网查找相关资料,了解常见易发植物开花现象的温度条件。

(3)通过网络、报纸等媒体,记录、统计近五年关于二次开花现象的报道。

2. 整理资料

把摘录的气温资料进行月平均、年平均处理,并画出本地区近五年每年的月平均气温曲线图。

3. 对比分析

进行资料汇总,对比分析气温与植物二次开花之间的必然联系。

五、说明

(1)本调查活动以整理资料、分析对比数据为主,因此,必须提醒学生着重于数据的整理与分析。

(2)植物二次开花现象除了与天气有必然联系外,也与植物的遗传特性、早期落叶等有着密不可分的联系。

六、温馨提示

每次开展活动前教师务必要有一个详细周密的活动计划,进行比较周到的预见性安全教育。活动中,教师要时刻关注学生的动向,确保学生安全。

七、分析与结论

八、科学博士

同类问题:二次开花与正常开花的异同。

拓展链接:二次开花与果树果品产量的关系。

延伸思考:如何人为调控花期,满足人们不同时期对花的欣赏需求。

实践 5　影响蚕茧质量的气候因素调查

施晓兰　俞国新

（德清县洛舍中心学校）

一、概说

中国养蚕已有五千多年的历史,蚕丝产品享誉中外。

蚕丝产品与任何产品一样,也有质量等级的区别。蚕丝产品质量的根本在于蚕丝,蚕丝质量的根本在于蚕茧,蚕茧质量的根本在于桑蚕的体质与健康状况。

桑蚕犹如温室中的花朵,非常娇气,它对生长条件的要求极为苛刻。桑蚕是完全变态昆虫,一生历经卵、幼虫、蛹、成虫等 4 个形态上和生理机能上完全不同的发育阶段,各个发育阶段对外界气候条件的适应也各不相同。桑蚕的体温不像人那样能保持一定的温度不变,而是随着周围环境温度的上升或下降而变高或变低。如果温度过低,则容易诱发僵病;如果温度过高,则容易诱发脓病(白肚),特别是在大蚕期,如果遇上闷热、多雨的情况则更加危险;如果遇上少雨或干燥的天气,桑蚕吃不到新鲜的桑叶,体质会变差,容易得病。

由于每年的气候条件不同,桑蚕的生长和蚕茧的质量也不相同,有些年份的蚕茧产量多且质量优、出丝好,而有些年份的蚕茧小而薄。可见,气候条件对蚕茧质量的影响是极大的。

二、目的与意义

结合小学教材《科学》中的课文《我们来抽丝》的教学内容,使学生了解我国养蚕业的悠久历史和我国劳动人民对人类服饰发展的巨大贡献,了解气候变化对自然界动物生命过程的重要影响。

同时,通过调查访问,使学生了解温度、湿度对蚕茧质量的影响;通过数据的采集和对比分析,懂得在养蚕的过程中对桑蚕生活环境的气温和湿度进行人工调控的必要性和重要性。

三、材料与工具

- 温度表 1 支
- 毛发湿度表 1 个
- 小型雨量器 1 个
- 记录用的纸和笔若干
- 有关养蚕的科普书籍
- 可以上网的电脑 1 台

生产篇

123

四、活动方法与过程

1. 摘录资料调查

(1)组织学生上网搜集主要产茧基地(广西、浙江、四川、江苏)近6年来各季蚕茧的产量。

(2)组织学生到气象局摘录4大省份饲养四季蚕对应月份的气温和湿度资料。

(3)绘制4个省各季蚕茧产量曲线图和4个省饲养四季蚕对应月份的气温和湿度变化曲线图。

2. 实地调查研究

(1)选择当地3户有经验蚕农的蚕房进行观察实验,记录桑蚕的生长过程。

(2)观测当季蚕房的温度与湿度,并做好记录。

(3)对以上3户蚕农的蚕茧质量进行调查。

3. 对比分析与总结

(1)对比同一地区不同蚕农养蚕环境的气温与湿度的差异。

(2)对比上述几户蚕农桑蚕的所产蚕茧的产量与品质。

(3)对比4大产茧基地的气温、湿度差异和蚕茧质量。

(4)总结气温和湿度对蚕茧质量的影响。

五、说明

(1)本项探究活动的观察过程较长,因此,需要有恒心、耐心。

(2)这项活动可分为4个蚕季节进行。

六、温馨提示

这项调查必须走出校门进行,老师在事先必须对学生的安全问题进行强调和警示。在实施的过程中,老师必须时刻关注学生的人身安全。

七、分析与结论

八、科学博士

同类问题:本地区气候条件对桑叶生长质量的影响。

拓展链接:人工调控蚕房温度和湿度的方法与技术。

延伸思考:灾害性天气情况下,蚕房温度和湿度的控制与保障。

陆如璋　俞国新

（德清县洛舍中心学校）

一、概说

我国是一个农业大国,春播、夏锄、秋收、冬藏是农业生产的基本规律。

每年的阳春三月,气候转暖,阳光明媚,春风和煦,大地万物渐次复苏,春天迈开了脚步,花草树木开始发芽吐绿。这时,农业生产的第一个环节——春播也开始了,全国大部分地区进入春耕季节。农作物的种子下播、发芽,到处都呈现出生机勃勃景象,也给农民们带来了一年丰收的美好期盼。

每年的 3 月 5 日或 6 日是一年中的第 3 个节气——"惊蛰","蛰"指动物入冬藏伏土中,不饮不食,"惊蛰"即是春天打雷惊醒了蛰居动物的日子。因此,"惊蛰"一到,雷声渐起,各种冬眠的昆虫也渐渐地复苏重生,其中专门食用农作物的害虫也开始复苏、成长、繁殖。害虫以农作物为食而生存,破坏了农作物的正常生长,给农业生产带来严重的危害。

农作物随季节转换而生长,虫害在季节转换中繁殖来祸害农作物,这是一种必然的自然规律。我校地处浙北农村,校园气象站的小气象员们曾对农业虫害与气象关系进行过一系列的探究,对学校周边的农村农业生产做出过一定的贡献。现将其中的个案摘录如下,供大家开展气象科技探究时参考。

二、目的与意义

影响农业虫害发生的环境因素很多,其中温度、相对湿度、光照和降雨等各类气象要素的影响最显著。探究农业害虫的出现、繁殖与气象条件的关系,不但对防治农业虫害有着极其重要的作用,而且还能够使学生多方面的素质得到提高:①把学过的课本知识运用于生产实践,既巩固、延伸和补充了课本知识,又拓展了科学视野;②在探究的过程中,通过观察、测量、比较、分析,学会并掌握科学探究的方法与技能;③激发科学学习和探究的兴趣;④树立了从小为社会服务的思想。

三、工具与材料

- 雨量筒若干个
- 温度表若干支

生产篇

125

- 毛发湿度表若干个
- 可以上网的电脑若干台
- 本校校园气象站前一年 3—9 月的气温、湿度、降水量和天气现象记录资料
- 当地气象局前一年 3—9 月的气温、湿度、降水量和天气现象记录资料
- 当地农业局前一年 3—9 月的虫情预报和通报
- 记录用的纸和笔若干

四、内容与步骤

1. 资料统计分析

(1)对本校校园气象站前一年 3—9 月的气温、湿度和天气现象记录资料进行统计,画出每月最高气温和最低气温的曲线图,同时对晴雨日、降水量等也进行统计。

(2)对当地气象局前一年 3—9 月的气温、湿度和天气现象记录资料进行统计,也画出每月最高气温和最低气温的曲线图,同时对晴雨日、降水量等也进行统计。

(3)对当地农业局前一年 3—9 月的虫情预报进行分析。

(4)上网查找相关虫害与气象要素关系的资料。

2. 实地调查

(1)选取学校周边 4 处农田作为观测点,每天进行定时观测。

(2)对观测点的气温、湿度、降雨量及天气现象进行观测并做记录。

(3)对观测点的农作物生长情况进行观测并做记录。

(4)对观测点的虫害情况进行观测,并记录害虫的繁殖、生长和祸害情况。

(5)找出虫害天敌的种类,并记录其繁殖、生长和活动情况。

3. 对比分析

(1)将害虫的繁殖、生长情况与当时的温度、湿度、日照、降雨量等气象条件进行比对。

(2)对害虫的活动情况与当天的天气变化进行比对。

(3)找出有利害虫繁殖、生长和活动的气象条件。

(4)找出有利虫害天敌繁殖、生长和活动的气象条件。

五、说明

(1)调查农作物虫害与气象要素的关系是一项历时长、且又要细致的科学实践,要求具有实事求是的科学态度,客观地对事物进行分析。

(2)这项活动可以分成几个阶段进行,直到完成全部课题任务。

(3)这项活动可以分成几个小组进行,最后进行总结、交流、汇报。

六、温馨提示

这项活动的调查必须走出校园进行,老师在事先必须对学生的安全问题进行强调和警示。在活动实施过程中,老师要时刻关注学生的安全。

七、分析与结论

八、科学博士

同类问题:农作物病害、草害和气象要素的关系。

拓展链接:农业害虫越冬的气象条件。

延伸思考:如何利用气象条件或非施农药手段消灭农作物虫害?

生产篇

实践7 树木年轮与气候的关系

叶迪雯[1]　陈一红[2]

（1. 杭州市和睦小学；2. 杭州市德胜小学教育集团）

一、概说

每当树木被伐倒以后，人们便可以在树墩或树木的砍伐处看到许多同心的圆环，这些圆环在植物学上称为年轮（图1）。年轮代表树木的年龄，也就是说一个圆环代表了这棵树木一年的生长周期。

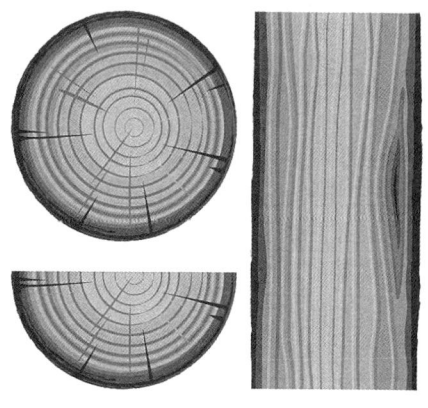

那么，年轮是怎样形成的呢？所有树木的树干都是由最外层的树皮（即木本植物的韧皮部），和由树皮包裹着的材质（树干的木质部，是木材的来源，也即木材）构成。在树皮和木质之间还有一层特别活跃的细胞层，人们称之为形成层。形成层的细胞日以继夜地不停分裂增生，向内形成新的木材，向外形成新的树皮，经过一年的剧烈活动，在树干木材的周围又形成了新的圆环，这就是年轮。树木长粗主要是形成层细胞活动的结果。

图1　年轮

如果我们仔细地观察，就会发现所有树木年轮的大小粗细分布排列都是不均匀的，而且与圆心的距离也各不相同。这是因为形成层的细胞活动深受气候变化影响。每当气候温暖、雨量充沛的春季与夏季，树木生长很快，形成层的细胞就非常活跃，分裂很快，形成的木质部细胞大、壁薄、纤维少、输送水分的导管多；而到了秋季和冬季，气温趋凉，雨量渐少，树木生长比较缓慢，形成的细胞体积小、数量少，细胞壁较厚，材质也紧密。因此，在不同气候环境下形成的年轮圆环也各不相同，年轮宽表示那年光照充足，风调雨顺；若年轮较窄，则表示那年温度低、雨量少，气候恶劣。如果某地气候优劣有过一定的周期性，反映在年轮上也会出现相应的宽窄周期性变化。

综上所述，树木的年轮蕴含着大量的气候变化的历史信息，年轮图案与气温、气压、降水量、日照、风向、风速等密切相关。

二、目的与意义

年轮记录了大自然千变万化的痕迹，是一种极为珍贵的科学资料，利用树木年轮信息可推测出本地历史气候变化情况。在校园中开展树木年轮的研究，让学生亲自参与观察、搜集证据，分析气候与年轮的关系,不但可以激发学生对科学学习与探究的热情,还可以达到以下效果:①让学生了解气象科学的跨领域特性;②可以使学生在课本上学到的生物学知识得到巩固与延伸;③使学生学会和掌握一种新的科学探究方法与技术;④让学生领略交叉科学的重要与神奇。

三、工具与材料

- 采集树木年轮专用钻具 2 套
- 放大镜每人 1 个
- 显微镜 10 套
- 小刀、尺、刨、砂纸若干
- 记录用的纸和笔若干

四、内容与步骤

(1)组织 6 个学生,分为 2 个小组。

(2)在校园内或校园附近选取几棵生长环境不同、大小不同、品种不同的树木作为实验对象。

(3)对选取的实验对象做好标记。

(4)在做好标记的树上,用专用的钻具(年轮钻)钻入树心,取出薄片。

(5)将采集到的标本装入封口袋,贴上标签,写明采集地点、日期、树木名称、树木生长情况等,低温、干燥保存。

(6)用小刀、砂纸等工具将采集到的标本表面处理平整。

(7)在采集的标本中选取具有代表性的标本进行研究。

(8)设计如表1所示的记录表,并按表格要求观察年轮特点,推断当时气候特征并记录。

表 1　年轮研究记录表　　　　＿＿＿年＿＿月＿＿日

年轮标本采集地、时间及树木名称				
年轮特征 (照片或画图)				
年轮圈数				
推断树木年龄				
推断历史气候变化特征				
预测今后当地气候变化规律				

组长:＿＿＿＿＿　观测员:＿＿＿＿＿　记录员:＿＿＿＿＿　校对员:＿＿＿＿＿

生产篇

（9）比较不同环境生长的树木年轮的异同，分析其原因。

（10）参考资料，为推断历史气候提供证据。

五、说明

（1）选择实验对象时，要和树木的主人事先做好沟通。

（2）在活动开始前，教师务必对参与活动的学生进行仪器、工具使用和研究方法的培训。

（3）做好实验对象的保护工作，避免研究半途而废。

六、温馨提示

在使用专用工具采集标本时，教师要注意学生人身安全。采集标本时不损害树木生长。注意对研究工具和仪器的保护。

七、分析与结论

八、科学博士

同类问题：不同树种年轮与气候变化的不同关系。

拓展链接：气候与树木形态的关系。

延伸思考：根据树木生长与气候变化的关系，提出树木种植、培育和管理的新措施。

实践8 "清明"节气气候与农事探究

何芹[1]　俞善贤[2]

（1. 义乌市廿三里第二小学；2. 浙江省气象协会）

一、概说

二十四节气是我国古代订立的一种用来指导农事的补充历法,在春秋战国时期形成,它是根据太阳在黄道(即地球绕太阳公转的轨道)上的位置来确定划分的。二十四节气既反映了季节的变化,又能指导农事活动,影响着千家万户的衣食住行。

"清明"是我国传统的二十四节气之一,每年公历的 4 月 4—6 日,当太阳到达黄经15°时即为"清明"节气。古书《岁时百问》中说:"万物生长此时,皆清洁而明净,故谓之清明。"这句话的意思是说,从这一时期起,我国大部分地区气温日益升高,空气静洁清新,草木青发繁茂,所以称为"清明"。

"清明"不但是我国一个传统节日,更是一个极其重要的表征物候的农事节气。因为"清明"时节,我国除东北与西北地区外,大部分地区的日平均气温已升到 12 ℃以上,大江南北直至长城内外,到处是一片繁忙的春耕景象。故"清明前后,种瓜点豆""植树造林,莫过清明"等与农事相关的谚语广为流传,这些农谚说明了"清明"这个节气与农事的密切关系。

二、目的与意义

人们对"清明"节气气候与农事的密切关系的研究已有数千年的历史了。我国古代的《氾胜之书》《齐民要术》《陈敷农书》《王祯农书》《农政全书》等著名的五大农书和我国近现代的《农业学》《植物栽培学》《农业气象学》等相关书籍都对此有比较深度的研究。今天,我们也对此进行深入探究,可以得到很多课本以外的特别收获:①极大程度地丰富和补充了中小学相关课程的课本知识;②在一定程度上提高了学生的科学探究能力,拓宽了探究过程的思维能力;③让学生了解"清明"时节的天气与气候,运用于日常的生活实践;④让学生掌握"清明"节气与农事的关系,运用于绿化和植物栽培的实践。

三、工具与材料

- 温度表 1 支
- 自制雨量筒 1 个
- 柳枝若干条

- 花盆若干个
- 记录用的纸和笔若干

四、内容与步骤

本活动设计为 3 个步骤:第一个步骤是观测"清明"节气的天气,并对其进行统计分析,研究"清明"节气的天气特点。第二个步骤是调查田间农作物的变化。学生向家长、农民伯伯咨询"清明"节气会播种哪些农作物,甚至可进行实地勘察,以理解"清明前后,种瓜点豆"的内在含义,更好地了解"清明"这一节气的特点。第三个步骤是种植实践活动。学生插柳种树,观察柳枝的变化,体会"植树造林,莫过清明"的农谚的真实含义。

活动 1

(1)分小组观测 4 月 4 日至 4 月 18 日的天气并在天气观测记录表上记录。

表 1　天气观测记录表

日　期	天气状况	降水量	07:30 气温	15:30 气温

(2)对记录的天气状况、降水量、气温资料进行统计。

天气状况:晴天＿＿＿＿天,多云＿＿＿＿天,阴天＿＿＿＿天,下雨＿＿＿＿天。

气温:07:30 气温最高＿＿＿＿℃,最低＿＿＿＿℃,平均＿＿＿＿℃;15:30 气温最高＿＿＿＿℃,最低＿＿＿＿℃,平均＿＿＿＿℃。

降水量:降水总量＿＿＿＿毫米。

(3)通过以上统计概括"清明"这一节气有何特点。

活动 2

(1)小组合作调查"清明"节气适宜播种哪些露天农作物,并填入如表 2 所示的记录表(表格行数可按需要自定)。(提示:可以寻求家长帮助)

表 2　农作物播种情况调查表

农作物名称

(2)观察记录表,将农作物按粮食作物、经济作物、蔬菜作物等进行分类。

(3)古语云:清明前后,种瓜点豆。说说你的体会。

（4）思考："清明"这一节气为什么适合种瓜点豆？

活动3

（1）教师向学生介绍植物扦插的繁殖方式。

（2）教师指导学生对柳枝进行扦插。

（3）每星期观察一次柳枝的变化,将柳枝的情况填入如表3所示的记录表(表格行数可按需要自定)。

表3　柳枝变化记录表

观察日期	柳枝变化情况

（4）说说你对"植树造林,莫过清明"这句农谚的理解。

五、说明

（1）在活动开始前,教师要对学生进行仪器使用和观测方法的培训。

（2）因为观测时间较长,教师要关注学生的天气记录情况,并在学生遇到困难时提供帮助。

（3）可以利用天气网站 http://www.weather.com.cn/进行辅助记录。

（4）活动一、二、三可同时开展。

（5）观察柳枝的变化时间较长,适合学生的课外探究。

六、温馨提示

野外调查农作物种植时,要确保学生安全。

七、分析与结论

八、科学博士

同类问题:其他节气与农事的关系。

拓展链接:各节气与植物、农作物的关系研究。

延伸思考:二十四节气在日常生活中的应用。

实践9　梯度气候与农作物种植关系探究

赵贤产[1]　童兰菊[2]

（1. 义乌市气象局；2. 义乌市稠城一小）

一、概说

关于"气候"一词，《现代汉语词典》的解释是：一定地区里经过多年观测所得到的概括性的气象情况。《大气科学词典》的解释是：地球与大气之间长期的能量交换与质量交换过程所形成的一种自然环境因子。这两种解释，已经包含了"气候"一词的基本概念。

由于太阳辐射在地球表面分布的差异，地球表面不同纬度地区获得的热量不同，从而形成了寒、温、热等不同气候带，因此，纬度位置是影响气候的最基本因素。此外，海陆分布、洋流和地形也主导着各地气候的形成，4个因素互相联系，共同对气候产生影响。

在地形对气候形成的影响中，海拔高度的影响很大，海拔由低至高温度渐低、光照渐强、紫外线含量增加。这样，不同的海拔高度就形成了不同的山地气候，也就是人们所说的"梯度气候"。

梯度气候对农业生产的影响很大。我国的梯度气候对农业的影响主要有以下几方面：一是影响农作物的分布，如热带水果与温带水果的差异；二是影响农作物熟制的分布，如存在一年一熟、两年三熟、一年两熟、一年三熟之分；三是影响农作方式，如旱地、水田、绿洲等；四是影响农产品产量，如风调雨顺则收成较高，否则收成低甚至颗粒无收。

因此，研究梯度气候与农作物种植的关系，可以更好地帮助人们了解本地主要粮食作物和农业特产的科学种植与发展。

二、目的与意义

大多数校园气象站观测并积累了较多的气象资料，但多数资料并未形成气候资料保存。通过该活动，把多年的气象资料进行整理、统计，形成气候资料，结合本地地形情况进行梯度气候统计与分析，并对农业生产情况进行调查，使学生既学习了资料统计与分析方法，了解到不同海拔高度地区的农业生产情况，还能初步了解本地主要粮食和农业特产的现状。同时，通过参与合理利用气候资源的研究，可以激发学生学习气象科学的浓厚兴趣，提高学生的科学分析总结和创造思维能力。

三、工具与材料

- 可以上网的电脑若干台

- 适合野外观测用的空盒气压表、干球温度表、毛发湿度表、风向风速仪等仪器 2 套
- 1 毫米×1 毫米方格坐标纸若干张
- HB 铅笔、红蓝两色铅笔若干支
- 直尺和三角尺若干把
- 本校校园气象站往年所有观测资料

四、内容与步骤

（1）统计本校校园气象站所有年份的气温、降水观测资料，按年、季、月的不同时段，做相加、求平均、挑取最高（多）和最低（少）值，分析并讨论不同季节的气候差异。

（2）计算本站积温，把一年中日平均气温≥10 ℃且持续 5 天或以上的这一段时间内每天的日平均气温进行连续相加，得出总和，以"℃·日"为单位。

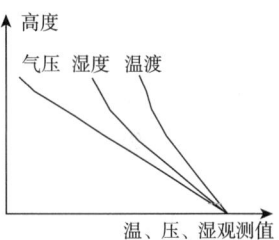

图 1　温、压、湿观测值随高度的变化图

（3）收听收看或上网查询本地气象台发布的天气预报，选择不同季节的晴天和降水较为平稳的阴雨天进行高山观测。视本地条件选取山顶和山的中部两处落差达 100 米以上且不很陡的山地处，分 2 个小组，与山脚观测小组（可以用本站或附近观测站代替）同时进行气温、湿度、气压、风向、风速的观测，每隔几小时观测 1 次，记录观测时间和观测数据。访问当地农业生产人员，请教当地一年当中，什么季节主要种什么作物，次要作物有哪些，特别是本地生产的农业特产是什么。参考图 1 的示意图，将观测数据画图并进行分析和讨论。

（4）将高山或高山中部的气温与本站气温的差作为订正值（有数次观测的可作平均来计算），以本站观测资料减去订正值得到的数值，作为高山或高山中部的气温情况，分析计算高山和高山中部的积温。

（5）按如表 1 所示的作物积温值，来选择高山和高山中部地区适合种植的作物。

表 1　不同作物的积温表

小麦	≥0 ℃积温 1 700～2 300 ℃·日	棉花	≥10 ℃积温 3 300～3 500 ℃·日，且≥15 ℃积温 3 000 ℃·日以上
水稻	≥10 ℃积温 2 200～3 300 ℃·日	油菜	≥0 ℃积温 1 800～2 500 ℃·日（秋），≥0 ℃积温 1 000～2 000 ℃·日（春）
玉米	≥10 ℃积温 1 900 ℃·日以上	甘蔗	≥10 ℃积温 6 500～8 000 ℃·日
大豆	≥10 ℃积温 1 900 ℃·日以上	菜	≥5 ℃积温 2 000～3 500 ℃·日

（6）找一张本地行政区域的标示有海拔高度的地图，画出农作物适宜种植的区域分布图。

五、说明

（1）气候分析方法较多，采取先易后难的探索办法，并多与当地气象台技术人员交流。

（2）参考我国用温度带和年降水量划分耕作制度和土地利用情况等，如表 2 所示。

表 2　我国耕作制度和土地利用情况划分表

温度带	≥10 ℃积温（℃·日）	生长期（天）	分布范围	耕作制度	主要农作物
热带	＞8 000	365	海南全省和滇、粤、台三省南部	水稻一年三熟	水稻、甘蔗、天然橡胶等
亚热带	4 500～8 000	218～365	秦岭—淮河以南,青藏高原以东	一年二至三熟	水稻、冬麦、棉花、油菜等
暖温带	3 400～4 500	171～218	黄河中下游大部分地区及南疆	一年一熟至两年三熟	冬麦、玉米、棉花、花生等
中温带	1 600～3 400	100～171	东北、内蒙古大部分及北疆	一年一熟	春麦、玉米、亚麻、大豆、甜菜等
寒温带	＜1 600	＜100	黑龙江省北部及内蒙古东北部	一年一熟	春麦、马铃薯等
青藏高原区	＜2 000（大部分地区）	0～100	青藏高原	部分地区一年一熟	青稞等
干湿地区的划分	年降水量（毫米）	干湿状况	分布地区	植被	土地利用
湿润区	＞800	降水量＞蒸发量	秦岭—淮河以南、青藏高原南部、内蒙古东北部、东北三省东部	森林	以水田为主的农业
半湿润区	＞400	降水量＞蒸发量	东北平原、华北平原、黄土高原大部、青藏高原东南部	森林、草原	以旱地为主的农业
半干旱区	＜400	降水量＜蒸发量	内蒙古高原、黄土高原的一部分、青藏高原大部	草原	草原牧业、灌溉农业
干旱区	＜200	降水量＜蒸发量	新疆、内蒙古高原西部、青藏高原西北部	荒漠	高山牧业、绿洲灌溉农业

六、温馨提示

（1）野外观测活动有一定的安全风险,特别要选择天气较平稳的时间进行,同时应加强活动纪律和安全教育。

（2）观测地点要事前进行勘察,观测方法等要事前进行培训,确保野外观测记录资料的准确性。

七、分析与结论

八、科学博士

同类问题:较大区域的梯度气候与梯田气候的差异探究。

拓展链接:向阳坡与背阴坡的梯田气候(或较大区域的梯度气候)的差异探究。

延伸思考:较大区域的梯度气候与本校校园气象站所观测的气候有何区别。

实践 10 "空梅""涝冬"现象对农业生产的影响

俞国新　崔晓娟

（德清县洛舍中心学校）

一、概说

按照通常的规律,长江中下游地区从每年的初夏开始,便会出现一段时间的连续的阴雨天气,也就是"梅雨"。可是,个别年份,本应当出现梅雨的时段,却一直没有出现连续阴雨天气,而且多数日子是白天晴朗暖和,早晚非常凉爽。这段凉爽的天气一过,接着就转入了盛夏,这就称作"空梅"。"空梅"平均约 10 年中出现 1～2 次,出现"空梅"的年份常常会有伏旱发生,有些年份甚至还可能造成大旱。

通常情况下,降雨也是有季节性的,长江中下游地区的雨季一般是在夏天,到了秋天雨水逐渐减少,入冬以后基本上极少下雨。可是,大自然偏偏会出现很多反常现象,有些年份的冬天却出现雨雪天气比往年明显偏多的现象,这种现象人们称为"涝冬"。

二、目的与意义

我国是一个农业大国,农作物种植历来都是根据常规季节变化而安排的。然而,"空梅""涝冬"这种反常的天气现象给农业生产带来了不良的影响,甚至还会造成一定的危害。

通过本活动的探究,可以使学生对"空梅""涝冬"现象有更加具体的认识,通过分析了解"空梅""涝冬"现象形成的原因,寻找出可以利用的规律和避害的方法与措施,最大可能地排除或减少"空梅""涝冬"对本地农业生产造成的危害。

三、工具与材料

- 雨量观测工具 1 套
- 记录用的纸和笔若干份
- 当年梅雨期与冬季的雨量记录资料
- "空梅""涝冬"期间本地主要农作物的产量资料

生产篇

四、内容与步骤

1. 了解"空梅"现象

(1)我国长江中下游地区,平均每年 6 月中旬入梅,7 月上旬出梅,历时 20 多天,雨量为 200~400 毫米。记录梅雨期每天的雨量以及气温状况,在梅雨期结束后进行汇总,并与往年对比确定当年是否为"空梅"。

(2)对搜集到的资料进行整理,了解出现"空梅"现象时,气温、雨量等的变化,画出分析图。绘制往年正常梅雨天气的气温、雨量等的分析图,并与"空梅"现象的分析图进行对比。

(3)向当地气象局的专家进一步询问"空梅"现象形成的原因。

(4)分组实地调查当地因"空梅"现象对农业生产造成的影响。可重点关注如"空梅"对茶树、竹林、果树、栗子等种植业,以及鱼、虾、龟鳖等水产养殖业的影响,进行记录后汇总。

2. 了解"涝冬"现象

(1)记录当年冬天出现的雨雪天气以及雨雪量并进行汇总,对比确定当年是否为"涝冬"。

(2)摘录往年冬季雨雪量资料并进行整理,了解出现"涝冬"现象时,雨雪量与往年相比的差异,并绘制出对比分析图。

(3)向当地气象局相关专家了解"涝冬"现象形成的原因。

(4)实地调查当地"涝冬"现象对农业生产的影响。可重点关注出现"涝冬"时农田排涝不及时造成作物烂根的现象,以及一些过冬植物的烂根现象,进行记录后汇总。

3. 对比分析

(1)农谚云,"黄梅枯,冬水铺",那么"黄梅枯"是否一定"冬水铺"? 探究"空梅"与"涝冬"这二者的关联,有无周期性、规律性。可调取当地 20 年左右的气象资料进行整理分析,进一步验证这句农谚。

(2)根据"空梅"与"涝冬"现象,提出应对的具体方法和减灾的有效措施。

五、说明

(1)这项调查时间长、内容多,可分几次进行,直至完成全部内容。
(2)在实地调查活动开展时,可根据当地的农业生产的具体情况开展。

六、温馨提示

这项调查必须走出校门进行,老师在事先必须对学生的安全问题进行强调和警示。在活动实施的过程中,老师时刻关注学生的安全。

七、分析与结论

八、科学博士

同类问题："春雪"与"夏秋洪灾"现象对农业生产的影响。

拓展链接：冬暖多雨时，虫害的预防。

延伸思考：有关农谚、气象谚语的验证。

实践 11 风力作用对植物影响的探究

赵贤产[1]　童兰菊[2]

（1. 义乌市气象局；2. 义乌市稠城一小）

一、概说

地球表面空气的水平运动称为风，风是一种常见的自然现象，并与自然万物都有着密切的关系。空气的流动，给地球表面各处不断更换新鲜空气，同时会促成各处冷暖空气的交会，特别还会成云致雨，随时造成天气变化。风是植物生长的环境因子之一，尤其对农作物生长的影响特别大。适度的风速既能够传播植物花粉、种子，帮助植物授粉和繁殖，也能够使农田空气中的二氧化碳、氧气、热量、水汽等均匀分布，并加速它们的循环，形成有利于植物正常生长的环境。风还能够降低大气污染对植物的危害。

然而，自然界任何事物都具有两面性，风也是如此，它在为植物生长提供有利条件的同时，也给植物带来许多不利的因素：一是侵蚀或沙化土壤，如黄土高原就是由于长期受大风侵蚀而形成的；二是传播植物病原体和害虫，一些飞行类害虫的种群和植物病害的病菌都是随风蔓延的；三是影响植物的生长发育，如长期风大的地方可造成植物矮化或形态发生改变，大风更能造成植物倒伏、断折、落花落果等影响。

二、目的与意义

通过观察风力大小对植物的影响，让学生能够更多地了解自然界植物的生长影响因素，体会到气象观测与科学探究的重要性，从而提高学生的科学分析与总结能力。

三、工具与材料

- 可以上网的电脑若干台
- 适合野外观测用的风向风速仪等仪器
- 软尺若干把
- 剪掉底部的大中号塑料可乐瓶数只
- HB 铅笔若干支
- 记录用纸若干张

四、内容与步骤

（1）上网查询风力对植物影响方面的基本知识。

（2）到山区野外考察，观测树冠四周大小是否均匀，如不均匀，伸展较长的方向就是风的去向。观察山顶与山下的情况是否一致。

（3）实验。

实验 1

在种有玉米的农户的同意下，选取几棵玉米，待玉米尚未开花的时候，选大小不一的玉米棒做试验。其中，在较大的玉米棒上套一只中号塑料可乐瓶，使玉米完全被套住，用细线将可乐瓶吊在玉米秆上。同时测量记录玉米棒的长度和周长，并随玉米棒的长大，隔一段时间测量记录玉米棒的长度和周长，按其大小再换用大号塑料可乐瓶。同时选取另外的几棵做适当标记，也测量记录玉米棒的长度和周长，其中几个用塑料袋完全封住，分一部分经常进行人工授粉，另一部分不用人工授粉。待成熟采收后做最后一次记录。

注：用塑料可乐瓶套住玉米棒是为了使花粉不直接从高处掉落授粉，但不影响风或昆虫的授粉作用。用塑料袋封住是为了比较人工授粉或未授粉与自然风授粉的区别。可以对玉米成熟采收后进行对比分析或讨论。

实验 2

在农户的同意下，开辟一块地方种紫色玉米，盛行风的下方较远的地方种黄色玉米，成熟采收后观察玉米的颜色。

注：如有不同颜色的玉米生成，则表示紫色玉米在风的引导下对黄色玉米进行了授粉，证明风有远距离授粉的作用。

（4）农林业调研。走访农业、林业病虫害防治部门，了解台风影响前后的病虫害随风蔓延情况，或季风盛行区域的病虫害随风蔓延情况；了解大风引起如甘蔗、荷叶秆子等植物倒伏、折断的风力情况。

五、说明

实验 1 中，原来生长得较大的玉米棒，套上可乐瓶后也能长大，但可能比未套上可乐瓶的玉米棒长得慢；用塑料袋完全封住而不用人工授粉的可能长不大。以此来验证自然风的授粉作用。

六、温馨提示

野外观测活动有一定的安全风险，特别要选择天气较平稳的时间进行，同时应加强活动纪律和安全教育。

七、分析与结论

八、科学博士

同类问题:季风盛行期间的飞行类昆虫迁移距离研究。

拓展链接:倒伏的稻谷(植物)与不倒伏的产量差异探究。

延伸思考:冬季种植作物的大棚要不要适当通风?

实践 12　气温对水产养殖影响的探究

沈　钊

（绍兴市上虞区竺可桢中学）

一、概说

水产养殖是指通过人工对水生动植物进行培育和繁殖,达到一定产量收获的生产活动,可分为淡水养殖和海水养殖两大类。淡水养殖是在池塘、湖泊、水库、河沟、水稻田等大、中型水域中放养水生动物苗种,通过投饵、施肥或依靠天然饵料来获得水产品。海水养殖是指利用浅海、滩涂、港湾、围塘等海域进行饲养和繁殖海产经济动植物的生产方式。

在水产养殖的过程中,气象条件对水产养殖动物的摄食、生长、发育以及行为等都有非常重要的影响,诸如气温、光照、降水等,其中气温变化对水产养殖的影响特别重要。环境气温影响着水生动植物生活的水温,水温是水产养殖最重要的环境因子,水温高低不但直接影响水产养殖对象的新陈代谢活动,同时,它通过改变水环境其他要素而间接影响养殖对象的生长。

二、目的与意义

在水产养殖的过程中,关注气温变化对水生动植物的影响是至关重要的一环。本探究实验的目的在于让学生了解与体会气温变化对水产养殖的影响,充分认识在日常生活和生产中,把握气温变化的重要性,从而树立浓厚的气象意识,并激发对学习气象科学知识的兴趣;同时通过动手实验,培养和训练学生的科学实验能力。

三、工具与材料

- 相同的玻璃鱼缸 6 个(也可用大烧杯或水槽代替)
- 温度表 6 支
- 生长状况相似的健康小鲫鱼若干条
- 冰块若干
- 水浴箱 1 个
- 空盒气压表 1 个
- 记录用的纸和笔若干

生产篇

四、内容与步骤

（1）用空盒气压表测出实验时的气压并记录。

（2）取相同的玻璃鱼缸 6 个，加入等量的清水。

（3）利用冰块和水浴箱调节各鱼缸内的水温，分别为：5 ℃，10 ℃，15 ℃，20 ℃，25 ℃和 30 ℃。

（4）给各鱼缸编号，分别为：NO.1，NO.2，NO.3，NO.4，NO.5，NO.6。

（5）在每个鱼缸中放入相同尾数的生长状况相似的健康小鲫鱼。

（6）观察小鲫鱼在水中的游动情况，并将从实验开始到有鱼浮到水面呼吸的时间记录在表格中。

（7）在观察过程中，要控制每个鱼缸中的水温保持基本不变。

（8）重复以上过程。

（9）实验数据记录表格如表 1 所示。

表 1　实验数据记录表

实验日期		实验时气压		数据记录人	
鱼缸编号	NO.1	NO.2	NO.3	NO.4	NO.5	NO.6
鱼缸内水温	5 ℃	10 ℃	15 ℃	20 ℃	25 ℃	30 ℃
从实验开始到鱼浮出水面呼吸的时间						

（10）思考不同水温的鱼缸中产生的不同现象的原因，分析总结气温对水生动物的影响。

五、说明

（1）该实验活动持续时间较长，可以组织多个兴趣小组轮流持续观察。

（2）由于用水生动物进行实验存在一定的偶然性，所以该实验需要重复多次进行，避免偶然因素对结论的影响。

（3）因为气压也是影响氧气在水中溶解能力的因素之一，所以在进行重复实验时，尽量选在气压基本相同的时间进行。

（4）所选鱼缸不可太小，至少要能容纳 5 尾以上的小鲫鱼。

（5）鱼缸中的小鲫鱼量和鱼缸大小要匹配，且每个鱼缸中鱼的尾数和每次重复实验中鱼的尾数都要相同。

（6）鱼缸中的水需取自同一水源，最理想是取自于无污染的自然水体，不可用开水或凉开水调节水温。

六、温馨提示

活动中，若去自然水体取水，需注意安全。实验后的鲫鱼可放归自然，培养学生珍爱生命、人与动物和谐相处的理念。

七、分析与结论

八、科学博士

同类问题：气压对水产养殖的影响。

拓展链接：不同气温条件下，对鱼塘进行增氧的方法与要求。

延伸思考：将气温和气压结合起来，探究两者对水产养殖的共同影响。

实践 13　生物发育速度的秘密

俞善贤[1]　沈　钊[2]　徐　虹[2]

(1.浙江省气象学会;2.上虞市竺可桢中学)

一、概说

俗话说"万物生长靠太阳",意思是地球上的生物生长需要太阳的光和热,或者说生物的生长发育受到太阳的光和热的驱动与控制。

地球上的光和热来自太阳。地球在环绕太阳做公转运动的同时,也在做自转运动。因此,太阳的光和热照射到地球的位置也在不断地变化,在地球上表现为春夏秋冬四季和二十四个节气的变化转换。从理论上讲,某个地方在每年的同一个节气,太阳带来的光和热应该几乎是一样的,但实际观测发现,季节会提前或延迟,如有些年春天来得早,有些年则来得迟。这是因为太阳带给地面的光和热要经过大气层,直接受到云层等条件的影响。所以用二十四个节气安排农事、预测物候现象有时会发生较大的偏差。

在众多的气候指标中,"积温"是定量测量物候的最合适的指标。积温一般分活动积温和有效积温两类。活动积温是生物生长期内,日平均温度大于生物学零度(生物学零度是生物达到该温度时才开始活动的温度)的累计和;有效积温是日平均温度与生物学零度差值累计和。积温一般以"℃·日"为单位。积温是研究温度与生物有机体发育速度之间关系的一种指标,从强度和作用时间两个方面表示温度对生物有机体生长发育的影响。积温不是热量,但却是衡量热量多少的指标,它简单实用,已经成为研究生物发育速度的重要工具。

二、目的与意义

结合中学《语文》中《大自然的语言》一文的教学内容,进一步了解气候对自然界生物生命过程的重要影响,拓宽气象科技探究的视野和内容。

通过调查访问,了解气温对蚕宝宝生长的影响;通过数据的采集、计算和对比分析,懂得积温计算和应用,了解蚕宝宝一生需要的积温。

同时,也为探究桃花、梨花、牡丹花、油菜花、樱花、海棠花等花卉的开花期、茶叶采摘期、农作物生长期、昆虫生长发育过程提供解决问题的思路和方法,使学生掌握一门新的分析方法。

三、工具与材料

- 温度表 1 支
- 记录用的纸和笔若干

- 数码相机 1 台
- 有关养蚕的科普书籍

四、内容与步骤

（1）组织学生到当地气象站摘录饲养四季蚕时间段内逐日平均气温资料。

（2）选择当地 3 户有经验蚕农的蚕房进行观察实验与记录蚕的生长过程,包括记录蚕的品种、出冷库时间、蚕卵孵化成蚁蚕（叫做"催青"）的时间、一龄到五龄的时间。

（3）每天对蚕房气温进行 2 次测量并记录,时间为 08 时和 14 时。

（4）确定蚕的起点发育温度为 7 ℃（品种不同起点发育温度会有所不同,有的研究报告取 5 ℃,最好向当地的技术人员询问）,分别计算蚕的生长过程中各时间段的有效积温,即日平均温度减 7 ℃ 差值的累计和（日平均温度小于 7 ℃ 不累加）。

（5）蚕的各生育期有效积温参考数值如下:蚕的品种为华合×东肥、东肥×华合、杭7×杭8、杭8×杭7,共 4 个品种。小蚕有效积温基本相同,蚕卵孵化成蚁蚕为 182 ℃·日,一龄为 69 ℃·日,二龄为 64 ℃·日,三龄为 64 ℃·日。各品种大蚕有效积温有一定差距,但差距不大。华合×东肥有效积温四龄为 83 ℃·日,五龄为 119 ℃·日,一龄到五龄为 399 ℃·日。东肥×华合四龄有效积温为 81 ℃·日,五龄为 117 ℃·日,一龄到五龄为 396 ℃·日。杭7×杭8 有效积温四龄为 80 ℃·日,五龄为 116 ℃·日,一龄到五龄为 393 ℃·日。杭8×杭7 有效积温四龄为 79 ℃·日,五龄为 114 ℃·日,一龄到五龄为 390 ℃·日。

五、说明

（1）整个活动过程中要做较详细的记录,为今后开展科学探究活动积累历史资料。

（2）这项活动可分为 4 个蚕季进行。

（3）如果能够搜集到历史上多年的养蚕记录和气象资料,逐个例子计算,进行平均,这样结论的可靠性比较高。

（4）日平均气温应该是蚕房内的,可以用气象站的资料来减轻观察的工作量,但要进行相应的修正。平行观察几天,计算蚕房气温与气象站气温的差,用这个差值进行修正。

六、分析与结论

七、科学博士

同类问题:油菜、茶树、牡丹花、家蝇等的积温探究。

拓展链接:对可以移动的花卉,进行人工控制温度实验:期望某花卉在某时间内开花,该如何控制温度?

延伸思考:积温的内涵理解。

预报篇

实践 1　天气谚语验证

毛依玲

（宁波市鄞州区高桥镇中心小学）

一、概说

天气谚语是指民间流传的关于预测天气变化的词语。我国的天气谚语历史非常久远，它最早见诸于周朝的《诗经》等典籍中；东汉的崔实、王充都曾编撰过有关天气谚语的专著。到了元代以后，为了便于记忆，有人把前人积累下来的看天经验进一步加工成了歌谣，出现了专门的气象谚语书，如元末娄元礼的《田家五行》，明代徐光启的《农政全书》，清代梁章钜的《农候杂占》等。新中国成立以后，随着我国气象台站网的建立，气象谚语的搜集与整理也进入一个新高潮，各种版本的气象谚语相继出现流传于世，成为我国气象园地中的一朵奇葩。

由于谚语涉及内容广泛繁杂，且受韵脚和字数的限制，其原意的表达也存在着难以确切，令人费解的情况。有的谚语可以有几种理解，有的甚至看起来似乎相互矛盾，特别是天气谚语有明显的地区局限性，所以有必要对天气谚语进行验证。

二、目的与意义

天气谚语是中华民族的智慧，是我国劳动人民独创的宝贵文化遗产。在传统的农业社会里，它对我国农业生产的发展立下了汗马功劳。虽然如今科学的发展与发达使它淡出历史舞台，但作为宝贵的文化遗产，它却至今仍然熠熠发光。

天气谚语具有极强的语言艺术性，通过学习与探究，可以从中吸取精华，提高学生的语言运用能力与素质。同时，验证天气谚语的过程中会涉及多门学科知识，探究过程可以使学生多种知识得到训练、巩固与提高。特别是通过探究，可以让学生体会我国历代劳动人民的科学智慧，同时也提高学习气象科学的兴趣。

三、工具与材料

- 50 厘米绘图尺 5 把
- 2# 绘图板 5 块
- 绘图笔 5 支
- 绘图纸 20 张
- 笔记本 5 本

- 可以上网的电脑 5 台
- 天气谚语书籍若干本

四、内容与步骤

本活动可组织 10 名学生，分为 5 个小组，每组 2 人，每组负责验证天气谚语 5 条。这个活动分搜集选择天气谚语、制作验证工具、验证谚语、总结等 4 个过程完成。

1. 搜集选择天气谚语

(1)每组从天气谚语书籍中摘录或从网络中搜索 20 条用来验证的谚语。
(2)每组从搜集到的天气谚语中筛选出 5 条用来验证的天气谚语。
(3)5 个小组进行交流，确保用来验证的天气谚语不重复。

2. 制作验证工具

根据熊第恕先生编著的《中国气象谚语》一书，验证气象谚语的方法有相关概率法、相关图表法、实际观测法、历史资料验证法 4 种，本活动采用相关概率法和相关图表法来验证。
(1)设计与制作统计表。
(2)设计与制作统计图(如曲线图、单坐标图、复坐标图、点聚图、相关图等)。

3. 验证谚语

(1)列出天气谚语中需要验证的要素。
(2)搜集相关资料，填入统计图、表。
(3)计算概率和填图。

4. 总结

(1)总结验证谚语的准确性。
(2)提出该条谚语的使用方法和注意事项。
(3)讨论验证天气谚语的体会与收获。
(4)撰写课题总结报告。
(5)撰写课题探究科技论文。

五、说明

(1)本次活动可以分为多个环节进行，最好 5 个小组能够同步进行，直到全部任务完成。
(2)资料记录要仔细完整，图表绘制使用必须整洁美观。

六、分析与结论

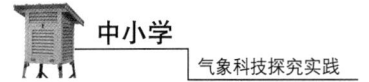
七、科学博士

同类问题：天气谚语的搜集、整理。

拓展链接：天气谚语的历史价值评估。

延伸思考：天气谚语中的气象科学理论分析。

实践2 绘制曲线图,预测天气

邱良川

(岱山县秀山小学)

一、概说

大家都知道,地球表面包裹着一层厚厚的大气,人们生活的特定地区短时段内的大气状态(如冷暖、风雨、干湿、阴晴等)和变化情况称为天气。引起天气变化的系统叫天气系统,天气系统通常是指分布在大气中的高压、低压和高压脊、低压槽等具有典型特征的大气运动系统。一个地方的天气变化,就是由于其中一个个大大小小的天气系统的发展与消亡所引起的。

气象观测资料表明,大大小小的天气系统相互交织、相互作用着,在大气运动过程中演变着。最大的天气系统范围可达 2 000 千米以上,最小的还不到 1 千米。空间范围越大的天气系统,生命史越长;空间范围越小的天气系统,生命史越短。较小的天气系统往往是在较大的天气系统的孕育下形成、发展起来的,而较小天气系统发展、壮大以后,又给较大系统以反作用,它们彼此相互联系,相互制约,关系错综复杂。

同时,各类天气系统都是在一定地理环境中形成、发展和演变的,都具有一定地理环境的特性,比如冷暖、干湿等情况。而天气系统的形成、活动,反过来又会给地理环境产生影响。因此,认识和掌握天气系统的结构、组成、运动和变化规律以及同本地地理环境间的相互关系,对了解本地天气的形成、变化,以及预测本地天气演变是十分重要的。

天气的变化不会是无缘无故、毫无征兆的,它总是与大气的变化存在着密切而又复杂的关系。不同天气系统会产生不同天气过程,当每天的天气发生变化的时候,往往会提前在当地的气压、气温、湿度等数据中有不同的反映。如果我们能够通过统计和分析,绘制相应图表,从中找到压、温、湿这三要素的变化规律,就可以预测未来天气的变化情况。

二、目的与意义

通过观测大气中气压、气温和湿度的变化,探索天气变化的规律,可以促使学生更加认真地参与气象观测,并认真进行记录与分析,关注天气发展的趋势,掌握天气变化的规律。

三、工具与材料

- 用 KD 板制作而成的"压、温、湿统计图板"(如图 1 所示)
- 记录用的纸和笔

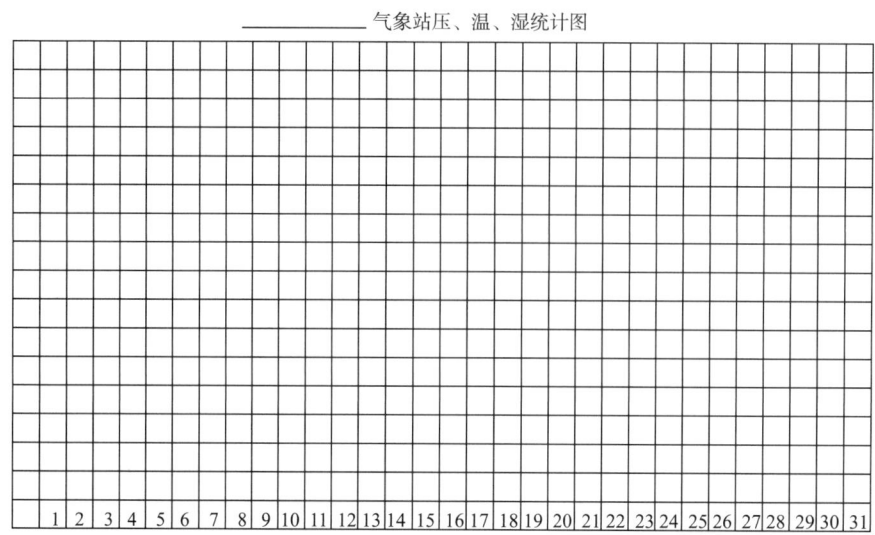

图 1 压、温、湿统计图

四、内容与步骤

(1)老师印制一些表格,让学生对以前观测的气压、气温、水汽压和降水量数据进行一下统计,主要目的有两个:①让学生学习使用统计图表;②根据统计结果找出降水时气压、气温和水汽压的变化规律。图 2 是某校 2006 年 9 月份的一张统计图。

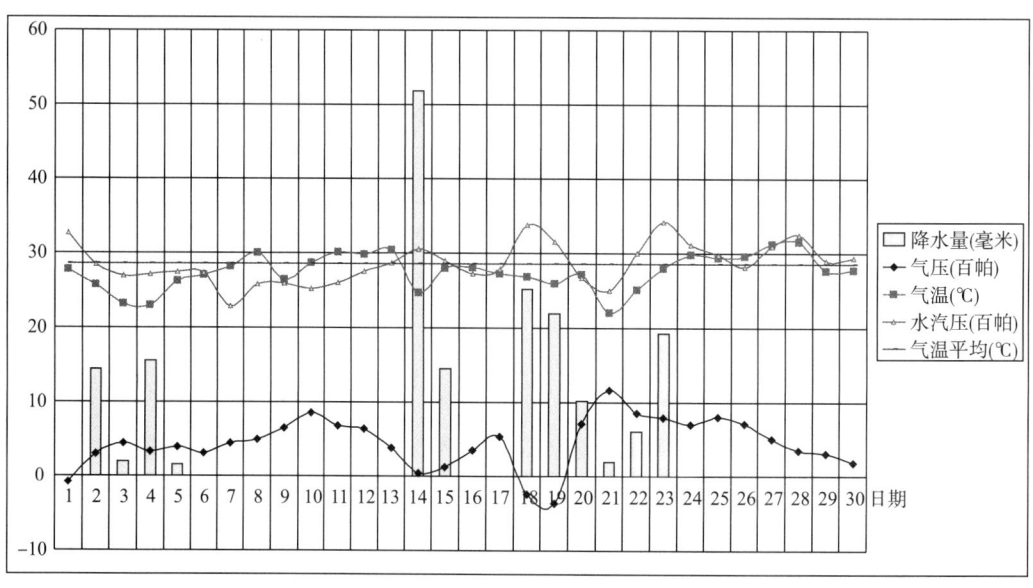

图 2 某校 2006 年 9 月各气象要统计图(图中气压的数值为了统计方便,去掉了前面"10"两个数字)

（2）在此基础上，要求学生在每天气象观测后，选取 14 时的那一段记录，把其中的气压、气温和水汽压的数据用折线图画在上面的统计图板上（气压值为观测值减 1 000 百帕）。同时可以把降水量用柱状图的方式也表示出来。

（3）找气压、温度与水汽压变化的规律，预报当地天气情况。根据各地使用的情况，当水汽压的值高于气温值的时候，降雨的概率比较高，准确率达到 80％以上。

五、说明

（1）开展本活动的单位必须具备气象观测的基本设施，必须要有一定时间的观测资料积累。

（2）由于各地气候的不同和各个季节的差异，气压、气温和水汽压的数值可能会有不同的变化。可以根据这三者之间的变化，探索出适合当地天气情况的数值变化情况来。

（3）把此方法与天气谚语等结合起来进行天气预报，其准确率将会有所提高。

六、分析与结论

七、科学博士

同类问题：探索其他方法的天气预报。

拓展链接：学习看卫星云图作天气预报。

延伸思考：气象观测要素与天气变化的关系。

实践3　看云识天气

陈可伟[1]　申海明[2]
(1. 宁波市鄞州区高桥镇中心小学;2. 嘉兴市实验小学)

一、概说

在我们的日常生活中,几乎每天都可以看到天空中漂浮着各种各样的云彩。这些云彩是哪里来的呢? 根据科学研究,云是地球表面庞大的水循环的有形结果。

据科学家计算,地球表面的总面积是 $5.11×10^8$ 千米^2,其中水域面积为 $3.62×10^8$ 千米^2,占地球表面总面积的 71%;陆地面积为 $1.49×10^8$ 千米^2,才占地球表面总面积的 29%。当太阳照射在地球表面时,水域里的水受热后就会蒸发形成水蒸气,一旦水汽过饱和,水分子就会聚集在空气中的微尘(凝结核)周围,由此产生的水滴或冰晶将阳光散射到各个方向,这就产生了云的外观。云在天空中随大气环流而运动,在一定条件下便形成雨、雪等降水现象,这就是自然界的水循环。

水循环是联系地球各圈和各种水体的"纽带",是"调节器",它调节了地球各圈层之间的能量,对冷暖气候变化起到了重要的作用。云的形成和消失以及各类云之间的演变和转化,都是在一定的水汽条件和大气运动的条件下进行的。人们看不见水汽和大气运动,但从云的生消演变中可以判断出水汽和大气的运动,而水汽和大气运动对雨、雪、冰雹等天气现象起着极为重要的作用。

由此可见,云与天气变化有着密切的关系。因此,在气象观测中对云的观测是其中很重要的一个观测项目。长期以来还有很多人把"看云识天气"作为专题进行研究。

二、目的与意义

(1)认知目标:了解云族、云属和云类,懂得各类云和天气的关系。

(2)能力目标:云的观测在气象观测中属目测项目,学习、掌握云状、云量和云高的观测技术,可以训练观察、分析事物的技能,提高判断能力。

(3)情感目标:通过活动,可以激发学生对科学探究的兴趣,使科学意识、科学精神、科学态度等方面得到培养与提高。

三、工具与材料

• 记录本、笔等学习用具15份

- 可以上网的电脑 3 台
- 《中国云图》3 本
- 《地面气象观测规范》3 本
- 九年义务教育阶段新课标人教版 7 年级上册语文《看云识天气》课文 3 份

四、内容与步骤

1. 活动准备

(1)成立研究小组。

①选取 15 名气象小组成员组成"看云识天气"探究组。

②分组:在教师指导下,将 15 名学生分为 3 组,每组 5 人。

③分工:小组内推选组长、记录员、摄像员、资料员等,并确定小组名称、口号、标志。

④组长职责:组长负责组织小组开展系列活动,主持汇报(提醒家长联系外出参观活动)。

(2)制订小组活动计划。

2. 活动内容

(1)学习相关云的知识。

①学习《中国云图》,并完成表 1。

表 1　云状分类表

云　族	云　属		云　类	
	中文学名	英文简写	中文学名	英文简写

②根据《地面气象观测规范》和《中国云图》的解释,简要描写各类云的特征。

③学习《看云识天气》课文,完成表 2、表 3、表 4。

表 2　晴天云简表

云的名称	云的形态	云的高度	云的厚度	天气状况

表 3　非晴天云层变化简表

云的名称	变化过程	形　状	高　度	天气状况

表 4　看云彩识天气简表

云彩名称	产生与分布情况	光　彩	天气征兆

(2)搜集有关云的天气谚语,进行分类整理。

3. 实践探究

(1)借助 Google Earth 跟踪截取一周内的卫星云图。

(2)将卫星云图的资料进行分类整理。

(3)结合本地气象观测资料,将卫星云图资料与《地面气象观测规范》《看云识天气》《中国云图》中的内容和天气谚语资料进行对比。

4. 总结、交流、汇报

(1)各组撰写课题探究总结报告。

(2)各组根据总结报告进行交流。

(3)对其中的疑点、难点进行讨论分析,取得统一意见。

(4)组员撰写科技探究小论文。

(5)集体编撰《看云识天气手册》,并配上相关的天气谚语。

五、说明

(1)在本实践活动项目的实施过程中,学生利用互联网、Google Earth 等开展与生活密切相关的"跟踪云图"活动,兴趣定会浓厚,收获一定很多。探究的过程中,教师与学生一样都要接受解决劣构问题所带来的挑战。

（2）劣构问题是教师事先难以预知的，是依靠学生生成与创造的。活动过程中，教师是促进者、支架设计者，而不是"圈套"设计者、"正确"答案引导者。教师除了是经验丰富者和学生的学习伙伴之外，其实和学生基本处于同一起跑线上。

（3）良构问题可以用好的传授式方法高效解决，但劣构问题只能靠探究，让学生自己去建构意义。

六、分析与结论

七、科学博士

同类问题：云观测技术的学习与掌握。

拓展链接：各种云的结构特征与天气的关系分析。

延伸思考：现代天气预报中对云的判定与利用。

实践4　利用红外卫星云图做降水预报

赵贤产[1]　俞善贤[2]

（1. 义乌市气象局；2. 浙江省气象学会）

一、概说

气象卫星是从太空对地球及其大气层进行气象观测的人造地球卫星。卫星携载着各种气象遥感器，接收和测量地球及其大气层的可见光、红外和微波辐射，并将其转换成电信号传送给地面站。地面站将卫星传来的电信号复原，绘制成各种云层、地表和海面图片，再经进一步处理和计算，得出各种气象资料，应用于日常各种气象业务，现代天气预报就是其中重要的应用之一。

云图的拍摄是气象卫星主要的工作内容，气象卫星从太空不同的位置对地球表面进行拍摄，大量的观测数据传回地面工作站，加上地理信息，再合成精美的云图照片，这就是卫星云图。目前，电视节目中通常使用的云图，就是红外云图通过计算机处理、编辑而成的假彩色动态云图。在黑白红外卫星云图照片中，我们看到有些地方呈白色，有些地方呈黑色，而另一些地方却呈灰色。那么这些颜色都有些什么含义呢？如果地球表面是一片晴空区，卫星观测到的是从地面发射到太空的红外辐射信息，卫星云图上表现为黑灰色，黑色越深，表示地面辐射越强，天气越晴好。当某地上空为云、雨覆盖，卫星观测到的则是从云顶发向太空的红外辐射，表现为白色或灰白色。白色表示辐射很弱，气温很低，云系很厚密，降雨强度也很大。晴空区与云雨区之间的过渡带通常为深灰、灰、浅灰色云系覆盖，表示有不同厚度的云而无明显降水。为了明显地将云与下垫面区别开来，在电视天气预报所用的卫星云图上，地表和海洋常用绿色和蓝色表示。现在，我们也学习运用红外卫星云图做降水预报。

二、目的与意义

运用红外卫星云图做天气预报是目前气象台站预报天气的一个重要手段。带领学生运用红外卫星云图学习做降水预报，可以达到如下效果：①把神秘的现代气象科学技术普及化；②让学生直接接触尖端的现代科学技术，能够在一定程度上拓宽学生的科学视野；③能够激发学生爱科学、学科学的浓厚兴趣和走近科学、运用科学的自觉性与积极性；④可以提高学生的识别能力和判断能力；⑤可以培养学生认真负责的工作态度和善于总结经验教训的习惯。

三、工具与材料

- 可以上网的电脑若干台
- 统计用的笔、纸若干

四、内容与步骤

1. 查云图资料和降水资料

(1)打开电脑,寻找以下网址。

网址 1:http://www.zjmb.gov.cn/zjqx/

网址 2:http://zj.weather.com.cn/ldwx/index.shtml

网址 3:http://www.weather.com.cn/

网址 4:http://www.weather.com.cn/static/html/product_wx.shtml

(2)查找并下载云图。

(3)查找并下载降水量资料。

2. 资料的下载与记录

可以查找并下载某时刻的红外卫星云图,再间隔 1 小时(也可间隔一段时间如 3 小时或 6 小时或 12 小时)查找并下载该时刻的红外卫星云图,再查到并下载该时刻的 1 小时降水量(或某一段时刻如 3 小时、6 小时或 12 小时的总降水量)。如有了 08 时至 09 时之间的 1 小时的降水量资料,就需要查到并下载 08 时到 09 时之间的 2 张云图。参加统计的云图越多,预测也将会越准确。

例如:已有了 08 时至 09 时累计 1 小时的降水量图,先分别找出 08 时和 09 时云图上最白处和最黑处的位置(最好是找到的最白处和最黑都在重叠之处),并在 09 时云图上标明 08 时的最白处和最黑处的位置,并画线表示移动线路,在对应的各位置分别查找不同色调的降水量,填入表 1,再类似该方法读出深灰、灰、浅灰色,填入表 1。

表 1　云图不同色调对应的降水量个例表　　　　　_____年___月___日

色调 降水量	白色	浅灰色	灰色	深灰色	黑色
1 小时					

3. 统计数据

因为北半球在 1 年内各个季节的温度不同,反映到云图上的色调可能会发生变化,所以要按年内各个季分类找个例统计,并将个例的情况填入表 2(个例数可根据实际情况增加)。

表2　(　　)季节的云图不同色调与降水量统计表

色调 降水量	白色	浅灰色	灰色	深灰色	黑色
个例1					
个例2					
个例3					
合计					
最多					
平均					

4. 预报与检验

找到当天的云图,根据云图动画预测未来1小时白色云团的移动位置,假如云的色调不变,则该位置未来将有(　　)毫米降水量。

再经过一段时间可以查到降水量资料,进行预测检验。

5. 总结经验与教训

每一次预报结束后,都可以对预测经过进行总结,积累成功的经验,查找未成功的原因,吸取失败的教训,以便下次做得更准确。

五、说明

红外卫星云图有黑色与白色之分,分别表示晴空区与云雨区,且白色调的降水强度可以通过实践获得基本数据,再通过基本统计,对新时次云图就可以估算降水量大小。而黑、白色区域中间会夹着深灰、灰、浅灰色云系,由于色调越浅,降水强度越大,因此,可以分等级区分出不同强度的降水云系。加上该色调云系停留某地时间的长短,就可以估算出该地的降水总量。如加上云系移动速度,就可以估算未来某地某时间间隔内将有多少降水量。

降水量的预报是非常复杂的,云图上每天即使同一色调所产生的降水量实况都可能是不同的,所受到的影响因子非常多,我们不一一加以研究。

卫星云图除红外云图外,还有水汽云图、可见光云图,水汽云图一般反映的是大气中上层水汽变化和输送情况,而可见光云图只有在白天才有,主要用于判别低层云层状况和云的厚薄状况。针对上述不同的云图,可以参考这里提供的方法同样进行实践活动。

(1)水汽云图上呈现黑色的地区也会有降水出现,但一般是较弱的,因为主要是由中低层降水云产生;水汽云图上呈现出白色团状的区域,降水强度一般都是较大的,因为主要是对流性云产生降水;水汽云图上呈现出带状白色区域,降水强度可能也是不大的,因为主要是中高云层而没有低层云层配合。

(2)用云图做预报,最好同时使用红外云图、可见光云图、水汽云图这3种云图。

(3)用云图做预报经过初步使用一段时间后,可以深入进行下一环节,即研究各云形及其所处位置的不同与降水量的关系。

六、分析与结论

七、科学博士

同类问题:利用红外卫星云图做其他气象要素的预报。

拓展链接:气象卫星的分类和观测内容。

延伸思考:现代天气预报的其他依据。

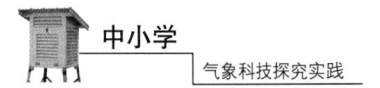

实践 5 动物预报天气调查

张 旭

（衢州市实验学校）

一、概说

人民教育出版社出版的小学一年级下册《语文》中编有《要下雨了》一文，课文以童话的形式，描述了燕子、小鱼、蚂蚁等小动物在下雨前的各种不同反应。课文告诉学生，自然界许多动物对天气变化会产生本能反应的现象。

自然界许多动物为了在天气变化过程中求得生存，在长期的进化过程中，生成了对一些天气变化具有较敏感的反应能力。例如，穴居的蚂蚁在下雨前要将"家"搬到高处，或关闭蚁穴洞口，以免雨水淹"家"丧命。又如，快下雨时，天气闷热，天空中的一些小飞虫翅膀沾上空气中的小水滴而飞得很低，燕子为了捕食这些小飞虫，所以也就飞得很低。另外，在快要下雨时，空气中的气流动荡不定，燕子受到气流的影响，总是上上下下、忽高忽低地飞着。

在气象科学还不发达的时期，人们曾经根据各种动物对天气变化作出的不同反应，总结出许多预知天气变化的经验，并编出了许多朗朗上口的气象谚语。如"蚯蚓路上爬，雨水乱如麻""蝼蛄唱歌，天气晴和""长虫过道，下雨之兆""蛤蟆哇哇叫，大雨就要到""喜鹊枝头叫，出门晴天报"等。

根据科学考察，全世界共有 600 多种动物能够对天气变化作出反应。我们也对本地能够对天气变化作出反应的动物进行一番调查，看看有多少动物能够作出怎样的反应。

二、目的与意义

通过本活动可以达到如下目的：①可以激发学生爱科学、学科学的浓厚兴趣；②培养学生积极参与科学活动的热情，树立探究性学习的意识；③本活动涉及观察、统计、汇总、分析等多项过程，可以使学生的综合运用技能得到锻炼和提高；④可以让学生对气象科学有进一步的了解；⑤可以巩固、延伸、补充学生的课本知识，并拓宽科学视野。

三、工具与材料

- 可以上网的电脑若干台
- 照相机若干台
- 摄像机若干台

- 出行的晴雨具若干把
- 记录用的纸和笔若干
- 有关动物的科普书籍若干本

四、内容与步骤

(1)组织若干名学生,每 3 人分为 1 个调查小组。

(2)阅读有关动物的科普书籍,摘录能够对天气变化作出反应的品种与反应类型。

(3)上网查询本地动物的种类,筛选出能够对天气变化作出反应的动物品种。

(4)搜集有关动物对天气变化作出反应的天气谚语。

(5)选择调查的区域和调查点,对每小组分派调查任务。

(6)制定调查时间、调查次数、调查动物对象。

(7)设计如表 1 所示表格(表格行数可根据需求自定),将调查情况填入表中。

表 1　天气变化与不同种类动物预兆的调查研究表

实验地点:＿＿＿＿＿＿＿　　　小组成员:＿＿＿＿＿＿＿

观察日期	天气情况	动物名称	动物异常行为	观察次数	相关谚语

(8)对同类调查对象的调查情况进行统计汇总。

(9)总结分析调查对象对天气变化作出反应的原因和原理。

(10)进行调查课题总结。

(11)召开主题会议,发表课题总结演说。

(12)撰写科技论文。

五、说明

(1)每小组可选择 1～2 种动物进行调查研究,品种不宜过多过杂。

(2)必须选择天气即将变化的时间进行调查。

(3)调查的次数可持续 2～3 次。

六、温馨提示

在校外调查点进行观察、调查活动时必须注意学生在交通与地理等方面的人身安全;调查时必须有老师带领与陪同,也可以由家长陪同。

预报篇

七、分析与结论

八、科学博士

同类问题： 不同种类植物对天气变化反应的调查研究。

拓展链接： 动植物对天气变化反应的原因与原理探究。

延伸思考： 部分天气谚语的验证与研究。

赵贤产[1]　金美琦[2]

（1. 义乌市气象局；2. 义乌市廿三里第二小学）

一、概说

天气预报是预报员根据天气学理论和大气运动规律，运用现有气象观测资料，对某地区未来一定时期内天气变化所做出的预先估计和预告。天气预报自法国巴黎天文台台长勒佛里埃在 1855 年提出后至今已经走过了一百五十多年的历程，经过了单站预报、天气图预报、数值天气预报等 3 个发展阶段。随着现代科学技术的进步与发展，天气预报已经成为日常生活中人们时刻关心的重要信息。

天气预报是以测站获取的观测资料为基础依据的，预报时采用的测站观测资料越多，预报的准确率就越高。19 世纪中叶以前，由于电报还没有使用，气象资料的传递受到通信条件的限制，预报时无法及时获得多个测站同一时刻的气象观测资料，给天气预报带来极大的困难。然而局部地区的天气变化会影响当地测站的观测结果，因而就出现了利用本站观测资料对局部地区天气变化进行预报的单站天气预报。单站天气预报就是根据天气演变的客观规律与原理，运用局部地区天气变化会引起本站气象要素连续变化的特征而进行的局部地区的天气预报。单站天气预报虽然准确率不高，但方法比较简单且容易掌握。

由于校园气象站都不具备多站预报的条件，因此，现将单站天气预报以气象科技探究的形式做简单介绍，提供给大家参考使用。

二、目的与意义

当前，大多数校园气象站都已经观测并积累了较多的气象资料，这些资料是对当时当地天气状况的真实描述与记录。如果能够组织学生进行天气预报的探究，掌握单站绘图预报的基础知识和基本技能，可以达到如下效果：①使学生了解天气的演变过程，深刻理解气象观测的作用与意义；②充分发挥气象观测资料的作用，同时也解决只观测不做预报的难题；③能够提高学生学习气象科学的兴趣与爱好，增强气象观测的责任心；④可以提高学生的分析、总结和创造思维能力。

预报篇

三、工具与材料

- 可以上网的电脑若干台
- 空盒气压表若干个
- 干球温度表若干支
- 毛发湿度表若干个
- 雨量器若干套
- 风向风速仪若干台
- 1毫米×1毫米方格坐标纸若干张
- HB铅笔、红蓝2色铅笔若干支
- 直尺和三角尺若干把
- 本校校园气象站往年所有观测资料

四、内容与步骤

(1)用"百度"查"天气预报",了解天气预报的历史相关知识。

(2)统计所有气象资料(也可视工作量大小选取气温、本站气压、水汽压、降水量这4个要素进行统计),按年、季、月、日、时的不同时段,做相加、求平均、挑取最大(最多)和最小(最少)值,如有3个以上闰年,则2月29日也求平均。其多年平均作为历年的气候背景。

也可按不同季节里的不同天气情况统计气象资料的平均值,如某季节里挑取几个晴天、多云日、阴天无雨日、雨天、雪天、雾天等对观测资料进行求平均。

(3)做三线图,将每天同时次观测的气温、水汽压、本站气压数据标在方格坐标纸上,并连接成折线,纵坐标是数据,横坐标是日期,日期下面标上降水量,观察分析3条线变化与降水的关系,然后进行讨论,如图1所示。

也可再加上水汽压与气温之差的24小时变化曲线,与三线图同时进行分析,如图2所示。

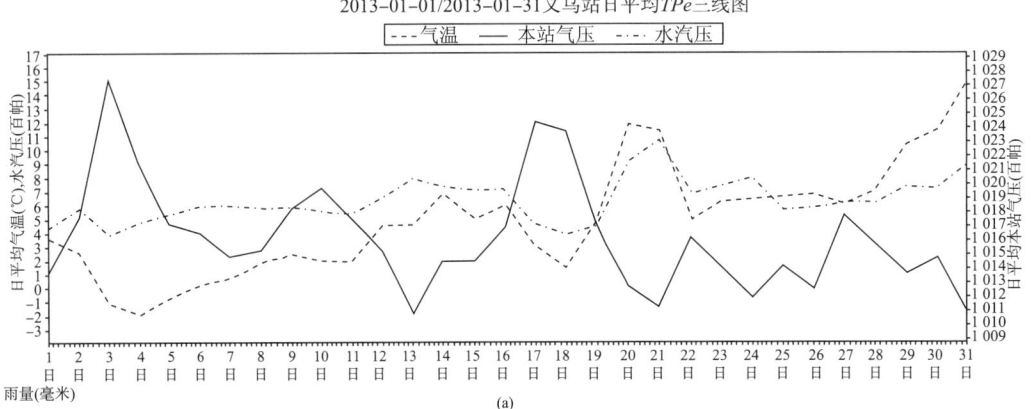

(a)

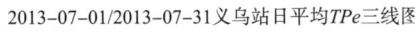

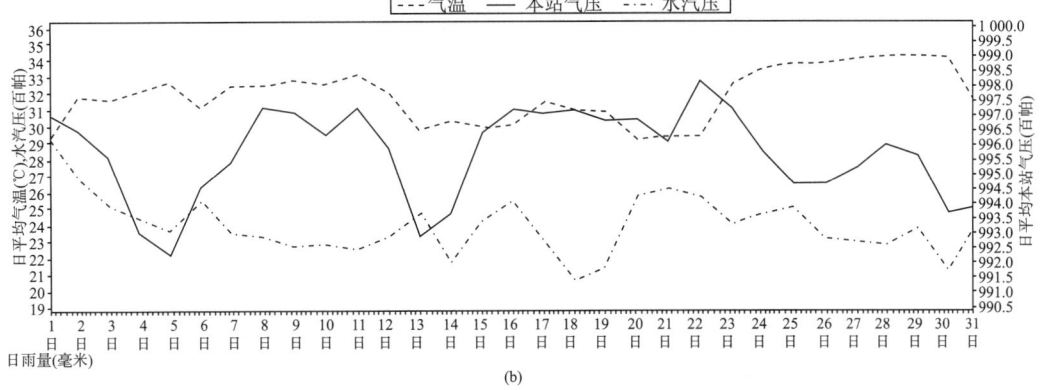

日雨量(毫米)

(b)

图 1 温、压、湿三线图

(4)做年(季、月)的曲线图,把上述统计的平均值,气温(用红色铅笔)、水汽压(用蓝色铅笔)、本站气压(用 HB 铅笔)数据分别标在方格坐标纸上,竖标线是数据,横标线是年(季、月)的时间,并用虚线连接。同样方法用实线标示出当年观测的实况统计值,观察分析当年曲线变化与多年平均线之间的差异,然后进行讨论。

(5)上述方法同样可以做不同季节里的不同天气情况图,如标上所统计的气象资料平均值与当时观测值,观察其变化情况。

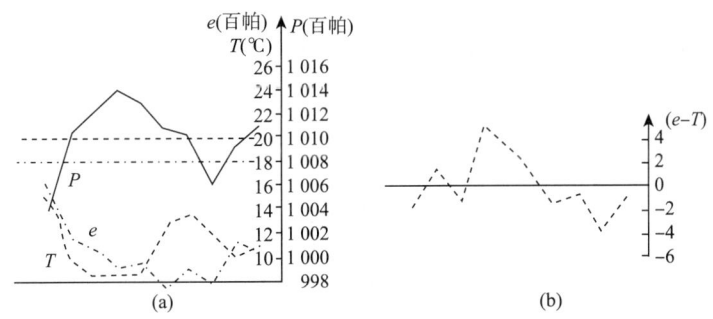

图 2 温、压、湿三线图(a)和水汽压与气温之差的 24 小时变化曲线(b)

五、说明

(1)多年平均值表示的是当地的气候背景,若当时观测值偏离气候值越多,说明当时天气状况越不稳定,天气将要发生转变的可能性越大。

(2)日资料的三线图可以找出许多降水类型。如图 1 中,义乌站 2013 年 1 月 5 日是冷空气影响过后的气温较低,且增温增湿、降压的降雪天气迹线,13 日为类似迹线但气温不够低,以降雨为主,22 日是冷空气影响前后的降雨迹线;7 月 13 日是受台风影响的迹线,22 日是副热带高压西侧边缘的午后雷阵雨天气迹线。又如图 3 为某站一次雹暴过程逐日 14 时的气压、水汽压和日平均气温演变示意图,由图可知,降雹前是增温增湿降压迹线。

(3)不同变量的历年统计平均值也可做相关曲线图,如图 4 表示某站 12 月平均气温与来

年6—8月降水量的趋势相关曲线图,可知两者相关性较好,以此可来做短期气候预测。

(4)分析时间曲线注意以下形态特征:峰点和谷点、交叉点(结点)、两峰点或两谷点之间的时间间隔(周期)、峰谷点之间的差值(变幅)、连(缓、急)升降等。

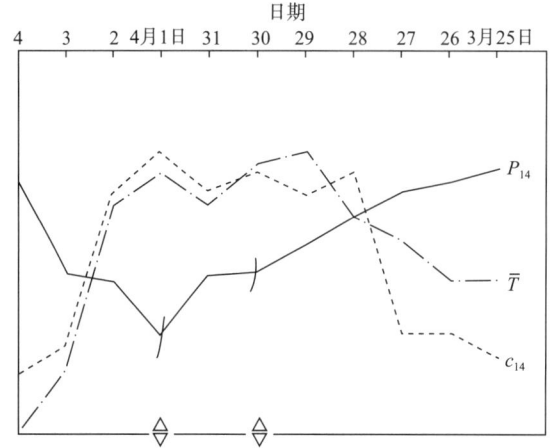

图3　某站一次雹暴过程逐日14时的气压、水汽压和日平均气温演变示意图

图4　某站12月平均气温与来年6—8月降水量的趋势相关曲线图

六、分析与结论

七、科学博士

同类问题:春、夏、秋、冬四季天气的变化探究。

拓展链接:气压变化与降水的关系。

延伸思考:台风影响前后的温压湿曲线形态是怎样的。

实践 7　气压与天气变化关系探究

赵贤产[1]　岑晓红[2]

（1. 义乌市气象局；2. 德清县洛舍中心学校）

一、概说

在九年义务教育的教科书中，小学《科学》和初中《物理》的课本中都有关于大气压内容的课文。课文详细地阐述了大气和大气压的概念，通过马德堡半球实验和特别设计的系列实验证明了大气压的存在，课文还叙述了大气压产生的原因、大气压的方向及性质与特点，并特别指出大气压与天气变化的关系。

初中物理《大气压强》课文说："大气压的变化跟天气有密切的关系。一般地说，晴天的大气压比阴天高，冬天的大气压比夏天高。"确实，气压的高低及其变化趋势，同未来的天气变化有着十分密切的关系。

根据气象学的原理，如果某地的气压在明显升高，就意味着该地干冷气流在加强，同时上空高气压中心的空气会下沉，这时下沉的空气所受到的压强增大，体积就减小，温度就升高，空气中的水汽等凝结物蒸发消散就相对减少，这样就不利于云雨形成，所以常常是晴天。相反，如果某地的气压在明显下降，就意味着暖湿气流在加强，同时低气压中心周围地区的空气就会在水平方向上向该地区流入，使该地区的空气上升，上升的空气因所受的压强减小而膨胀，温度就降低，空气中的水汽等凝结物就相对增多并不断增长，这样就有利于成云致雨，所以常常是阴雨天气。

不过，天气的晴雨变化是受多方面因素影响的，气压变化只是其中的因素之一。

二、目的与意义

气压的升降与天气变化有着比较密切的关系，是判断天气变化的重要依据之一。因此，探究气压与天气变化的关系是很有意义的：①可以巩固、补充、延伸课本知识；②可以帮助学生进一步认识气压的存在，了解气压的产生原因、气压变化的方向及性质与特点；③培养学生探究事物规律的学习方法；④帮助学生树立和增强爱科学、学科学、用科学的观念与态度。

三、工具与材料

- 可以上网的电脑若干台
- 空盒气压表 2 个

- 干球温度表 2 支
- 毛发温度表 2 个
- 雨量器 2 套
- 1 毫米×1 毫米方格坐标纸若干张
- HB 铅笔、红蓝 2 色铅笔若干支
- 直尺和三角尺若干把
- 本校校园气象站或本地气象台近 3 年的气压和降水量观测资料

四、内容与步骤

（1）统计所有年份的气压、降水观测资料，按年、季、月的不同时段，做相加、求平均、挑取最高（最多）和最低（最少）值，分析并讨论不同季节的气压与降水量关系的差异。

（2）以图 1 为例做三线图，日期从右往左变化，将已有的气温（用红色铅笔）、露点温度（用蓝色铅笔）、气压（用 HB 铅笔）等资料数据标在方格坐标纸上，纵坐标是数据，横坐标是日期，并连接成线，日期附近标上降水量，观察分析 3 条线变化与降水的关系，然后进行讨论。

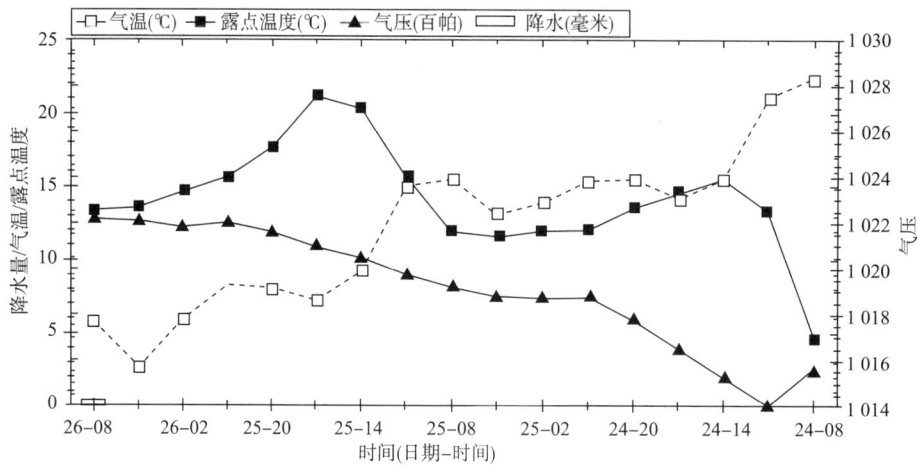

图 1　温、压、湿三线图

（3）收听收看或上网查询本地气象台发布的天气预报，选择不同季节的晴天和降水较为平稳的阴雨日进行观测，有条件的可到落差达 100 米以上且不很陡的山上，分 2 个小组，在山顶和山脚同时进行温度、湿度、气压观测，记录观测时间和观测数据，分析并讨论同一地点（相对而言）不同季节晴雨日或不同高度的气压数据的差异。

（4）分析总结气压升降与天气变化的基本规律。

（5）完成课题总结报告。

（6）撰写科技论文。

五、说明

(1)若气压持续降低,一般都会有天气系统影响,若加上湿度上升且气温先升后降,则容易产生降水天气过程,做预报时可根据这个原则进行。

(2)制作时间剖面图的资料,可以用本校附近自动气象站观测数据读取并描绘和分析。

(3)分析、总结预报方法是比较难以进行的,可采取逐渐提高的办法,多与当地气象台站技术人员学习、交流。

六、温馨提示

野外观测活动有一定的安全风险,因此,要选择天气较平稳的时间进行,同时应加强活动纪律和安全教育,否则可不进行这项活动。对比观测一定要确保同时进行,观测方法要进行事前培训。

七、分析与结论

八、科学博士

同类问题:一天中气压变化探究。

拓展链接:气压高低对钓鱼影响的探究。

延伸思考:气压变化与人们生活的关系探究。

实践8 学看天气雷达图，试做临近天气预报

俞善贤[1]   沈 钊[2]   徐 虹[1]

（1. 浙江省气象学会；2. 上虞市竺可桢中学）

一、概说

雷达是一种采用发射无线电波的方法来发现目标并测定它们的空间位置和强度分布的电子设备。它的工作原理是通过天线向目标物发射电磁波，电磁波碰到目标物后，其中的一部分电磁能量反射回雷达，被雷达天线获取，经过处理后，形成雷达的回波信号，由此获得目标至电磁波发射点的距离、距离变化率（径向速度）、方位、高度、强度等信息。

气象雷达分为测雨雷达、测风雷达和测云雷达3种。测雨雷达对雨区的有效探测半径为300～400千米，探测高度为20千米。由于测雨雷达具有探测范围广、不受时间限制，并能提供一定精度的定量数据等优点，已成为短期天气预报的主要工具，是气象预报员的千里眼、顺风耳。

测雨雷达是一种高科技的气象设备，可以制作出300多种气象产品，一般需要具有专业知识的人员才能使用。但其中一个最基本的产品——基本反射率图（俗称雷达回波图），含有丰富的降水信息，没有经过专业学习的一般人，经过一定的解读也能看懂它。如果运用外推方法，就可以使用它来制作10多分钟到1小时左右的临近天气预报。虽然运用这个方法制作的预报准确性可能会差一些，但却是特定地点、特定时间内的"定制天气预报"。

二、目的与意义

通过本次活动，使学生学会使用电脑上网获取气象网站的实时天气雷达图资料，看懂其中的气象信息，学会用外推方法制作临近天气预报。同时，通过反复试验、分析和总结，掌握预报技能。

三、材料与工具

- 一台能够上网的电脑，或者一部能够上网的手机
- 记录用的纸和笔若干

四、内容与步骤

1. 获取实时雷达图

(1)打开"中国天气网"(http://www.weather.com.cn/)。

(2)进入"天气雷达"页面(http://www.weather.com.cn/static/html/product_ld.shtml)。

(3)页面中的"单站雷达服务"地图中的小红点代表雷达站。鼠标移到小红点并点击,进入你选取的雷达站的页面。可以采取"就近(距离)原则"选取雷达站:选取离你(预报点)最近的雷达站。如果离你最近的雷达站发生故障没有最近时间的资料,也可以选取与你相临雷达站的资料,例如,绍兴市的可以用杭州、宁波或者金华站的资料。

(4)点击进入后,看到类似图1的最新时间的雷达图,图右边标注了雷达站名、日期、时间等信息。此图由地图和雷达"基本反射率"组成,基本反射率的单位为"dBz",色标是颜色和dBz值的对应关系。

dBz值表示单位体积内降水粒子直径6次方的总和(单位为毫米^6/米^3),反映了气象目标内降水粒子的尺度和密度分布。其实我们不用管它这个数值是怎么计算的,只需要知道这个数值表示回波强度就可以了。为了便于理解,不妨把气象雷达图理解为"还在天上的降水量图"。dBz值越大,表示回波越强,同等条件下,雨下得越大。一般15 dBz以上有雨,20~35 dBz是小雨,35~45 dBz是中雨,45 dBz以上有大雨,50 dBz以上有雷雨大风和冰雹,但这个只是参考,不同地区不同季节不尽相同。一般来说,在夏季,dBz值达到35以上的地区才会降水,而在冬季,dBz达到15以上就会出现降水了。

2. 看雷达图,做临近预报

看懂雷达图中的信息,是做出成功预报的关键。看雷达基本反射率图时,主要注意以下3个方面的信息:

(1)看回波强度。注意图上的颜色有没有大片发黄或发红,如果仅仅是绿色,很可能不会降水,或仅仅为小雨;如果有发黄、发红的色块,就有可能是大雨(图1,附彩图1)。

(2)看回波形状。如果回波呈圆形或不规则形状,而且很小又比较零碎、分散,很有可能是水汽充足的云,但多半不具备降水条件;如果回波呈现弓状或人字状(图2,附彩图2),或者是一大片强回波,说明降水的可能性很大。

(3)看回波的移动方向、移动速度和回波强度变化。主要通过对比前后不同时次回波的差异做出判断。可以利用网站中的动画功能,通过动画播放,看回波的运动方向,如果有降水回波向预报点方向运动,则预报下雨。用该降水回波离预报点的距离和运行速度来估计下雨时间,根据回波强度变化来修正预报的量级。

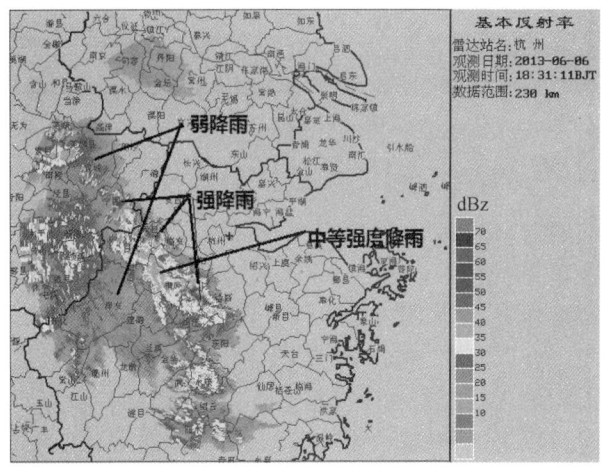

图1 不同强度雷达回波对应的降雨等级

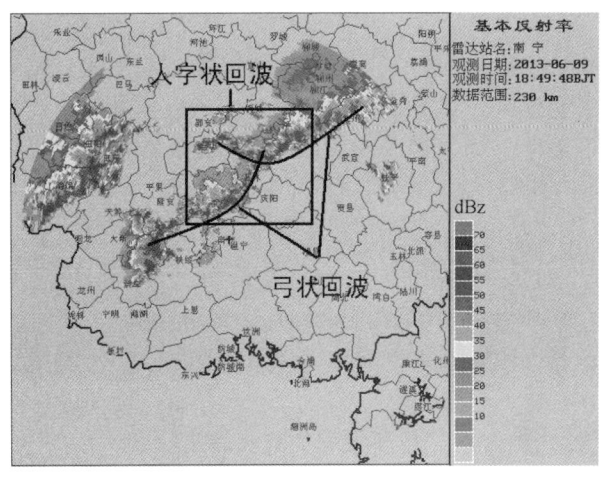

图2 弓状和人字状回波

3. 保存档案,检验预报结果

预报水平的高低,与预报经验的多少呈正相关。所以要比较完整地记录和保存预报过程中相关的资料,并对预报准确性进行评价,对预报失败的个例要分析失败的原因。可以设计一个表格,内容包含预报的日期、时间、使用的雷达图的文件和文件名、预报结论、实况、检验结果、失败原因分析等。利用网站中逐帧显示功能,选取重要的雷达图片,右击鼠标,保存文件。注意还要保存预报时段内(30~60分钟)的雷达资料。预报失败有两种情况:空报和漏报。所谓空报是指预报下雨,实况不下雨,或者预报大雨,实况小雨;所谓漏报是指预报不下雨,实况下雨,或者预报小雨,实况大雨。

五、说明

(1)此项活动是一项具有较强挑战性的科学探究活动,活动过程中既会有预报成功的喜悦,也会有预报失败的痛苦,所以也是培养"胜不骄,败不馁"素质的过程。

(2)预报失败是正常的。导致预报失败的原因主要有两个方面,一是预报技艺不精,二是预报方法的缺陷。前者可以通过不断地学习、总结经验得到解决;后者是该方法固有的缺陷,不能解决,主要包含两个方面。其一,方法有一个基本假设,就是假设雷达回波的移动速度、强度在短时间内保持一定程度不变。但事实上,雷达回波可能会明显加强或者减弱,移动速度还可能会明显加快或者减慢,所以该方法预报时效一般在 1 个小时内。其二,在夏天,即使有发黄、发红的回波在预报点经过,也有可能发生不下雨的情况(概率不大),这是因为下雨需要其他气象条件与水汽条件配合。

六、分析与结论

七、科学博士

同类问题:结合天气雷达图、卫星云图和水汽云图,做出更准确的天气预报。

拓展链接:看懂马状和人字状回波的形状、强度、移动方向和移动速度的特点,了解它们对雷雨大风、暴雨、冰雹、龙卷等强对流天气的重要预警意义。特别要注意两个较强回波单体在运动中相遇,或者在人字状交接处,易发生激烈天气变化的特点。

延伸思考:其他现代天气预报技术的学习与应用。

实践9 看卫星云图,解台风"脸谱"

俞善贤[1] 沈 钊[2] 徐 虹[1]

(1. 浙江省气象学会;2. 上虞市竺可桢中学)

一、概说

气象卫星是一种从太空对地球表面和大气层进行气象观测的人造卫星。气象卫星承载着各种用现代尖端科学技术制造的气象遥感仪器,就像行走在太空中的移动气象站,接收和测量地球及其大气层的可见光、红外和微波辐射,并将各种要素转换成电信号传送给地面站;地面站将卫星传来的电信号复原,绘制成各种云层、地表和海面图片,再经进一步技术处理和计算,得出各种气象资料,提供给气象预报部门用于对天气变化趋势做出预测和判断。气象卫星具有探测范围广、观测次数多、观测时效快、观测数据质量高、不受自然条件和地域条件限制等特点。因此,气象卫星所提供的气象信息被广泛应用于日常气象业务、环境监测、防灾减灾,以及大气科学、海洋学和水文学的研究。

云是天气的"脸谱",反映着大气的"喜怒哀乐"。在卫星云图上,你可以发现,在赤道附近,云自东向西运动,这就是"赤道东风带";在北纬35°—65°,云自西向东运动,这就是"西风带";在夏季,我们还可以看到,云常常从西南海洋向东北方向运动,这就是"夏季风"。这些环流系统在卫星云图的动画上一目了然,十分容易理解。

到了夏秋季节,在卫星云图上经常可以看到西太平洋上有一个中间有个黑点(指黑白云图,下同)、呈螺旋状旋转的巨大云团活动,这就是台风云系。专业人员分析卫星云图主要是从卫星图像的形式(结构)、范围大小、边界形状、色调、暗影、纹理等6个方面进行的,有时还要结合天气图。没有受过专业学习的人经过一定的解读,也能看懂个大概,并可采用外推法判断台风的影响。

二、目的与意义

通过电脑上网,获取气象网站的实时卫星云图图资料,看懂、看出其中的气象信息,采用外推方法,判断台风的强度、移动路径,以及风雨影响。通过反复试验、分析和总结,掌握一定的看图技能,提高正确利用台风预报(预警)信息的能力。

三、工具与材料

• 一台能够上网的电脑,或者一部能够上网的手机
• 记录用的纸和笔若干

四、内容与步骤

(1)获取实时卫星云图资料,方法参见本书《学习利用红外卫星云图做降水预报》一文。

(2)看卫星云图,解台风"脸谱"。

①看台风中心和台风强度。

台风由台风中心(台风眼)、中心稠密云区(眼壁或云墙)和螺旋云带组成(图1,附彩图3)。在卫星云图上,台风表现为一片螺旋状巨大云团围绕一个中心做逆时针方向旋转,这个中心就是台风眼,在云图上显示的是一个黑点。台风眼可分为大眼、小眼、圆眼和不规则形状眼等,通常位于台风云区中心,但也可能出现在接近台风云团边缘的区域,眼区直径一般为10~70千米。出现台风眼是一个台风结构完善的象征,台风眼从无到有通常表明台风强度在增强。不过已经有台风眼之后,风眼越大并不意味着台风强度也越大,如果风眼很大,并且结构松散,说明台风强度在减弱。强台风眼区往往结构紧密、眼壁清晰圆润。

图1　台风结构图

台风眼在云图上表现为一个黑点,说明那里天空晴朗,甚至艳阳高照。但台风眼的位置不是固定的,而是会随台风主体移动,一旦台风眼移走,那片区域就又会出现狂风暴雨。在海洋上,台风眼内虽"风平",但"浪不静",海上的浪潮非常凶险。这是因为台风中心的气压和它四周比起来降得特别低的缘故,四面八方的海水会涌向台风中心。一般来说,中心气压每降低1百帕,海面将上升1厘米,这就会引发"风暴潮"。在强台风中心登陆的地方,往往引起很高的浪潮,有时还会引起海水倒灌,给沿海地区造成很大的损害。

判断无眼台风中心就比较复杂。当台风有两条或更多条螺旋云带时,这些云带的交汇处就是台风中心,且这个区域的云系相对稀薄一些。

②看中心稠密云区和螺旋云带。

台风中心稠密云区(也称"云墙区")边界越光滑,云型越圆,尺度越大,云层越厚实,说明台风强度就越大。台风云带越宽,环绕台风中心的螺旋云带条数越多,对应的台风强度也越大。

③看台风移动方向和速度。

台风移动方向主要取决于环境场的引导气流,需要根据天气图等其他资料来分析判断。

但在台风云图上也能看出一些端倪。下面介绍两种方法。

第一种方法是简单外推法。应用动画功能,对比前后几张云图,看出台风移动方向和速度,假设移速和方向短期内不变,就可推断出未来的台风位置。

第二种方法是看台风的云系结构及其与外围天气系统的关系。

一般来说,台风会向密蔽云区的长轴方向移动;若台风云系对称,并有多方向的卷云外流,则预示移动方向相对稳定。当台风中心北侧方向有大片东西走向、强度较强的晴空区(副热带高压晴空区)时,说明台风会向正西或西北偏西方向移动;当台风中心东北方向有带状副热带高压晴空区时,台风会向西北方向移动;当台风中心东侧或者东北侧有带状副热带高压晴空区,但台风云系东南侧晴空区更明显时,台风将向偏北方向移动。

台风往往向北侧卷云扩展的方向移动,当台风云系呈","(逗点)形状,未来将朝西北或西北偏西方向移动。

台风未来短期移向基本上与输入云带的走向一致:当台风的东到东北侧有一至数条输入云带呈西北—东南走向时,则台风未来向西北方向移动;若出现南北向的输入云带,则预示台风未来向偏北方向移动。

当有北方冷空气云系与台风云系相遇时,台风原来的","形云状将逐渐转变为"‘"(倒逗点)形云状,一般在云系转变成"‘"形后的18~24小时,台风开始转向东北方向移动(也有少数静止少动)。这种情况要求"‘"形云系前端的锋面云系尾端必须伸转到台风中心所在经度以西,如果在以东,同时锋面云系东移速度较快时,锋面和西风槽往往很快越过台风中心所在经度,台风进入槽后折向偏西方向移动的可能性更大,并且往往会带来大暴雨到特大暴雨。

(3)保存档案,检验判断结果。设计一个表格,内容包含:日期、时间、台风名称和编号、使用的卫星云图的文件和文件名、台风中心位置、中心气压、移动方向和速度、判断结论、实况、检验结果、失败原因分析等。可以使用气象网站有关台风实况和路径预报网页来完成。

五、说明

台风的强度、移动路径,以及风雨影响的预报是十分复杂的气象科学问题,使用卫星云图仅仅是其中的一个方面,所以判断不准,甚至错误都是可以理解的。

六、分析与结论

七、科学博士

同类问题:看懂卫星云图上的各种云系。

拓展链接:了解带状云系、热带低压云系、高空冷涡云系、冷锋云系、暖锋云系、温带气旋云系、急流云系、细胞状云系,及这些云系相对应的天气现象。

延伸思考:如何结合天气雷达图资料来研究台风问题,做出较准确的台风预报。

实验篇

实践1　神奇的气压

申海明

（嘉兴市实验小学）

一、概说

学校校园气象站的同学们在日常的气象要素观测中,发现气压表的数值一直在变化:通常每天早晨气压会上升,下午气压会下降;冬季气压升得较高,夏季气压降得较低。有时一次寒潮袭来,气压会很快升高,冷空气一过,气压又慢慢降低。这是什么原因呢?

据气象科学家论述,由于地球引力的作用,包裹在地球表面的大气被"吸"向地球,大气中的空气分子在被"吸"向地球的过程中,互相碰撞和撞击其他物体时就产生了大气压。大气压力实际上就是指空气的重量,气象学中通常用观测高度到大气上界(即整个大气柱)单位面积上的垂直空气柱的重量来表示。大气压大小的变化,与离地面高度、季节变化、气温变化等因素密切相关。

但小学生对于大气压作用和气压变化的认识与理解,都不像刮风下雨、冬寒夏暑、太阳与地球辐射等那么直观、明显。为了更直观形象地体现气压对物体的作用,探究气压变化的原理,我们设计了一个"瓶子吞吃鸡蛋"的实验,让学生们加深对气压的认识。

二、目的与意义

对气体进行加温可以改变气体分子的分布状态,增大气体分子间的空隙,从而改变局部空间的气体压强。改变瓶子内的气压,让静态的瓶子具有活力,使瓶子"吞吃"鸡蛋成为现实。实验生动有趣,很能吸引学生的眼球,易于激发学生探究科学的兴趣。

"瓶子吞吃鸡蛋"的实验活动,目的是让同学们加深对气压存在和气压变化的感性认知,从而揭示气压对生产和生活影响的一般规律,积极思考改变局部空间气压的方法和措施,把学到的气象知识运用到日常生活中。

三、工具与材料

- 集气瓶(瓶口比鸡蛋稍小)2个
- 剥了壳的熟鸡蛋2个
- 镊子2把
- 干燥的纸片若干张

- 细砂若干
- 火柴或打火机 2 个
- 实验操作盘 2 个
- 照相机 1 台
- 摄像机 1 台
- 记录用的纸和笔若干

四、内容与步骤

1. 探究实践观察

(1)在集气瓶底部铺上一层细砂。

(2)把纸片卷起来,用金属镊子夹住。

(3)用火柴把纸片点燃。

(4)把点燃的纸片塞进集气瓶中,让纸片在瓶中燃烧几秒钟。

(5)趁瓶中纸片还在燃烧时,把鸡蛋放在集气瓶口。

(6)静静地等待瓶中火焰熄灭。

(7)观察瓶口鸡蛋的运动状态。

(8)思考如何让进入瓶中的鸡蛋"吐"出来。

(9)设计一个让瓶中的鸡蛋"吐"出来的实践方案。

(10)在老师或家长的帮助下完成"瓶子吐鸡蛋"的实验。

2. 搜集气压变化引发的一些现象

(1)引起气压变化的因素很多,搜集与气压变化有关的文字资料。

(2)调查因气压变化对人们生活的影响,如:高海拔地区水温不到 100 ℃就沸腾,米饭及食物不易煮熟;气压对身体健康的影响及生活出行方面的影响。

3. 分析思考改变气压的方法措施

(1)根据实验现象,分析瓶子吞(吐)鸡蛋的原因。

(2)找出日常气象观察中引起气压变化的因素。

(3)思考并提出消除因气压变化引起的不良影响的方法和措施(如高海拔地区使用高压餐具煮食物、高血压病人常备降压药等)。

(4)撰写有关气压和气压变化的科技小论文。

五、说明

(1)"瓶子吞吃鸡蛋"的实验操作比较简单,但是隐含着"气压"这一科学道理,探究过程中必须认真观察,积极思考,并把实验过程记录下来(拍摄或绘画)。

（2）实验最好选择晴朗天气，在空气流动小的室内进行，切记别烫伤手或引起火灾。

（3）这个科技探究方案适合小学中高年级学生进行。

六、温馨提示

在活动开展前，老师必须对安全问题进行强调和警示；在活动实施的过程中，最好有辅导老师陪同。

七、分析与结论

八、科学博士

同类问题：如何把被踩瘪的乒乓球复原？

拓展链接：不同海拔高度山区的气压。

延伸思考：气压变化在工农业生产中的利用和不利影响。

金苏丹

（温州瓯海区丽岙镇第二小学）

一、概说

各种形式的降水在形成和降落的过程中，与空气中的二氧化硫、氮氧化物等物质碰撞结合，形成了 pH 值低于 5.65 的酸性降水，称为酸雨（图 1）。

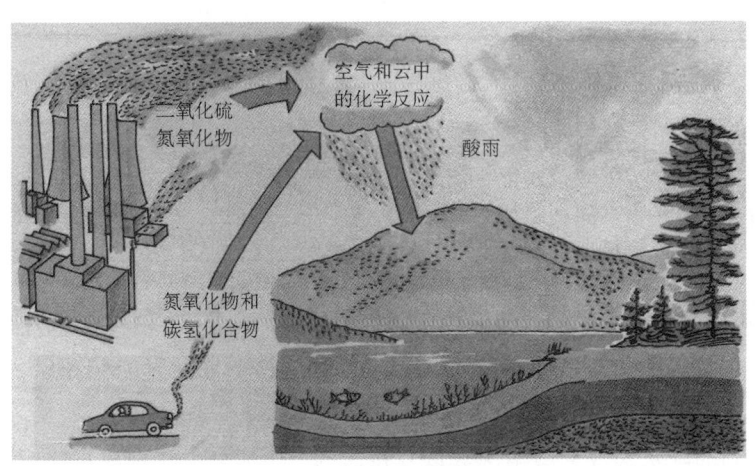

二氧化硫
氮氧化物

空气和云中
的化学反应

酸雨

氮氧化物和
碳氢化合物

图 1　酸雨的形成过程示意图

酸雨中绝大部分的硫酸和硝酸来源于工业生产和日常生活，随着工业的发展，人们对煤炭、石油等燃料的需求量逐年增加，燃烧物排放的硫氧化物、氮氧化物等酸性物质越来越多。这些排放物最早出现在大城市和工业比较集中的区域，但由于大气运动的作用，已发展成为跨地区、跨国界的污染，近年来已经向中小城市和农村蔓延。

酸雨是一种危害性比较严重的降水，它会腐蚀建筑物，能使水体酸化，严重影响水生动植物的生长、破坏地面植物生长，特别是酸性水滴形成的酸雾侵入人体呼吸道会导致各种疾病发生，而且还会刺伤人的眼睛。因此，酸雨被认为是全球性环境污染问题，被称作"空中死神"，是当代人类面临的三大灾难性环境挑战之一。

酸雨是工业发展产生的副产品，近年来，随着工业的发展，酸雨的影响面积也在逐步扩大，酸性逐渐增强，出现的频率逐年增加。虽然人们发明了脱硫技术，但还是跟不上环境恶化的脚步，防治酸雨的任务相当艰巨。

实验篇

二、目的与意义

酸雨危害实验是一项综合性的探究活动,通过该项活动能够使学生对酸雨的来源、形成原因及危害有更具体的认识,激起他们探究控制酸雨生成发展的方法与措施,让保护环境的意识深入人心。同时,通过该项活动可达到如下目的:①通过实验与分析,了解本地区酸雨的污染情况;②使学生正确了解酸雨的危害,进而形成爱护环境、保护生存空间的意识;③在研究学习过程中,培养和提高学生实践、自主学习以及团队合作的能力;④获取一定的科学探究方法与技能。

三、工具与材料

- 取样容器 4 个
- pH 试纸若干张
- 试验样本(包括健康植物枝叶、常见建筑物金属材料、大理石材料、水泥建筑、耕地土壤等酸雨能够腐蚀到的常见材料)

四、内容与步骤

1. 资料调查

(1)到本地气象台站摘录前 5～10 年的 1—12 月份降水次数和酸雨次数以及每次酸雨的 pH 值。

(2)将搜集到的降水次数和酸雨次数以及每次的 pH 值资料整理成折线图。

(3)调查本市工业生产的主要燃烧能源的类型和其脱硫措施以及脱硫效果。

(4)如果有条件可以调查本市农业、林业、渔业等产量数据,名胜古迹等腐蚀显著相关数据。

(5)到本地医疗机构搜集有关呼吸道疾病中涉及环境影响的病例资料。

2. 进行实验

(1)将学生分为土壤与植物实验、水体与水生物实验、模拟建筑物实验、动物实验等 4 个小组。

(2)准备实验样本:盆栽植物 2 盆,水养生物 2 缸,水泥砖块 2 块,笼养小动物 2 笼。

(3)制作酸雨样本水若干升,并用 pH 纸测定 pH 值为 5.65,分发给 4 个小组。

(4)对 2 个试验物做对比实验,即 1 个保持自然状态,1 个每天洒酸雨样本水。实验时间一般为 15 天或更长,每天实施 1 次。

(5)在实验时间内观察样本变化情况,采用照片和文字详细描述的方式记录实验物的变化情况,填入表 1。

表 1 _____实验记录表

观察时间	自然状态下的实验物观察记录	受酸雨影响的试验物观察记录
月　日		
月　日		
月　日		
月　日		
月　日		
月　日		
月　日		
月　日		
月　日		

(6)实验期满,写出对比实验报告。

五、说明

(1)本次科学活动工作量大、任务重,可以几个小组分工合作。

(2)在进行实验的过程中尽可能做到配置的酸雨样本水浓度和当地近期所降的酸雨相近,喷洒时间和范围都应模拟真实情况进行。

(3)在观察实验物的现象时需要耐心、细致,做到不遗漏任何一项因酸雨造成的变化。

六、温馨提示

这项研究涉及危害人体健康的硫氧化物和氮氧化物的喷洒,在操作时必须保护好自身的呼吸系统,必须戴上口罩,确保人身安全。部分材料需要出校门调查获得,老师必须陪同学生进行,同时做好学生的安全教育工作。

七、分析与结论

八、科学博士

同类问题:酸雾对环境的影响。

拓展链接:灰尘对环境的影响。

延伸思考:如何控制本地区的酸雨现象?

实践 3　人造"彩虹"实验

王伟兰　黎作民

（湖州市爱山小学教育集团）

一、概说

彩虹，又称天虹，简称虹，是自然界常见的一种光学现象。它常出现在雨后的天空，形成拱形的七彩光谱，形状弯曲，色彩艳丽。

当太阳光照射到半空中的雨点，光线被折射及反射，就会在天空中形成拱形的七彩光谱，也就是说，只要空气中有水滴，而太阳光正在观察者的背后以低角度照射，观察者就可以看到彩虹现象。

虹的出现与当时当地的天气变化密切相关，通常情况下，人们可以从虹出现在天空中的位置推测未来将出现晴天或雨天。根据人们长期总结的经验，东方出现虹时，本地不太容易会下雨，而西方出现虹时，本地却很有可能会下雨。因此，我国民间历代流传着很多"看虹识天"的谚语，而对虹的观测也成为气象观测的项目之一。

二、目的与意义

本活动通过对彩虹形成过程的再现实验演示，把自然界中难以观测到的彩虹形成过程，在实验室中向同学们展现，目的在于：①让学生了解彩虹形成的大致条件；②通过观测，加深学生对大气光学现象的认识；③让学生运用科学的手段实施科学实验，体会学科学、用科学的乐趣。

三、工具与材料

- 喷雾装置 1 套
- 玻璃烧杯 1 只
- 白纸若干张
- 球形烧瓶 1 个
- 小镜子 1 个
- 中间有孔的三夹板 1 块
- 普通脸盆 1 个
- 白色的墙 1 面

四、内容与步骤

实验 1:烧杯现彩虹

取一只 500 毫升无色透明的玻璃烧杯,洗净后倒入 1/3 烧杯体积的清水。将烧杯置于阳光射入的窗口旁,手提烧杯,杯下垫一张白纸。当太阳光射经烧杯中的水后投到白纸上,就可清晰地显现圆弧形彩色条纹,最外层为红色,最内层为紫色,圆弧的大小随烧杯与白纸间的距离大小而变化(图 1)。

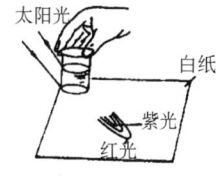

图 1　烧杯现彩虹实验示意图

实验 2:喷雾成虹

将喷雾装置放置在阳光下(最好选择早晨或者下午接近傍晚时分),观察时,观察者背对太阳,通过调整观察角度,可观察到喷雾装置喷出的水雾中形成的彩虹。

实验 3:圆环虹实验

取一只直径约 8 厘米的无色透明薄壁球形烧瓶,洗净后内盛满清水,并将其固定。另取一块面积约 50 厘米×50 厘米的三夹板,中央钻一个直径约 4 厘米小孔,用砂纸打磨光滑。将其置于烧瓶前约几厘米处,圆孔对准烧瓶的球形部分,且在靠瓶一面上糊上白纸。再取一面 3 厘米×3 厘米的镜子斜放于窗口处。当太阳光射至镜子后,其反射光正好穿过三夹板中心圆孔,射至球形烧瓶,这时可观察到经球形烧瓶反射而落在三夹板白纸上的圆环形彩虹,外圈为红光,内圈为紫光,十分美丽(图 2)。

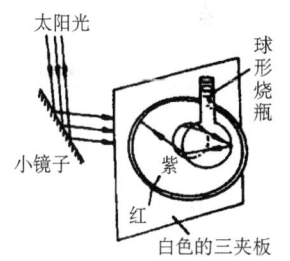

图 2　圆环虹实验示意图

实验 4:CD 彩虹

取一张 CD,放置在太阳光、日光灯、白炽灯、节能灯下,通过不同角度地调整,都可以看到 CD 上有缤纷的色彩,仔细观察,会发现这些颜色是彩虹的颜色,按照红、橙、黄、绿、青、蓝、紫进行排列,炫目多彩。

实验 5:墙面呈虹

将装满清水的脸盆放在阳光照到的地方,稍等片刻,使水波散去。再轻轻地将镜子放入水中,和水面保持一定的角度,将阳光反射到墙面上,接下来慢慢调整镜子的倾斜角度,墙壁上就会出现七色光(图 3)。

 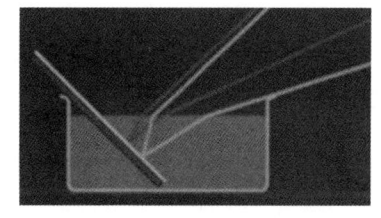

图 3　墙面呈虹实验示意图

五、说明

本实验是一项有趣的科学探究活动,需要多方面地观察。实验的重点是引导学生从看到的现象中去分析科学道理。

六、温馨提示

在打三夹板的小孔时要注意安全,最好有老师或家长的陪同。

七、分析与结论

八、科学博士

同类问题:霓形成的实验。

拓展链接:结合《科学》《语文》等学科的课文,对彩虹展开全面探究。

延伸思考:彩虹与天气变化的关系。

实践4 风的形成实验

周　文

（宁波市鄞州区高桥镇中心小学）

一、概说

风是大家非常熟悉的一种自然现象，《地面气象观测规范》说："空气流动产生的气流，称为风。"也就是说"风"是流动的空气。那么，空气为什么会流动呢？原因概括起来有两个：第一是由于地球转动时，地球表面和大气层产生摩擦，在摩擦的过程中产生摩擦力，大气在摩擦力的推动下产生了流动现象，形成了风。第二是由于地球的转动是斜轴自转，因此，地球表面不同地方和不同时间所受太阳加热程度也有差别。由于地面每个部位受热的不均匀性，空气的冷暖程度就不一样，暖空气膨胀变轻后上升，冷空气冷却变重后下降，这样冷暖空气便产生流动，形成了风。

风是人们日常生活最常见的天气现象，虽然它本身看不见摸不着，但它确确实实在自然界中存在，而且与人们有着密切的关系。风给人类带来了舒适的生活环境，帮助自然界所有生物生活与生长，但也会给人类和自然界造成不可抗拒的灾难。

二、目的与意义

风的形成属于物理现象，这在小学《科学》、初中《物理》等课程都有涉及。然而，物理学上的许多现象都是通过实验来寻找原理，通过剖析来揭开现象的神秘面纱。今天，我们也来做几个实验，让风的形成在大家的心目中不再神秘。通过实验，可使同学们有以下收获：①深度了解风形成的各种原因；②延伸、补充、拓展课本知识；③学会运用实验方法解开类似未知现象的本质。

三、工具与材料

- 可以旋转的地形地貌地球仪 1 个（图 1）
- 大的饮料瓶 1 个
- 剪刀 1 把
- 小蜡烛 5 个
- 小纸片若干张

图 1　可以旋转的地形地貌地球仪

四、活动的方法与过程

1. 实验

实验 1
用一只手轻轻转动地球仪,另一只手拿着事先剪好的小纸条慢慢靠近旋转着的地球仪(但不要接触到地球仪),观察小纸条发生的现象。

实验 2
(1)在大饮料瓶的下端剪开一个可以通风的小孔,开口的位置尽量靠近瓶底处;同时将饮料瓶的上端剪断,以扩大瓶口,如图 2 所示。
(2)取一段细铁丝,约 30 厘米长,用铁丝的一头把小蜡烛缠绕起来,另一头做成钩状。
(3)将蜡烛点燃,手提铁丝慢慢放入瓶中,如图 3 所示。
(4)把剪好的小纸条靠近饮料瓶口,观察瓶口发生的现象。

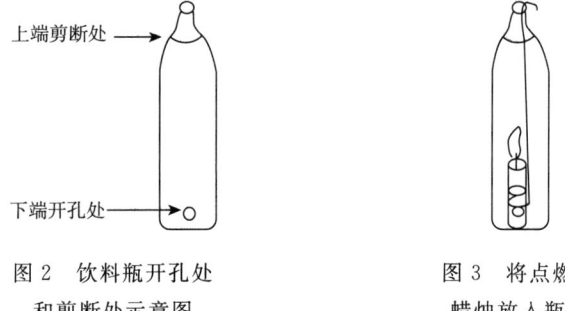

图 2　饮料瓶开孔处
和剪断处示意图

图 3　将点燃的
蜡烛放入瓶中

2. 讨论分析

(1)实验 1 所产生的现象属于物理学上的什么原理?
(2)实验 2 所产生的现象属于物理学上的什么原理?

五、说明

关于风的成因的实验很多,完成上述两个实验后,可以发动学生设计多种不同的实验。

六、温馨提示

在做实验 2 时,注意剪刀的使用安全,特别要注意用火的安全。

七、分析与结论

八、科学博士

同类问题：风的成因除上述外，还有哪些原因？
拓展链接：根据不同年级段所涉及的课文，展开进一步探究。
延伸思考：探究风与人类的各种关系。

实践 5　露的形成实验

申海明

（嘉兴市实验小学）

一、概说

在春秋季节的早晨，人们常可以看到各种植物的叶片和花瓣上挂着晶莹剔透的水珠，这就是人们常说的"露"。

露是一种普通的自然现象，是空气中水汽以液滴形式液化在地面覆盖物体上的现象。在春秋季节（特别是南方），当夜间气温下降，越近地面冷却越快，形成与白天相反的下冷上热的温度分布，当地面温度冷却到使贴近地面空气中的水汽达到饱和时，地面物体上开始有露滴生成。如果温度持续降至 0 ℃以下时，露滴冻结成冰珠，称为冻露。当太阳出来以后，地面温度升高，空气湿度降低，各种条件都有利于地面水分的蒸发，露滴逐渐消失。

露大多形成于晴朗、无风或微风的夜晚，在傍晚至第二天清晨出现，人们极难观察到它的形成过程。现在我们大家一起来做一个实验，共同揭开露珠形成的奥秘。

二、目的与意义

日常生活中我们一般只能观察到已经形成的露，而对于露的形成过程却不易看到。通过实验，将露的形成过程展现在学生们的面前，可以达到如下效果：①揭开露形成的奥秘，让学生明白和理解其中的科学原理；②能够激发和增强学生对科学探究的兴趣；③能够启发学生的科学思维；④使学生熟悉和掌握科学探究的方法与技能。

三、工具与材料

- 烧杯 2 个
- 保鲜袋 2 个
- 记录实验过程的照相机和摄像机各 1 台
- 笔记本、笔等若干
- 热水 1 瓶
- 凉水 1 瓶

四、内容与步骤

1. 实验

实验 1
(1)在一个烧杯内注入 100 毫升 60 ℃左右的热水。
(2)在另一个烧杯内放入 100 毫升左右的凉水。
(3)把盛凉水的烧杯放在盛热水的烧杯上方 5～10 厘米的位置。
(4)观察水蒸气上升遇到温度较低的上方烧杯底部后出现的现象。
(5)观察持续 10 分钟,并每隔 2 分钟把观察到的上方凉水烧杯底部出现的现象记入笔记本中。

实验 2
(1)分别往 2 个保鲜袋中装入一小根带叶子的树枝,并加入少量凉水。
(2)用嘴向袋内吹 10～20 口热气,把保鲜袋吹大,并用线绳扎紧袋口。
(3)把 1 只保鲜袋放在比较强烈的阳光下晒 1 小时。
(4)把另 1 只保鲜袋放入家用冰箱的冷藏箱中 10～20 分钟。
(5)取回保鲜袋后仔细观察,并将观察的结果记入笔记本中。

2. 搜集与露水有关的图片和文字资料

(1)自己到野外拍摄有关露的照片或从网上搜集有关露的美丽图片。
(2)搜集描写露的有关古诗词句子。
(3)举办以"露"为主题的图片展。
(4)举办以"露"为主题的气象科普班会。

3. 分析思考影响露水的因素

(1)根据本次实验活动,分析总结露的形成原因和条件。
(2)探寻同一季节不是每天晚都出现露水的原因。
(3)思考露水对农作物生长和人们生产生活的影响。

五、说明

(1)本实验内容比较简单,但却包含着气象科学概念,在探究过程中必须认真观察,积极思考,并把实验过程记录下来(拍摄或绘画)。
(2)实验活动最好选择在春、秋季节进行,这样可以在大多数日子里在野外观察到露水。
(3)本实验适合不同年龄段的学生参与实施。

六、温馨提示

在活动开展前,老师必须对安全问题进行强调和警示;在活动实施的过程中,最好有老师或家长陪同。

七、分析与结论

八、科学博士

同类问题:雾、霜等天气现象是如何形成的?

拓展链接:探索露与天气变化的关系。

延伸思考:露的利用。

实践6　霜的形成实验

申海明

（嘉兴市实验小学）

一、概说

"霜"是秋冬季节常会出现的一种地面凝结、冻结或凝华物，也是一种常见的天气现象。如果我们翻翻日历，就可以看到每年的 10 月下旬，有一个称为"霜降"的节气。我们看到过降雨、降雪、降雹，可是谁也没有看到过降霜。其实，霜不是从天空降下来的，而是在地面或地面物体上出现的一种天气现象。

霜是近地面空气中的水汽在地面物体上凝华的现象，它的形成必须具备两个基本条件：一是空气中含有较多的水汽，二是有温度较低（0 ℃以下）的物体。每年深秋至入冬以后，在晴朗无云的夜晚，地面和植物的热量散发很快，到了后半夜至黎明前，地面散发的热量已很多，而获得大气辐射补偿的热量却很少，气温下降很快，当地面温度下降到 0 ℃以下时，近地面空气中的水汽便附着地面的土块、石块、树叶、草木、屋顶等凝结、冻结或直接凝华成了冰晶状的霜。

二、目的与意义

霜和露一样，都不是从天上云层里降下来的，而是由地面附近水汽在一定条件下形成的，但霜和露的形成有着根本的区别。通过实验探究，可以使学生得到以下收获：①了解霜形成的基本条件与过程；②训练科学思维和探究的方法与技能；③拓展知识面和科学视野；④懂得防霜避害的基本方法与技术，结合日常生活服务社会。

三、工具与材料

- 保鲜袋 1 个
- 家用电冰箱 1 台
- 照相机和摄像机各 1 台
- 笔记本若干本
- 笔若干支
- 小树枝和土块若干

四、内容与步骤

1. 实验

(1)将保鲜袋张开,把小树枝或土块等装入袋中。

(2)注入些许水后,用嘴向保鲜袋内呵 10~20 口热气,把保鲜袋吹胀后用线绳扎紧。

(3)把袋子放入家用冰箱的冷藏箱中冷藏 12 小时后取出。

(4)仔细观察,并把观察到的现象拍摄下来或记下来(这个过程一定要快,时间一长冰晶很快会融化)。

2. 搜集与霜有关的图片和文字资料

(1)自己到野外拍摄霜的照片或从网上搜集有关霜的美丽图片。

(2)搜集描写霜的有关古诗词句子。

(3)举办以霜为主题的图片展。

(4)举办以霜为主题的气象科普主题班会。

3. 分析思考影响霜的因素

(1)根据本次实验,分析霜形成的条件。

(2)探寻同一季节有的晚上会出现霜、有的晚上不出现霜的原因。

(3)分析什么样的物体表面容易出现霜。

(4)思考霜对农作物生长和人们生产生活的影响。

五、说明

(1)本实验内容比较简单,但其中包含着科学原理,探究过程中必须认真观察,积极思考,并把实验过程记录下来(拍摄或绘画)。

(2)本实验最好选择深秋或早春时节进行,这样可以在大多数日子里在野外观察到霜。

(3)这个科技探究方案适合不同年龄段的学生参与实施。

六、温馨提示

在活动开展前,老师必须对安全问题进行强调和警示;在活动实施的过程中,最好有老师或家长陪同。

七、分析与结论

八、科学博士

同类问题：其他天气现象的形成。

拓展链接：探索霜与天气变化的关系。

延伸思考：防霜避害的方法与措施。

实践7 雾的形成实验

吴佳丽　金苏丹

（温州市瓯海区丽岙镇第二小学）

一、概说

雾是一种常见的天气现象,它温和柔弱、妩媚多姿,能够扮靓多彩的大自然。那么,雾是怎样形成的呢? 大家都知道,自然界中,浩瀚的海洋、奔腾的江河、静谧的湖泊、润湿的土地表面和茂盛的植被中的水分被蒸发、蒸腾生成水汽进入大气中。这些大量充沛的水汽被冷空气冷却,达到饱和状态后,凝结成无数小水滴悬浮在近地面空气中。这些小水滴的凝结有多种方式:蒸发和蒸腾会使当地空气中的水汽大量增加,达到饱和后就会产生凝结;别处流动来的空气和当地原有的空气相遇,会使原本处于接近饱和而未饱和的空气达到饱和产生了凝结;地表面会向外面辐射热量,热量辐射后的地表面空气温度会迅速降低,温度降低会导致原有空气的水汽趋向饱和而凝结。小水滴在近地面空气中大量聚集就形成了雾。

从理论上讲,雾的形成确实是这样的过程,但自然界中雾的形成过程我们无法看见。现在我们一起来做一个实验,让它的形成过程呈现在我们的眼前。

二、目的与意义

雾是非常美丽的,可是雾大了也会成灾,它会降低能见度,阻断交通,造成交通事故,给人们的生命与财产造成损失。通过让学生操作实验再现雾的形成过程,可以达到以下目的:①让学生了解雾形成的必备条件;②加深学生对雾的全面认识;③让学生从科学实验中体会学科学、用科学的乐趣;④通过实验操作,让学生学习与掌握科学探究的技巧与方法。

三、工具与材料

- 广口瓶1个
- 温水若干
- 冰块若干

四、内容与步骤

(1)在广口瓶里倒入若干温水,水温以不冒热气为宜,水量以广口瓶的1/3容积为宜。

（2）取一块方形冰块放置在广口瓶瓶口（位置靠近瓶口），直到瓶口冒雾为止，并反复多次进行。

（3）观察冰块不同位置的冒雾情况。

（4）观察冰块置放时间长短不同情况下的冒雾情况。

五、活动说明

（1）在广口瓶中倒入温水是模拟江、河、湖、海的蒸腾作用。

（2）冰块代表大气中的冷空气。

（3）雾的形成实验还有多种方法与形式。

六、分析与结论

七、科学博士

同类问题：云形成的原因。

拓展链接：浓雾的危害。

延伸思考：雾的好处与利用。

实践 8　人造云的实验

杨　玲　邱伟芸

（湖州市凤凰小学）

一、概说

云是人们非常熟悉并且常见的一种自然现象,云有各种各样的颜色和形状,它飘浮在空中,把蔚蓝的天空装扮得异常美丽。

那么,云的本质是什么? 它是怎样形成的呢?

就本质而论,云主要是水汽的凝成物,但有的云是由许许多多细小的冰晶组成的,有的云是由小水滴或小冰晶混合在一起组成的,有的云有时也包含一些较大的雨滴及冰、雪粒。云的特征是底部不接触地面,并有一定厚度。

大家都知道,对流层从地面向高空有十几千米厚度,靠近地面部分的大气温度较高,从地面往高空,温度渐次降低。江、河、湖、海的水面,以及土壤和动、植物含有的水分,受热后蒸发、蒸腾到空中变成水汽。水汽从蒸发表面进入低层大气,低层大气的温度较高,所容纳的水汽也较多。这些湿热的空气逐渐被抬升,随着高度的增加,大气层中温度就会逐渐降低,到了一定高度,空气中的水汽就会达到饱和。一旦水汽过饱和,当温度高于 0 ℃时,水分子就在凝结核周围形成小水滴;当温度低于 0 ℃时,水分子就凝华为小冰晶。当这些小水滴和小冰晶逐渐增多,达到人眼能辨认的程度时,我们平时常见的云就形成了。

二、目的与意义

云虽然是常见的天气现象,但云的形成过程我们却无法亲见。本活动将庞大的云的形成过程浓缩在实验中,让学生亲眼观察到云的形成过程,同时还能够达到如下目的:①让学生了解云的组成与结构,以及云的形成条件与过程;②了解云与天气的关系;③激起学生探究大自然奥秘的兴趣;④训练和培养学生动手实践的能力。

三、工具与材料

- 带可旋转盖的玻璃杯 1 个
- 剪刀或锥子 1 把
- 火柴 1 盒
- 吸管 1 根

- 橡皮泥或蜡烛若干
- 冷水 1 杯

四、内容与步骤

(1)查找资料,了解云的形成原因。

(2)进行模拟实验。

图 1　实验步骤示意图

　　①用剪刀或锥子在玻璃瓶瓶盖上打一个孔,将吸管插入孔中伸到瓶底,再用蜡油或橡皮泥把吸管周围密封。

　　②往瓶子里倒入一些冷水,摇晃均匀,然后把水倒出来。

　　③靠近瓶口点燃一根火柴。

　　④吹灭火柴,将还在冒烟的火柴迅速扔进瓶子里,并迅速盖紧盖子,让烟留在瓶子里。

　　⑤通过吸管,往瓶子里用力吹气。

　　⑥停止吹气,用手指堵住吸管口,让气体留在瓶中。

　　⑦松开吸管,可以看见瓶子中的"云"慢慢形成;打开瓶盖,也可以看见"云雾"缭绕。

（3）思考瓶子中出现"云"的原因。

五、说明

（1）应选择透明度高的瓶子，吸管口要密封。

（2）堵住吸管口和松开吸管口的时间要稍微长一点。如果第一次实验现象不是很明显，可以通过采用连续点燃两根火柴投入、多吹点气等方法继续实验。

（3）本实验只是模拟云的形成，并不能展示各种云的形态。

（4）人造云的实验还有多种方法。

六、温馨提示

使用火柴时要注意别伤到手。往瓶子里吹气时，也要注意是往里吹，不要吸气，因为瓶中留有火柴燃烧后的许多看不见的小尘粒，很容易被倒吸出来。

七、分析与结论

八、科学博士

同类问题：雨、雾是如何形成的。

拓展链接：了解世界第一座能够模拟云雨形成的实验室（德国东部莱比锡市）。

延伸思考：人工影响天气与云的关系。

实践 9 雪花的形成实验

张少俊[1] 黎作民[2]

(1. 湖州市第四中学;2. 湖州市爱山小学教育集团)

一、概说

每当看到天上洒洒飘落的雪花,同学们不禁要问,天上的雪花是怎样形成的呢? 形成后为什么又要飘落下来呢?

大家都知道,地球表面的水分受热蒸发上升,能够成云致雨。但要形成雪花必须具备两个条件:一是水汽必须充分饱和。空气在一定温度下所能包含的最大水汽量,叫作饱和水汽量;空气达到饱和时的温度,叫作露点温度。饱和的空气冷却到露点温度以下时,空气里就有多余的水汽变成水滴或冰晶。二是空气里必须有足够的凝结核。凝结核是指一些悬浮在空中的微粒,通常由固态物质、溶液滴或两者的混合物组成,其化学成分很复杂,最常见的是氯、氮、碳、镁、钠、钙等的化合物。

在具备上述两个条件的前提下,当大气温度降到 0 ℃以下时,大气中的水汽便会聚集在凝结核周围逐渐凝华成冰晶。当冰晶形成后,围绕冰晶的水滴会凝固并与冰晶黏在一起,细小的冰晶会吸引更多的水滴而逐渐长成更大的冰晶,直至数百个冰晶聚集在一起,这样,形状不同的雪花便形成了。

雪在形成的初期较小,当它大到上升气流托不住时就会降落下来,在降落的过程中还会不断有新的小冰晶粘附在上面,到达地面时就形成漂亮的雪花了。

二、目的与意义

下雪不仅是一种天气现象,还能预示未来的气候,我国民间就有"大雪下雪,来年雨不缺"(皖)、"寒风迎大雪,三九天气暖"(冀)、"大雪兆丰年,无雪要遭殃"(苏、浙、鲁、湘、粤)等天气谚语。因此,青少年了解有关雪的科学知识是很有意义的。设置本实验的目的在于:①让学生了解雪花的形成条件;②学习与掌握对雪的观测技术。

三、工具与材料

- 透明容器 2 个
- 小铁罐 1 只(铁罐的内壁最好涂上黑漆)
- 小铁棒 1 根

- 普通布1块
- 食盐若干
- 氨水若干

四、内容与步骤

(1)先取一块冰,用布裹起来,隔着布把它敲碎。

(2)取出一部分冰屑,在冰屑里掺进相当于1/3冰屑量的食盐。

(3)把掺了食盐的冰屑倒进一只容器里,在容器中埋一只小铁罐。

(4)取一些冰屑放进另一只容器里,并在容器里倒入若干氨水,并将小铁棍插进去让它冷却。

(5)用嘴向小罐里呼气。

(6)然后,把浸在第2个容器中的铁棒取出来,放到小铁罐中,就可以看到罐内出现了一片片美丽的雪花(图1)。

(7)实验结束后,分析讨论为何罐内会出现雪花,总结雪花形成的必备条件。

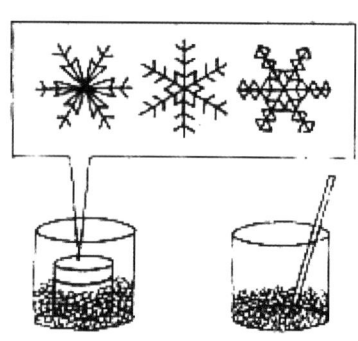

图1 实验示意图

五、说明

(1)冰屑与盐的混合物温度可以达到—10 ℃以下。

(2)向小罐里呼气时,呼出的气中含有水蒸气,在罐里遇冷后立刻变成乳白色的雾,雾中小水滴的温度低于0 ℃,但是没有结冰。

(3)氨水与冰屑相融,温度可达—30 ℃以下。注意避免手指接触超低温物体。

六、温馨提示

在实验进行的过程中,老师要对学生做好各方面的安全教育。

七、分析与结论

八、科学博士

同类问题:冰雹、霜等是如何形成的?

拓展链接:飞机、高炮、火箭作业人工降雪的科学原理。

延伸思考:雪的利用与雪灾的预防。

实践 10 "海市蜃楼"形成实验

范晓岚　陈梅娟

（桐乡市崇德小学）

一、概说

近年来,我国多地出现海市蜃楼奇观,如:2011 年 5 月 9 日下午 4 时左右,海口市沿海出现海市蜃楼奇观,持续一个小时左右;2011 年 5 月 10 日,广州塔顶出现巨大的空中投影,这一盛景蔚为壮观;2013 年 4 月 30 日早上,在九洲港的海面上疑现海市蜃楼,海面上漂浮着"塔吊",非常清晰;2014 年 2 月 2 日中午 12 时许,深圳市蛇口后海湾家海面上出现海市蜃楼,时间大约持续 5 分钟。

海市蜃楼现象自古以来备受世人关注,在西方神话中,蜃景被描绘成魔鬼的化身,是死亡和不幸的凶兆;我国古代则把蜃景看成是仙境,秦始皇、汉武帝等曾率人前往蓬莱寻访仙境,还多次派人去蓬莱寻求灵丹妙药。

实际上,海市蜃楼是一种与晕、虹等类似的大气光学现象,是由于地球上物体反射的光经大气折射而形成的虚像。但海市蜃楼的形成条件却非常苛刻,一是必须气温高,二是必须晴天无云,三是必须地形平缓、开阔。

在平静的海面、大江江面、湖面、雪原、沙漠或戈壁等地方,不同的空气层有不同的密度,而光在不同密度的空气中有不同的折射率。当近地层空气温度低、密度大,而较高层空气温度高、密度小时能够形成海市蜃楼;相反,当近地面层空气温度很高、密度小,而较高层空气温度低、密度大时也能够形成海市蜃楼。

海市蜃楼的种类很多,根据它出现的位置相对于原物的方位,可以分为上蜃景、下蜃景和侧蜃景;根据它与原物的对称关系,可以分为正蜃景、侧蜃景、顺蜃景和反蜃景;根据颜色的不同还可以分为彩色蜃景和非彩色蜃景等。

二、目的与意义

海市蜃楼的形成,除了依靠地理条件外,还与气象条件密切相关,同时蕴含着比较复杂的物理光学原理。因此,海市蜃楼不但是气象观测关注的对象,而且还是物理、语文等相关课程的教学内容。通过本次实验活动,不但可以加深学生对常规课程教学的理解,而且可以使学生获知海市蜃楼的形成与大气温度和空气密度的关系以及海市蜃楼形成的物理光学原理,懂得产生海市蜃楼的基本条件,了解海市蜃楼发生的历史记录和我国易于观测到这种现象的地点。

三、工具与材料

- 平滑的铁片 1 块(长约 1.5 米、宽约 0.2 米)
- 细沙 1 千克左右
- 较硬的深色纸片若干张
- 手电筒 1 只
- 酒精灯多个或电炉 1 个
- 支架 2 个(高度视加热炉而定)
- 剪刀 1 把
- 玻璃水槽 1 个
- 泡沫塑料板(厚度约 1 厘米左右)1 块
- 钉子若干颗
- 盐若干
- 水若干
- 小花若干朵

四、内容与步骤

1. 利用冷热不同的空气做实验

(1)将平滑的铁片横放在支架上,并撒上一层细沙,模拟沙漠。

(2)把深色的纸片剪成树木等景物,并竖放在铁片一端的沙子里。

(3)在铁片后面的下方,让一名同学用手电筒向上照射,另一名同学从铁片的另一端看过来,就会看到"树木"后面好像衬托着明亮天空。

(4)把酒精灯(或电炉)放在铁片下面,加热一定时间(用手靠近沙面感到很热),观察者在刚才的位置往"树木"方向看过来,就会看到沙面的下方出现了倒立的"树木",忽暗忽亮,若隐若现,这就是海市蜃楼的一种"下现蜃景"。

2. 利用浓度不同的液体做实验

(1)准备一个长方形玻璃水槽,一块 1 厘米厚、大小与玻璃缸相近的泡沫塑料板,在泡沫塑料板上用钉子均匀地钻几排小孔。

(2)在玻璃缸中倒入体积为玻璃缸的 2/5 的过饱和盐水,在盐水上面盖上泡沫塑料板,用一只手轻轻压住泡沫塑料板,倒入体积为玻璃缸的 2/5 的清水,然后使泡沫塑料板慢慢浮起,再拿走泡沫塑料板。

(3)静止几分钟,让浓盐水慢慢向上面扩散,使水槽内的液体浓度由下向上逐渐减小,形成不均匀分布的状态。

(4)将一个物体(如一朵小花)放到玻璃水槽的一侧,在水槽下垫一些障碍物(如书本),使障碍物挡住被观测物,即如果没有放玻璃水槽,人的眼睛不能直接看到小花等景物。

（5）观察者到玻璃水槽的另一侧,适当调整观察的位置和角度,透过玻璃水槽往被测景物方向看,可以看到原本不在视角范围内的景物的正立的像,这就是海市蜃楼中的"上现蜃景"。

（6）调换放置清水和盐水的顺序,其他步骤同上,可以做"下现蜃景"的实验。

3．日 常 观 察

炎热的夏天,在柏油马路(或水泥广场)的一侧观察路面,可以看到在烈日照射下,路面上出现了漂浮不定的汽车、人、房屋以及树木等景物的倒影,这也是海市蜃楼现象。

4．思考海市蜃楼产生的物理学原理

五、说明

（1）本实验内容与人民教育出版社出版的 2011 版八年级《物理》上册第四章、第 4 节中的《科学世界》一文和人民教育出版社出版的七年级《语文》上册第 20 课《山市》中的内容相关,可以结合课程教学内容来完成本实验。

（2）开展第一个活动时,房间里不能有风,光线不要太强,铁片各处加热要均匀。

（3）开展第二个活动时,可以用强光照射景物,使实验效果更加明显。

（4）"海市蜃楼"形成实验,除上述方法外还可以进行多种创新设计。

六、温馨提示

第一个活动中,手不要触碰烧烫的铁片、沙子等,以免烫伤;酒精灯的使用要提前练习。在第二个活动中,水槽要放平稳,让不同浓度的液体慢慢渗透。第三个活动中,教师要实地勘察观测场地,带领学生外出活动要注意交通安全。

七、分析与结论

八、科学博士

同类问题:晕、虹等的形成研究。

拓展链接:搜集有关海市蜃楼的诗歌或谚语。

延伸思考:人类对海市蜃楼的研究历史。

制作篇

实践1 绘制能见度目标物分布图

任咏夏

（浙江省气象学会）

一、概说

能见度是指物体能被正常视力看到的最大水平距离，也指物体在一定距离时被正常目力看到的清晰程度。《地面气象观测规范》中对人工观测能见度（即有效水平能见度）的定义是：四周视野中二分之一以上的范围能够看到的目标物的最大水平距离，也就是说，是具有正常视力的人在当时的天气条件下能够看清楚目标轮廓的最大距离。

能见度是反映大气透明度的重要指标，是表征气团特性的要素之一，与当时的天气状况有着比较密切的关联，是气象站判断某些天气现象及其强度的重要指标之一。当气层稳定时，气溶胶多分布在低层大气中，使能见度变坏；而当气层不稳定时，由于对流和湍流的作用，水汽、杂质被带至高层，使地面层能见度变好。当出现降雨、雾、霾、沙尘暴等天气过程时，大气透明度较低，因此能见度较差。另外，一般冷空气中因含水汽、杂质少，能见度也较好；暖空气中水汽、杂质较多，能见度也就较差。所以，能见度的好坏可以大致判断大气的稳定程度。所以，根据能见度的情况，也可以大致判断气团的性质。因此，能见度的观测也成了气象站气象观测的重要项目之一。

测量能见度的传统方法一般采用目测，近年来也有使用大气透射仪、激光能见度自动测量仪等测量仪器来测量，但这些仪器都比较昂贵，中小学校比较难以接受，也没有必要购置，所以校园气象站的观测员一般都采用传统的目测方法。鉴于这种情况，校园气象站要获得比较准确的能见度观测数据，就必须绘制与本站相关的能见度目标物分布图。

二、目的与意义

绘制能见度目标物分布图是一项多种技术能力和多种工具材料综合运用的训练活动。通过这项活动，可以达到如下目的：①让学生掌握能见度观测的方法与技术，了解本站能见度目标物的详细位置与距离，提高能见度观测的准确性；②让学生掌握测量距离、绘图、标图等技术，学会绘图工具、测距工具的综合使用；③为本站增加"能见度观测"的项目，制作该项目观测的专用工具。

本项活动的意义就在于：①结合地理、数学等多门学科的基础知识，对学过的知识与技术进行一次实效性的专门综合训练，使学生的综合素质得到提高；②能见度观测一直是校园气象站的弱项，通过这项活动，可使该观测项目在本站的观测活动中真正地确立起来。

三、工具与材料

- 《地面气象观测规范》1 本
- A4 绘图纸若干张
- HB 中华铅笔若干支
- 50 厘米直尺若干把
- 50 米皮卷尺若干卷
- 五件套绘图仪器若干套
- 2[#]画板若干张
- 经纬仪若干个

四、内容与步骤

(1)阅读《地面气象观测规范》第二编第 5 章《能见度》。

(2)将绘图纸平铺在绘图板上,并在绘图纸正中间取一点作为本站位置。

(3)在绘图纸上画一条通过本站位置点的水平实线,和一条通过本站位置点并与水平实线垂直的虚线。

(4)取出五件套绘图仪器中的大圆规,以本站位置点为圆心,分别画出 9 个间隔距离相等的同心圆,自近而远的每个圆圈分别代表 0.1,0.2,0.5,1.0,2.0,3.0,10.0,20.0,50.0 千米的距离,将这些数值分别标在圆圈的虚线位置上。

(5)选取 10 个以上在本站不同方位,与本站不同距离,比较突出的目标物。

(6)用经纬仪逐一测定目标物所处的方位和距本站的距离。

(7)将目标物标在画好同心圆的图上,即成"能见度目标物分布图"。

五、说明

(1)测量 1 000 米以内距离的工具还有:激光测距仪、测距望远镜等;测量 1 000 米以外距离的工具还有:GPS 手持机、Google earth 地图等。上述工具均为专业测距工具,有条件的学校可以到专业单位借用。

(2)绘制能见度目标物分布图的难点为测距工具的使用,建议在活动开展前,预先进行测距工具使用的学习与训练。

六、温馨提示

本活动所采用的测距工具都比较昂贵,老师在指导学生使用时要特别强调小心使用,以免损坏工具。

七、分析与结论

八、科学博士

同类问题：如何采用上述相应工具测量云高？

拓展链接：在开展本活动的同时，可以发动学生对本站位置（东经、北纬、海拔高度）进行准确定位，并利用 Google Earth 地图准确地获取表达本站位置的数据，并制成本站位置数据牌，悬挂在观测场的围栏上或工作室门口。

延伸思考：①尝试结合学过的知识，采用比较便捷的方法测量远距离和计算远距离；②尝试采用其他手段来绘制同心圆；③思考将 Visual Basic 技术和 Microsoft Office Excel 等多种软件工具应用于校园气象科技活动与气象探究实践的多个方面。

张晓霞[1]　任咏夏[2]

（1. 湖州爱山小学教育集团；2. 浙江省气象学会）

一、概说

云是悬浮在大气中的小水滴、过冷水滴、冰晶或它们的混合物组成的可见聚合体，有时也包含一些较大的雨滴、冰粒和雪晶。云对地球系统能量的平衡和水循环有着重要的影响，云的存在和变化代表着当时大气中各种物理量的状况。借助云的观测，人们可以间接地了解空中气象要素的变化和大气运动的状况。因此，云的观测是地面气象观测中的重要项目之一。

气象观测中对云的观测是多方面的，《地面气象观测规范》中规定：云的观测主要包括判定云状、估计云量、测定云高和选定云码。在这 4 项观测中，云状、云高、云码都有可以依仗的工具或规范，只有云量全凭人的眼球来判定。所谓云量，即指云遮蔽天空视野的成数，也就是说，观测时天空有多少云。

云量的准确判定相当困难，为了帮助校园气象站的气象观测员相对准确地判定云量，我们不妨自己制作一个可以帮助观测云量的仪器——测云网。

测云网也称米海尔逊测云网，米海尔逊是 19 世纪苏联著名的物理学家，曾在世界物理学方面做出过很大贡献，测云网仅是其中的一小项。

二、目的与意义

制作测云网是一项工程量较大的手工制作活动，所使用的工具也比较复杂。但通过这项活动，可以达到如下目的：①让学生掌握云量观测的要求与判定技术；②让学生了解和掌握大型手工制作活动过程中的设计、绘图、材料选择、工具使用等方面的知识技能；③为本校气象站增加云量观测的专用工具。

本项活动的意义就在于：①综合地训练了学生多方面的知识与技能；②云的观测一直是校园气象站的弱项，通过这项活动，可使该观测项目在本站的观测活动中真正地确立起来。

三、工具与材料

- 《地面气象观测规范》1 本
- 木料或竹料，圆形或方形，长 2.0 米，直径为 5～8 厘米，4 条
- 铁丝，直径为 5 毫米，长 25 米

制作篇

- 铁丝,直径为1~2毫米,长10米
- 钢丝钳4把
- 尖嘴钳2把
- 10厘米长的铁钉2根
- 1.2米长的粗线1根
- 指南针1个
- 铁锹4把
- 棕色或绿色的油漆若干
- 白纸若干张
- 铅笔若干支
- 绘图用的工具若干

四、方法与过程

(1)阅读《地面气象观测规范》第二编第4章4.3节《云量》。

(2)绘制测云网的侧面形状图、俯视形状图和全貌图,如图1所示。

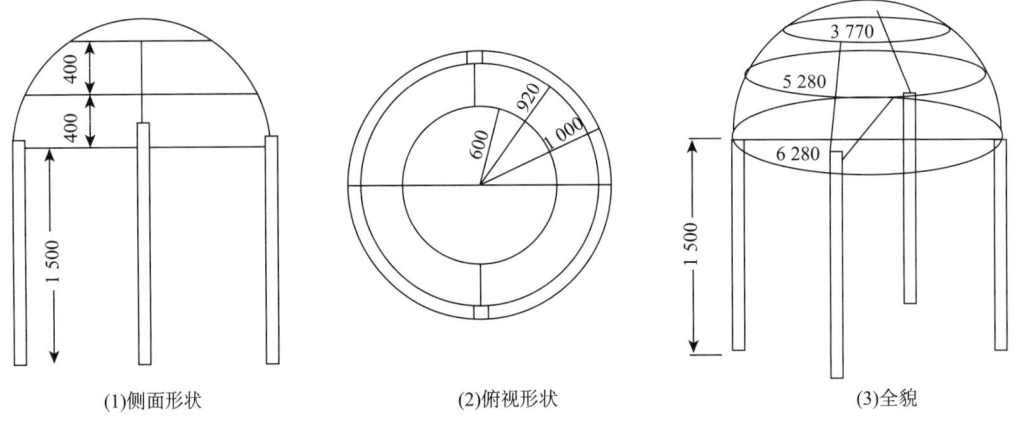

(1)侧面形状　　　　　　(2)俯视形状　　　　　　(3)全貌

图1　测云网示意图(图中数值的单位为毫米)

(3)在观测场边上选择一块面积为2米×2米的平地。

(4)在粗线的2头分别绑上2根长铁钉,中间距离为1米。

(5)在平地的中心选取1点作为圆心,用铁钉和粗线画出一个半径为1米的圆圈。

(6)用指南针在圆圈上分别测定东南西北4个点,并标出。

(7)用铁锹在4个点上分别挖出4个口径为30厘米×30厘米,深度为50厘米的坑。

(8)将4根2米长的木料或竹料埋入坑中,木料或竹料埋入地下50厘米,露出地面1.5米,并与地平面垂直。

(9)用粗铁丝做成1个直径为2米的圆圈,水平地固定在4根竖柱的顶端,并在圆圈与4根柱子的固定处系2条交叉的细铁丝。

(10)用粗铁丝做2个直径为2米的半圆,半圆的2只脚分别固定在东西和南北对称的竖柱上,半圆的顶部交叉,用细铁丝捆绑固定。

(11)用粗铁丝做2个直径分别为1.84米、1.2米的圆圈,分别水平地固定在半圆上。

(12)检查整个测云网的牢固度和各结合部的牢固度。

(13)把立柱和铁丝网涂上油漆,颜色以棕色或绿色为好。

五、说明

(1)观测员站在测云网里面的中心点,头部位于最下面有个圆环的中心,即细铁丝的交叉点下面,他就可以看见天空被测云网上的圆弧分为10等份。

(2)该网是为身高为1.35米的少年设计的,但现在的学生个子普遍偏高,因此,在制作测云网前,首先对观测员的身高进行调查,根据调查结果确定测云网的高度。

(3)建议:测云网也可请专业的师傅来制作,材料可以采用低碳的圆钢,但必须先确定好测云网的高度,并画好设计图。

六、温馨提示

本制作活动涉及到钢丝钳、铁锹等工具的使用,并有多人参与,因此,在使用的过程中要注意安全。

七、分析与结论

八、科学博士

同类问题:云高仪、能见度仪的发明与制作。

拓展链接:可用来制作测云网的材料有哪些?

延伸思考:有关云量观测的其他方法。

实践3　风玫瑰图制作

邱良川

（岱山县秀山小学）

一、概说

风玫瑰图是根据某一地区在某一时段内各风向出现的频率或各风向的平均风速的统计图。风玫瑰图可以分为两种，表示各风向出现的频率的称为风向玫瑰图，也叫风向频率玫瑰图，表示各风向平均风速的称为风速玫瑰图。由于图的形状很像玫瑰花，而且是专门表示风的，所以称为风玫瑰图。也有些把风向和风速画在同一张图上，合称为风向风速频率玫瑰图。图1为戈壁和绿洲的风向风速玫瑰图。

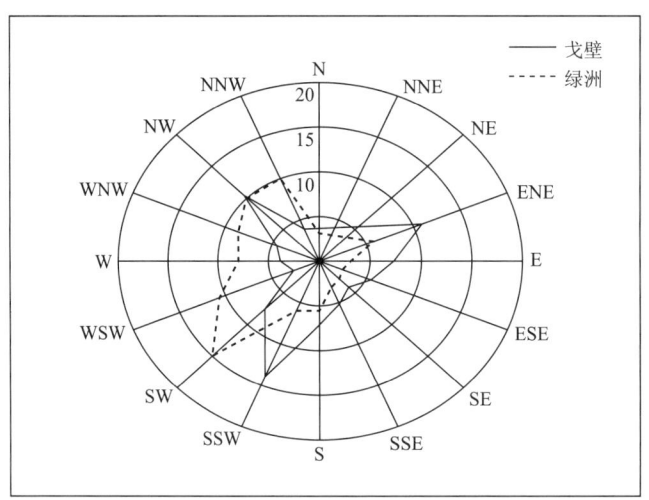

图1　戈壁和绿洲和风向风速玫瑰图

最常见的风玫瑰图是一个圆形图，在图中心的圆点上引出16条放射线，分别代表16个不同的方向，每条射线的长度与这个方向的风的频度成正比。玫瑰图上所表示风的吹向（即风的来向），是指风从外面吹向地区中心的方向。风玫瑰图上还可以同时指示出了各风向的风速范围，静风的频度放在中间。

风玫瑰图是消防监督部门根据国家有关消防技术规范在开展建审工作时必不可少的工具，一般由当地气象部门绘制提供。风玫瑰图在城市建设规划中也有重大作用，因为地区局部风（如城市风、海陆风、山谷风）也会对城市规划布局产生一定的影响。

二、目的与意义

一个地区常年风向与风速,关系到这一地区人们的生活和生产。它的作用主要有以下几个方面:①人们在建造房屋的时候,总希望房子的朝向能够在冬天时背着风,在夏天时能够迎面受风。②城市规划部门在规划设计和建设审批时,风玫瑰图也是他们规划审批工作中不容忽视的工具,因为城市规划要充分考虑地方小气候的变化,在建设设计中也要善于利用地形、地势的因素来综合考虑建筑的布局。工业布局时也要考虑风向和风速对工程位置即周边环境的影响。③风玫瑰图也是消防监督部门根据国家有关消防技术规范在开展建审工作时必不可少的工具。根据风玫瑰图正确地确定大型易燃、可燃气体和液体贮罐、易燃、可燃材料堆场、大型可燃物品仓库以及散发可燃气体、液体蒸汽的生产厂房或物品库房及生活区的位置;避开城市居民生活区及重要的工矿企业,防止遗留先天性的重大火险隐患,并与相邻单位保持足够的防火间距。④风玫瑰图也是校园气象站统计当地气候与天气现象的重要工具。

三、工具与材料

- 若干台安装有 Office 的计算机
- 至少一个月当地风向与风速的气象观测记录

四、内容与步骤

风玫瑰图也可以用手工制作,这样比较烦琐;也有专门的软件可以生在风玫瑰图,但这种软件不好找,也不方便。本活动中采用微软公司发布的 Office 软件中的 Excel 来制作,方法比较简便,也适合学生学习。具体过程如下。

(1)打开 Excel 应用软件,在第一行输入 16 个风向,第二行输入一个月中(或一段时间内)各种风向出现的次数(频率),如表 1 所示。

表 1　各风向出现次数记录表

	N	NNE	NE	ENE	E	ESE	SE	SSE	S	SSW	SW	WSW	W	WNW	NW	NNW
2008 年	123	58	80	54	157	119	82	70	53	16	26	22	81	62	39	48

(2)输入完成后,就可以制作统计图表了。先用鼠标选中第一、二行中所有数据,然后点击"工具"栏的"图表向导",出现如图 2 所示的窗口。点击窗口中的"标准类型",选择"图表类型"中的"雷达图","子图表类型"中可以根据要求和喜好随便选择,本例子中选择第 3 种。然后点击"下一步"到底,直至"完成"。

图2 操作步骤示意图

(3)制作完成后的效果如图3所示。这样一朵风向"玫瑰花"就完成了。

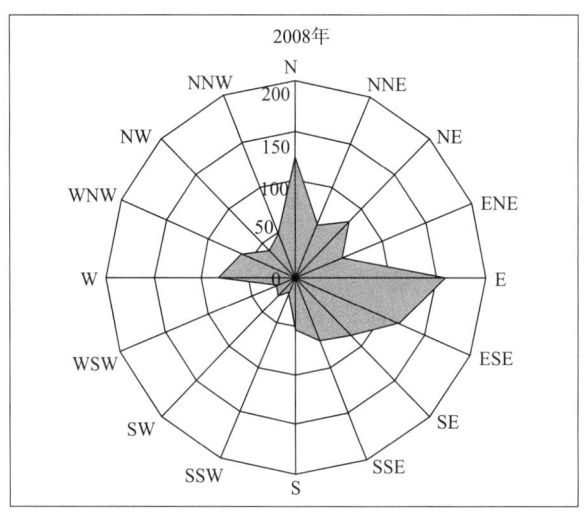

图3 制作好的风向风速玫瑰图

五、说明

(1)从此图中可以看出,本地一年中风向频率最高的是东风(E),其次是东南偏东(ESE)和北风(N),西南方向的风很少。如果按月或者季节来分,更可以清楚地看出,不同的季节同一地方的风向也不相同。

（2）当能够熟练地操作 Excel 后，可以制作出不同类型、不同形状的"玫瑰花"来。

六、分析与结论

七、科学博士

同类问题：用手工绘制风玫瑰花图。

拓展链接：用 Excel 绘制其他气象观测要素统计图。

延伸思考：风玫瑰图的认读和使用。

实践 4 天气符号制作

丁南琴 胡珠波

（宁波市鄞州区高桥镇中心小学）

一、概说

气象上使用的天气符号有多个种类。

一种是气象观测用的天气符号，《地面气象观测规范》中规定了 5 类 34 种符号，是专门供气象观测员用来记录天气现象的，这种天气符号使用的人群极少，而且常见的人也不多。

一种是用来警示灾害性天气的气象灾害预警信号，这种天气符号虽然使用的频率并不高，但常见的人却比较多。

一种是天气预报中使用的天气符号，这种天气符号使用的人群虽然不多，但使用的频率极高，每天多次，常见的人群也极多，几乎所有电视观众都能够常见。

2008 年由中国气象局预测减灾司起草，中国气象局政策法规司归口，形成国家标准《公共气象服务 天气图形符号》(GB/T 22164—2008)，由中华人民共和国国家质量监督检验检疫总局、中国国家标准化管理委员会于 2008 年 7 月 2 日发布，并于 2008 年 11 月 1 日起实施。《公共气象服务 天气图形符号》规定了 37 种天气符号，每种符号均由名称、说明、图标等 3 方面内容构成，适用于公共气象信息传播，也适用于各类出版物。

二、目的与意义

天气符号是用来表示天气状况的，通过天气符号的制作，可加深学生对天气符号的名称、定义、图标和使用方法的理解与记忆，便于学生对天气预报的迅速领会与接受。同时通过制作，可以训练学生的思维和动手能力，激发学生学习气象科学知识的兴趣。

三、工具与材料

- 剪刀每人 1 把
- 彩纸每人 10 张
- 彩色水笔每人 1 套
- 18 色蜡笔每人 1 盒
- 勾线笔每人 1 支
- 水彩颜料每人 1 盒

- 胶水每人 1 瓶
- 有关天气预报的视频 1 段
- 《公共气象服务　天气图形符号》(GB/T 22164—2008)每人 1 本
- 全国暗射地图每人 1 份
- HB 中华铅笔每人 1 支

四、内容与步骤

1. 识图与分类

(1)细读《公共气象服务　天气图形符号》,深刻领会和熟练记忆每一个天气符号的名称、定义(说明)、表现方式(图标)和使用方法。

(2)对照天气预报视频,在暗射地图上迅速标上天气符号。

2. 设计构图

(1)根据《公共气象服务　天气图形符号》的第三部分"使用方法"中的规定,在公共气象信息传播以及各类出版物中推荐使用色彩符号,可根据环境对符号进行色调调整,可以根据本标准规定的天气符号图形框架做动画等技术处理,可以对图形符号进行等比例缩放。因此,我们可以对天气符号进行外观构思设计。

(2)运用色彩对天气符号的色调进行构思设计。

3. 制作、展出、评比

(1)运用剪、贴等技术制作设计好的天气符号。
(2)组织一次作品展示。
(3)进行一次优秀作品评比。

五、说明

可运用网络搜索,截取参考图片。

六、温馨提示

在制作过程中,注意剪刀等工具的安全使用。

七、分析与结论

八、科学博士

同类问题:对气象灾害预警信号进行类似制作。

拓展链接:试做天气日历。

延伸思考:天气符号的使用与推广的现实意义。

实践5 新型风向风速仪制作

邱良川

(岱山县秀山小学)

一、概说

    风向风速仪是气象上用来测量风的仪器,一般由测量风向装置和测量风速装置两部分组成。这种仪器由来已久,应用比较广泛,发展较快,分类与品种也很繁多。对于风,人们从感觉上很容易知道风的大小和方向,但这只是一个感性的认识,是相当粗糙的。随着人类对风不断深入的认识和科学技术的不断发展,人们对风的研究也不断地跃上新台阶,于是便不断催生出新的测量风向风速仪器。

    早在东汉时期,我国著名的科学家张衡,就发明了世界上第一个指示风向的风信器——相风铜乌,又叫作候风仪。同样的测风仪器在欧洲直到12世纪才出现,比张衡要晚1 000多年。风信器就是用来指示风向的仪器,这种仪器制作起来比较容易,但要制作测量风速的仪器就不是一件容易的事。能测风速的"风速计"直到17世纪才出现,它的发明者是英国科学家罗伯特·胡克。他的这项发明真是绝妙!原来,它的关键是一块很轻的木板,这块木板可以自由摆动,当风吹来时,这块木板就在一个分度标尺上移动,这样就记录下了风的速度。胡克的这项发明大约在17世纪末期。到了18世纪,风速计又有了许多新的设计。以后,风速计虽然有了很大的改进,但是其基本原理却是相同的。现在,在气象台的观测场上,10多米高的测风仪总是"高高在上",它既能测风向,又能测风速,日日夜夜为我们提供着最新的风向风速资料。

    如果我们懂得了风向风速仪的工作原理,并根据它的原理,也可以制作出新型的风向风速仪。

二、目的与意义

    在通晓风向风速仪的工作原理的基础上,设计与制作新型风向风速仪,其目的是:①通过科学原理的应用,激发学生的科学兴趣,训练学生的科学思维;②通过制作,培养学生的审美和动手能力。

三、工具与材料

- 方座铁架台1个
- 25厘米×40厘米的三合板(或白铁皮)1块

- 30 厘米×15 厘米×1 厘米木板 1 块
- U 形玻璃管 1 根(可用学校实验室中的 U 形水压强计代用)
- 塑料小漏斗 1 个(可用实验室的玻璃漏斗代替)
- 橡胶管一段(20 厘米左右)
- 灯钩 2 个
- 铅笔 1 支
- 美工刀 1 把
- 电瓶车轴承 1 个
- 指南针 1 个
- 细铁丝、螺钉、螺母若干
- 木砂纸若干
- 油漆若干
- 直尺 1 把
- 风力等级表 1 份
- 风力等级与风速换算表 1 份

四、内容与步骤

(1)用铁架台作为简易风向风速指示器的底座,在底座上标出"东、南、西、北"方位,并在立杆下端适当的高度套上一电瓶车轴承,可向修电瓶车师傅询问换下的旧材料,使风向标不至于下滑。

(2)先用直尺在三合板上画一个底长 25 厘米、高 40 厘米的等腰三角形,然后用美工刀按画的线分割三合板。并把三角形木板顶角制成箭头形状,然后把三角形木板用螺钉和螺母固定在长方形固定板上,如果用胶水粘合效果更好。做好后,用木砂纸把整块板磨光滑,再刷上油漆,既可以使其美观,更可以防止雨淋使三合板寿命缩短。

(3)在长方形木板背面中间上下处各拧进一枚灯钩(灯钩尖伸出部分可用钳子夹断),让灯钩穿进铁架台的立杆中,下面的灯钩就支撑在铁棒上的轴承圈上。并用细铁丝把 U 形管固定在长方形木板上,用胶管把漏斗与 U 形管相连,并把漏斗固定在木板上。最后在 U 形管里注入适量的红水,再根据实验将刻度标在木板上(见图 1)。

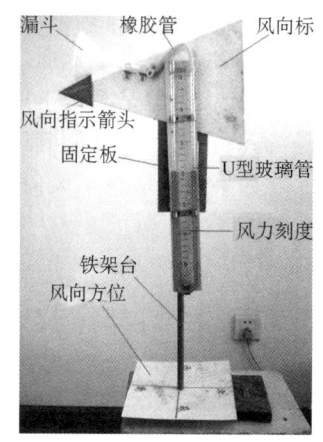

图 1 制作好的新型风向风速仪示意图

五、说明

(1)用指南针测定方位,使新型风向风速仪的底座所标方位与实际方位一致。

(2)在风向标的作用下,漏斗口正对着风的方向,当有风吹向漏斗口时,U 形管左右两支管中的水面高度就会发生变化,风速与 U 形管左右两管的水面高度差大致成正比例的关系。此时方向标所指的方向就是风向。

(3)如果风向标转动不灵活,可以成用一段 30 厘米长的 4 分自来水管,一端焊上铁片堵住,把它固定在固定板上,再把铁架台的立柱套在水管上,效果会更好一些。

(4)此方法只是液压式风向风速仪的最基本的工作原理,还不能测出风速或风力的实际数值,如果要在实际操做中应用,还需要做进一步的研究与改进。

(5)新型风向风速仪是通过查看空气的流动对水面产生压力的大小,来测量风速的大小。

六、温馨提示

使用刀片等工具时要注意安全,小心操作,以防划伤。

七、分析与结论

八、科学博士

同类问题:应用类似的科学原理制作其他气象仪器。

拓展链接:风速大小与人们生活与生产的关系。

延伸思考:量化测风的作用与意义。

实践6 绘制气温变化折线统计图

施国良 俞国新

（德清县洛舍中心学校）

一、概说

以折线的上升或下降来表示统计量的增减变化的统计图,叫作折线统计图,它不仅可以表示统计量的多少,而且可以反映统计量在不同时间里的发展变化情况。

只要掌握了一定的技巧,熟练运用"坐标法",就可以很快地确定折线图中某个具体的数据。折线统计图在显示数据变化情况方面是十分优秀的,因此,它在人们的日常生活中运用非常普遍,尤其是气温变化方面的统计。

折线统计图分为单式和复式两种,单式折线统计图只表示一组数据的变化情况,复式折线统计图同时表示两组或多组数据的变化情况。

通过对折线统计图的认识,我们也来为校园气象站制作一幅全年气温变化图。

二、目的和意义

通过对折线统计图的学习与制作,使学生掌握绘制折线统计图的方法,能准确熟练地根据给出的数据在方格纸上制作出折线统计图。同时让学生经历搜集、整理、描述、分析数据的全过程,在学习和制作过程中,让学生体会制作折线统计图应该正确、合理、简明和美观,从而进一步培养学生认真严谨的治学态度和良好的学习习惯。

三、工具与材料

- 方格纸若干张
- 彩色笔若干支
- 30厘米直尺若干把

四、内容与步骤

(1)读图、识图,了解折线统计图,以图1和图2为例。
(2)对校园气象站2006年的气温进行统计,并填入如表1所示的表格中。

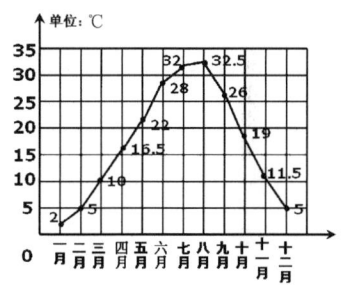

图 1　某地 2009 年的月平均气温变化
情况统计图

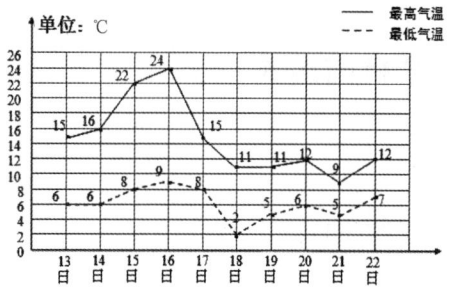

图 2　某地 2007 年 3 月 13 日—22 日每天最高气温和
最低气温变化情况统计图

表 1　本校校园气象站 2006 年气温统计表　　　　　　　　单位：℃

时间	1 月	2 月	3 月	4 月	5 月	6 月	7 月	8 月	9 月	10 月	11 月	12 月
最高气温												
最低气温												

（3）绘制空白坐标图（如图 3 所示）。

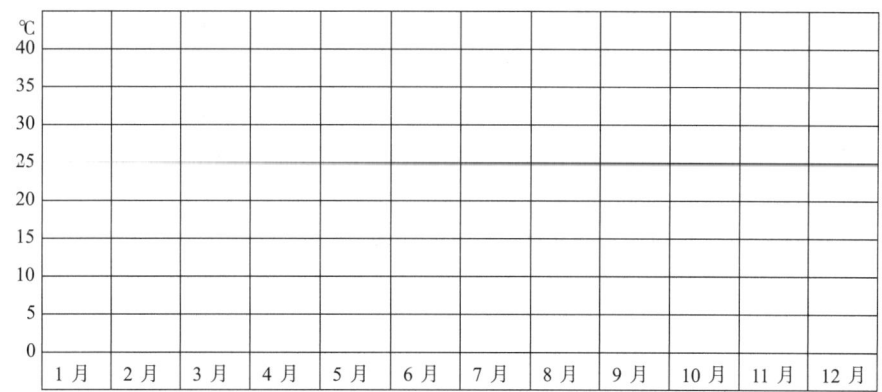

图 3　空白坐标图

（4）根据统计表中的数据，依次在上图中描点，用实心点代表最高气温，空心点代表最低气温。

（5）分别将图中描出的实心点和空心点依月份顺序进行连接，即完成本站气温折线统计图的制作。

五、说明

"绘制气温折线统计图"是一项细致的科学探究活动，需要客观、细致地记录相关数据。制作折线统计图时应正确、合理、简明和美观。

六、分析与结论

七、科学博士

同类问题：其他类别统计图的制作。

拓展链接：运用高新技术手段来制作统计图表。

延伸思考：统计图表的多功能设计与使用。

邱良川[1]　申海明[2]

（1. 岱山县秀山小学；2. 嘉兴市实验小学）

一、概说

雨量器是用来测量降水量的仪器。从云中降落到地面上的液态或固态降水，在无渗透、无蒸发、无流失情况下，通过专用的器皿进行收集，测量出其所积聚的水层深度，我们称为降水量。降水量的单位是毫米。1 毫米的雨量，表示在没有蒸发、流失、渗透的平面上，积累了 1 毫米深的水。如果按 1 000 米² 地的面积计算，就等于往 1 000 米² 地里倒了 1 米³ 的水，也就是等于往 1 000 米² 地里倒了 1 000 千克水。

在气象上，常常通过测量某一段时间内降水量的多少来划分降水强度和等级。据我国气象部门规定的降水量标准，降雨量可分为小雨、中雨、大雨、暴雨、大暴雨和特大暴雨 6 个等级。由于我国幅员辽阔，少数地区根据本省具体情况另有规定。例如，多雨的广东日雨量 80 毫米以上称暴雨；少雨的陕西延安地区，日雨量达到 30 毫米以上就称为暴雨。

雨量器是用于测量一段时间内累计降水量的仪器。专业的雨量器有很多种，有人工的瓶储式，有虹吸的自记式，也有自动的翻斗式等。最基本的一种如图 1 所示：外壳是金属圆筒，分上下两节，上节是一个盛水漏斗，为防止雨水溅失、保持器口面积和形状，筒口用坚硬铜质做成内直外斜的刀刃状，下节筒内放一个储水瓶用来收集雨水。测量时，将雨水倒入特制的量筒内读取降水量毫米数。雪或者冰雹等固体物降落时，则将储水瓶取出，换上不带漏斗的筒口，雪花和冰雹可直接收集在雨量筒内，待雪或冰雹融化后再读数，或者用人工的方法将固体降水物融化后再进行测量，也可以称出雪的重量，然后把重量换算成体积，再根据筒口面积换算成毫米数。

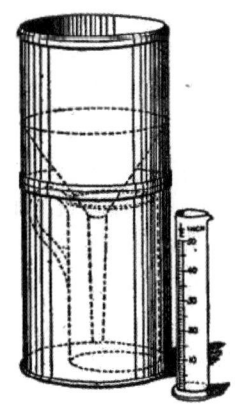

图 1　雨量器

二、目的与意义

降水量的测量是气象观测的重要项目，也是农业、水利等部门的重要观测项目。然而，降水量的测量看似简单，其实其中大有学问，因此，要做好降水量的测量工作，准确地获取测量数据，必须首先弄懂测量的原理和方法。制作雨量器就必须在懂得原理的前提下，才可以动手。同时在制作的过程中掌握降雨量的定义和测量方法，学会根据需要和材料的特点设计简单工具，并进行测试改进。

三、材料和工具

本活动向大家介绍两种雨量器的制作方法,老师可以根据学生的学业程度或喜好选择两种或其中一种进行制作。

1. 直测式雨量器制作的工具与材料

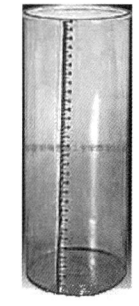

* 1个尽可能大的平底塑料瓶,可用食用油瓶等,最好用现成的透明盛液筒(如图2所示)
* 剪刀1把
* 尺子1把
* 透明胶带1卷
* 短钢筋等(防吹倒固定用)若干根

2. 量筒式雨量器制作的工具与材料

* 口径稍大的塑料漏斗1只
* 直径略小于漏斗的塑料瓶子1只
* 直筒型塑料量筒1个
* 透明胶带1卷

图2　平底塑料瓶

四、内容与步骤

1. 直测式雨量器制作的方法与过程

(1)剪去瓶子上部锥形部分,剪之前最好先画好线,尽量一次性剪平直。

(2)把剪下来的锥形部分倒扣在瓶子中,形成一个漏斗。用胶带将漏斗与瓶身固定好,使其牢固,盛水器口应保持水平、光滑。

(3)用较韧性的纸画上刻度,最小每格1毫米,然后用透明胶带将刻度尺整个地固定在瓶身上,以防水湿。也可以利用小刀等尖锐工具在瓶身上直接刻上刻度,为明显再涂上颜色。

(4)如果找不到平底的塑料瓶,也可以使用底部不平的瓶子,但在使用的时候先在底部加些水,水面高于底部凸起的部分,直至底面水平,贴刻度纸的时候,"0"刻度线的位置要与水平面对齐。

2. 量筒式雨量器制作的方法与过程

(1)雨水收集器的制作。如图3所示,把塑料漏斗平整地放在瓶子上,保证风吹雨打时不会晃动或掉地。

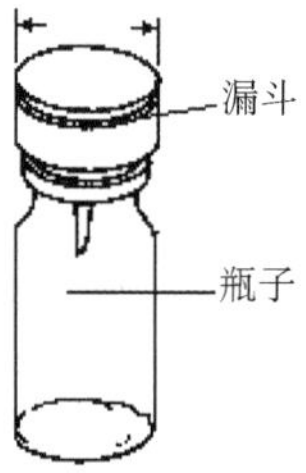

(2)专用量筒的制作。

①测量出雨水收集器漏斗的直径。

漏斗

瓶子

图3　雨水收集器

②测量出塑料量筒的直径。

③根据以下公式计算出雨水收集器收集到的雨量在量筒中对应的高度。

圆柱体体积＝π×半径×半径×高

例如，你的漏斗直径为 150 毫米，量筒的直径是 50 毫米，先算出 1 毫米的降水倒入量筒后的高度是多少，计算的步骤是：

1 毫米雨量的体积＝3.1 416×75 毫米（漏斗半径）×75 毫米×1 毫米（降水高度）

$\qquad\qquad\qquad$ ＝17 651.5 毫米^3

50 毫米直径的量筒底面积＝3.14×25 毫米（量筒半径）×25 毫米

$\qquad\qquad\qquad$ ＝1 962.5 毫米^2

1 毫米雨量倒入量筒的高度＝17 651.5 毫米^3÷1 962.5 毫米^2＝9 毫米

也就是说，漏斗中接到的 1 毫米雨量倒入量筒中的高度应该是 9 毫米。

④计算好以后，在纸上画好一张每隔 9 毫米为一单位的刻度表，并把每一单位再分成 5 或者 10 等份，需要画多少个单位视量筒的高度，如量筒高度有 20 厘米，可以画 20 个单位（9 毫米×20），并依次标好 0，1，2，3，…，20（单位：毫米）。将画好的刻度贴到量筒上，如图 4 所示。

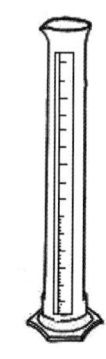

图 4　量筒

五、说明

(1)直测式雨量器制作比较简单，但实际测量时误差比较大，雨量越小，测量的精度越差，当雨量小于 1 毫米时，几乎无法读数。为了提高测量的精确度，就需要把降水量的读数进行"放大"。第二种方法更适合于平常实际测量时使用。

(2)使用量筒式雨量器测量降水量时，把从漏斗中收集到瓶子里的水倒入自制刻度的量筒中，如果一次倒不完，可以分多次进行，然后把几次数字相加，结果就是这一阶段的降水量。用这种方法测量的降水量可以精确到 0.1 毫米。

(3)当全部制作完成后，就把雨量器放置在四周没有阻挡的空地上，为防止被风吹倒或者被人和小动物碰倒，可以在地上瓶子的周围插入几根短钢筋，把瓶子固定住。

六、温馨提示

制作时需要用剪刀等工具时，应该注意安全。尽可能把雨量筒制作得牢固美观，画刻度线时要细心、认真，尽量做到刻度均匀、线条平直。

七、分析与结论

制作篇

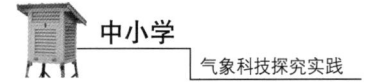
八、科学博士

同类问题:风向标或其他气象观测仪器的制作。

拓展链接:制作过程中的物理原理和数学公式运用。

延伸思考:气象站所使用的各种降水测量仪器的基本原理。

实践 8　制作快速预报天气的"晴雨花"

赵贤产[1]　金关琦[2]

（1. 义乌市气象局；2. 义乌市廿三里第二小学）

一、概说

天气信息与人们的关系日益密切,在现代科学技术高度发达的今天,要了解天气变化信息相当方便,通过电视、广播、电话、手机、报纸等媒体渠道都可以轻松获得,而且气象台的天气预报每日发布多次,特别是有突发性天气发生时会及时发布,密度也比较高,天气变化的动态信息基本都在人们的掌控之中。

除了上述渠道之外,我们也可以通过制作"晴雨花"来简单了解未来的天气情况。"晴雨花"是一种用纸制作的花,它会随着天气变化而自动变色。天气晴朗时,它呈蓝色;将要下雨时,它就变成紫色;到了下雨时,它就变成粉红色了。也就是说,在不知道当时天气预报的情况下,看一下"晴雨花"的色彩,就能大致知道未来天气将是晴、是阴、还是雨。

"晴雨花"为什么会变颜色呢？这是一个有趣的化学现象。学过化学的同学都知道二氯化钴这种物质有一个非常特别的性质,就是对水特别敏感。在常温下,干燥无水的二氯化钴是蓝色的,但它特别容易吸收空气中的水分,一旦吸收了水分,它的颜色就会改变。天气晴朗时,空气中的水分极少,二氯化钴基本上无水可吸,呈蓝色;在下雨前,空气湿度渐高,水分增多,吸收了部分水分的二氯化钴渐呈紫色;当下雨时,空气中水分急剧增加,吸收了大量水分的二氯化钴则呈现出粉红色。这个反应的化学平衡式是：

$$CoCl_2 \cdot 6H_2O \underset{\text{潮湿}}{\overset{\text{干燥}}{\rightleftharpoons}} CoCl_2 + 6H_2O$$
$$\text{（粉红色）} \qquad\qquad \text{（蓝色）}$$

制作"晴雨花"所用的纸,就是用二氯化钴溶液浸泡过的,所以根据"晴雨花"的颜色变化,就可以知道当天的天气了。

二、目的与意义

"晴雨花"虽然在一定程度上能指示天气是晴还是阴、雨,但大多数人并不知道它能提前多长时间预报,以及气压、湿度为多少时才能会有正确预示。通过该活动,既能让学生学习"晴雨花"的制作方法,增加学习情趣,同时可对"晴雨花"变颜色的规律做出定量化的总结,激发学生学科学、爱科学的浓厚兴趣,并能提高学生的分析总结和科学探究能力。

三、工具与材料

- 白色滤纸若干张
- 烧杯 1 只
- 玻璃棒 1 条
- 酒精灯 1 盏
- 钟表 1 只
- 空盒气压表 1 个
- 毛发湿度表 1 个
- 二氯化钴晶体若干
- 细铁丝若干
- 剪刀 1 把
- 尖嘴钳 1 把
- 1 毫米×1 毫米方格坐标纸若干张

四、内容与步骤

1."晴雨花"制作

(1)把 200 克二氯化钴晶体溶解在 130 克蒸馏水中,配成近似饱和的溶液。

(2)把白色滤纸浸在配制好的溶液中,均匀浸透后,取出、晾干。反复多次,使白色滤纸变为粉红色。

(3)把浸好晾干的纸剪成花瓣,用细铁丝扎成一朵美丽的花。

(4)把扎好的花放在酒精灯上微微烘烤,直到粉红色的花全部变成蓝色为止。

2."晴雨花"预报探究

(1)收听、收看或上网查询当地气象台发布的实时天气预报,按预报晴天、阴天、降雨分类别做好相关观测记录准备。

(2)按表 1 做记录。

表 1 "晴雨花"预报时间记录表 _____年____月____日

	蓝色	气压	湿度	紫色	气压	湿度	粉红色	气压	湿度
第一次记录时间	时 分			时 分			时 分		
降雨时间	时 分			时 分			时 分		
两者时间之差		—	—		—	—		—	—
第二次记录时间	时 分			时 分			时 分		
降雨时间	时 分			时 分			时 分		
两者时间之差		—	—		—	—		—	—

	蓝色	气压	湿度	紫色	气压	湿度	粉红色	气压	湿度
第三次记录时间	时　分			时　分			时　分		
降雨时间	时　分			时　分			时　分		
两者时间之差	—	—		—	—		—	—	
三次差值合计	—	—		—	—		—	—	
三次差值平均		—			—			—	
最长（大）		—			—			—	
最短（小）		—			—			—	

五、说明

（1）把"晴雨花"挂在与室外空气接触、不封闭的墙上，根据花的颜色的变化，可以知道环境空气的湿度。而天气的晴阴往往和湿度有关系，所以可以用它来预报天气。

（2）当空气湿度较大时，花的蓝色渐渐消失，出现粉红色，说明即将下雨，如红色较深，预示有大雨来临。当花由红色变蓝色时，说明空气干燥，湿度较小，是晴天的预兆。

（3）分析。

分析方法之一：所计算的时间之差平均值，可以作为预报的提前时间（即预报时效）。

分析方法之二：画点聚图，按气压和湿度分别作横、竖坐标，在方格坐标纸上的交叉点处标上间隔时间数，图上较为集中的区域，其间隔时间数作平均值，就是可以作为当时温度和湿度条件下的预报时间（即预报时效）。

六、温馨提示

二氯化钴为有毒物质，吞食有害，吸入及皮肤接触可能致敏，吸入甚至可能致癌。应严格按《化学实验室操作规范》和《化学实验室安全操作规程》操作。

七、分析与结论

八、科学博士

同类问题：能够快速预知天气变化的其他方法。

拓展链接：预知天气变化的气象要素探究。

延伸思考：天气预报在学生生活中的应用。

制作篇

实践9 自制简易气压表

沈 钊[1] 程晓骁[2]

（1. 绍兴市上虞区竺可桢中学；2. 浦江县虞宅中心小学）

一、概说

在同一高度、不同区域的大气压不一定相同，甚至在同一地点，大气压也不是固定不变的。我们把相同高度上气压较高的区域叫做高压区，气压较低的区域叫做低压区。由于大气压的不同，促使大气流动，高压区的空气会下沉，流向低压区，低压区的空气受到挤压会上升（图1），于是各处的大气压就产生了升降变化。

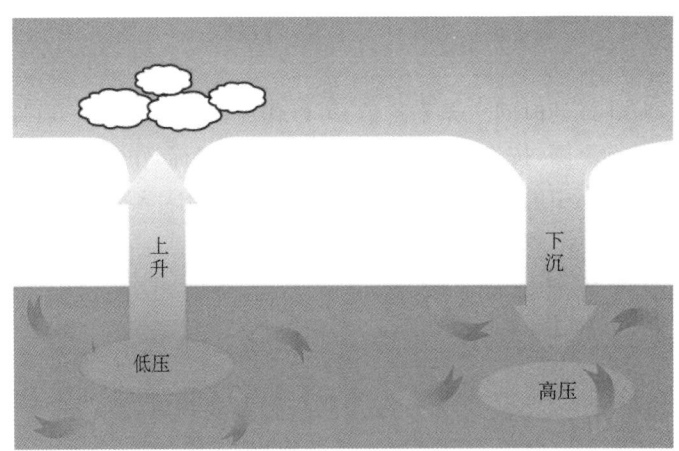

图1 高压区和低压区大气运动示意图

气压变化与天气密切相关，高压区下沉的空气比较干燥，所以天气也晴朗；低压区的空气湿度较大，所以天空多云，常形成阴雨天气。因此，气压便成了气象观测的重要项目，气象台每天都要测量当地气压的大小。

在采用人工观测的气象台站，测量大气压的仪器有水银气压表和空盒气压表。水银气压表采用托里拆利实验的原理，即不同大气压强支持的水银柱的高度也不同，根据 $P=\rho$（水银密度）hg，计算出的压强就等于大气压强，通过水银面对准的刻度，就可以知道气压的大小了。空盒气压表由扁平的金属膜片空盒构成，盒内的气压较低，利用弹性应力与大气压相平衡的原理，以它形变的位移来测定气压。

在校园气象科技活动中，了解一天的气压变化也是一项重要的工作，但一个校园气象站不可能有很多的气压表，我们不妨利用大气压的原理，自己制作一种的简易气压表。

二、目的与意义

气压表的制作涉及很多科学原理,通过本制作活动,可以让学生得到如下收获:①了解大气压的形成原因和形成条件;②了解大气压变化的原理与规律;③培养动手能力和审美能力;④激发对气象科技探究的兴趣。

三、工具与材料

- 硬质玻璃瓶 1 个
- 单孔橡胶塞 1 个(能够将玻璃瓶口密封)
- 粗细均匀的直玻璃管 1 根
- 红墨水 1 瓶
- 色拉油少许
- 注射器 1 只
- 电脑 1 台
- 记录用的纸和笔若干

四、内容与步骤

1. 制作方法

(1)如图 2 所示,在玻璃瓶中装入清水(不要装满,留下一部分空气),滴入适量红墨水染色。

(2)将玻璃管插入单孔橡皮塞中。

(3)用单孔橡皮塞塞住玻璃瓶口,使玻璃管的一端浸没在玻璃瓶内的液面以下。此时玻璃瓶内的液体会有一部分进入玻璃管内形成液柱。

(4)用注射器调整玻璃管内液柱的高度,使玻璃管里液面停留在玻璃管橡皮塞以上 1/3 到 1/2 高度。

(5)为了减少液体蒸发,用注射器吸取少量色拉油注射到玻璃管内,覆盖在玻璃管内的液面上(注:玻璃管内要留下液泡)。这样,一个简易气压表就完成了。

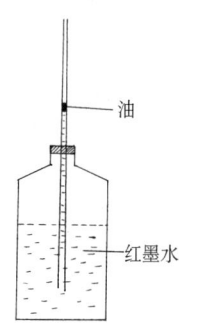

图 2　简易气压表示意图

油

红墨水

2. 测量与记录

(1)观察并记录玻璃管内水柱的高度并填入如表 1 所示的表格中。

制作篇

表 1　观测数据记录表　　　　　　　　　　　＿＿＿年＿＿月＿＿日

观测时间	08:00	10:00	12:00	14:00
水柱高度(厘米)				

注:玻璃管内水柱越高,说明大气压越小。

观察员:＿＿＿＿＿＿＿＿＿

(2)利用 Office 软件将记录的数据制成折线图,观察一天中气压的变化。

五、说明

(1)该简易气压表使用时最好能控制玻璃瓶内液体温度为恒定。

(2)以上表格样式仅供参考,可根据实际情况自行设定。

六、温馨提示

制作简易气压表的过程中,注意注射器的使用安全。

七、分析与结论

八、科学博士

同类问题:制作简易湿度表、温度表等。

拓展链接:大气压的大小受高度的影响,可以将该活动中简易气压表改装成高度表。

延伸思考:结合湿度、温度的观测预测天气的变化。

实践 10　简易毛发湿度表的制作

张少俊[1]　黎作民[2]
（1. 湖州市第四中学；2. 湖州市爱山小学教育集团）

一、概说

气象学上所说的"湿度"是指空气的干湿程度，也就是说，在一定的温度下，在一定体积的空气里含有多少水汽。空气里含有的水汽越少，则空气越干燥，湿度也就越低；空气里含有的水汽越多，则空气越潮湿，湿度也就越高。

湿度大小与天气变化有着密切的关系，一般情况下，湿度越大，阴雨天气越有可能出现；湿度越小，天气往往会变得晴朗。空气中的湿度会随时间变化，不同季节一天中湿度变化都略有不同，比如秋季中午凉爽晴朗，湿度较小，而晚上就会湿度加大。

湿度大小对人体的舒适和健康有着很大的影响，如果空气湿度过大，人就会出现无精打采和萎靡不振的状况，同时还会诱发一些疾病；但如果空气湿度过小，水分蒸发会加快，干燥的空气容易夺走人体的水分，使皮肤干燥，鼻腔黏膜和呼吸道会受到刺激，也让人感觉不舒服，极易诱发呼吸系统疾病。

综上所述，湿度观测成为气象观测中的一个重要项目。

气象观测时可以用来测量湿度的仪器有好多种，毛发湿度表就是其中一种比较普遍使用的仪器。毛发湿度表是利用动物或人的毛发经过脱脂处理后，在空气湿度变化时可以伸长和缩短的原理，再配备相应的装置构成。毛发湿度表的结构比较简单，我们不妨也模仿制作一种简易的毛发湿度表。

二、目的和意义

人的头发有一种特性，它吸收空气中水汽的多少是随相对湿度的增大而增加的，而毛发的长短又和它所含有的水分多少有关，利用这一变化即可制造毛发湿度表。通过本次活动，可以达到如下目的：①增强学生对空气湿度的认识；②让学生学会自己制作毛发湿度表来测量湿度，并认识它的原理；③提高学生综合实践能力，激发热爱科学的兴趣；④使学生了解和掌握有关湿度的常识，进一步关注自己身边的湿度变化，改进自己的生活方式，使得自己能够健康成长。

三、工具与材料

- 长头发若干根

- 硬纸板或薄木板 1 块
- 小竹片 1 块
- 大头针 1 根
- 肥皂水若干
- 剪刀 1 把
- 小锤 1 把
- 铅笔 1 支
- 绘图工具 1 套
- 湿度表 1 个

四、内容与步骤

(1)选几根大约 120 毫米长的头发,放在煮沸的肥皂水中浸泡 2～3 小时,制作脱脂头发,经过清水漂洗后晾干备用。

(2)用硬纸板或薄木板裁下一块 170 毫米×120 毫米的长方形,在长方形的右侧画一个弧形标尺,如图 1 所示。

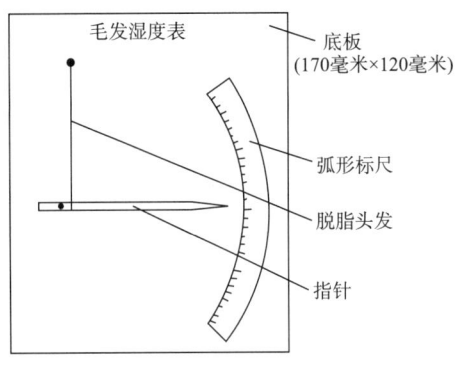

图 1　简易毛发湿度表示意图

(3)用小竹片剪一个指针,形状及尺寸如图 2 所示,在 A 点处剪一个开口向下的小三角口,在 C 点处打一个小孔。

(4)用大头针通过指针上的小孔,把指针装在底板上,选一根平直的脱脂头发,把它的一端系在指针的缺口处,另一端固定的底板上,如图 1 所示。

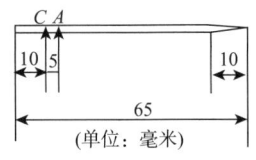

图 2　指针形状示意图

(5)组装调试。

使用湿度表测量当时的空气湿度,如空气湿度较大,应使指针指向标尺的下端,如湿度不大,应使指针指向标尺的上端。一般情况下,当指针上移,说明头发中纤维组织收缩,空气中的水汽减少;指针下移,说明空气中水汽增多。

五、说明

（1）制作毛发湿度表之前，可以先查阅有关湿度的基本资料，增加对湿度的认识。

（2）搜集到的资料可在组内交流，为后续的制作积累经验。

（3）在调试过程中，可以先调试大头针和底板之间的灵敏度，再通过对毛发湿度表的毛发部位哈气的方法，观察指针的变化情况。

六、温馨提示

在制作过程中，需要用到剪刀、大头针等工具，活动前教师务必对学生进行比较周到的安全教育。活动中，教师应提醒学生胆大、心细，由于毛发较细，易断，请加强实验过程中的指导。

七、分析与结论

八、科学博士

同类问题：简易温度表、雨量器等的制作。

拓展链接：湿度对人们舒适度和健康的影响。

延伸思考：湿度和温度、气压等气象要素的关系。

实践11　绘制台风移动路径图

邱良川

（岱山县秀山小学）

一、概说

"台风"是气象学上的一个专有名词，它的英文名为"Typhoon"。20世纪初，国际气象组织规定：在国际日期变更线（东经180°）以西的太平洋和中国南海发生的热带气旋中，中心附近最大风速超过17.2米/秒的称为台风。根据中华人民共和国国家标准《热带气旋等级》（GB/T 19201—2006）规定，热带气旋可分为超强台风、强台风、台风、强热带风暴、热带风暴、热带低压6个等级。在我国民间，一般统称其为台风。

台风是一种发生频繁、损失严重的气象灾害。据有关部门统计，全球每年发生台风80～100次，平均每年约有1.5万～2万人死于台风灾难，造成的经济损失达60亿～70亿美元。自1990年以来我国平均每年因台风影响所造成的经济损失近260亿元人民币，自1988年以来我国因台风影响所造成人员死亡数平均每年达450多人。

由于台风灾害影响巨大，因此，人们对台风观测与研究的历史非常久远。我国古代史书和地方志中有关台风的记载很多。20世纪50年代以后，全球的气象科学家中有很多人都在围绕台风的演变规律问题进行研究，其中特别侧重对台风登陆、移动路径、强度变化等问题进行了系统而卓有成效的研究。中国科学院院士、大气科学家伍荣生先生从大尺度背景场、垂直风切变、海气相互作用以及中尺度对流系统相互作用等角度，对全球变暖与热带气旋之间的关联问题的近期研究进展做了系统阐述。

对于台风的深度研究，中小学学生虽无法涉及，但对于台风的移动路径，我们却可以做一个跟踪实验。

二、目的与意义

苏教版小学语文第六册课本中有一篇《跟踪台风的卫星》，它以科幻的形式描绘了台风来时人们用气象卫星监视、了解台风的动向，提前作好准备，极大程度地降低了台风对人类造成的危害。

福建一所中学在台风来临时，也建立了一个"跟踪台风报道"的论坛，让全校师生通过这个论坛来了解台风的情况，及时作好应对的准备。

我们也可以组织中小学生根据气象部门发布的台风信息，绘制一张"台风路径线路图"，用来及时掌握台风的动向，为当地群众抗击台风提供参考信息，提前做好相应的准备工作，减少人员的伤亡和财产的损失,起到一些参考作用。

三、工具与材料

- 能够收看或者收听台风信息的电脑、电视、收音机等工具
- "台风移动路径图"1张(如图1所示,气象部门有,可索取,最好能根据台风移动路径图用 KT 板制作一块约 80 厘米×60 厘米左右的一块图板)
- 铅笔或记号笔若干支

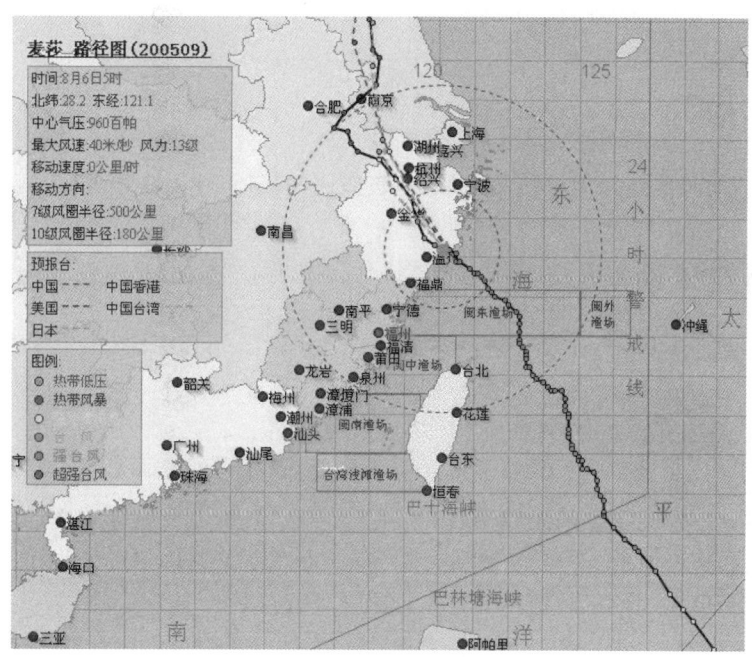

图 1　台风移动路径图

四、内容与步骤

(1)当台风在洋面上生成以后,及时收听或者收看台风信息,用笔记下台风的位置(东经和北纬的度数)。

(2)根据记录,在台风移动路径图上找到相对应的位置,用笔做出记号。一般每隔 1～2 小时记录一次,如果台风中心接近本地,可以适当缩短时间间隔。

(3)把所做的记号用直线连接起来,这样本次台风的移动路径就清晰地展示在我们的面前了。

(4)在各个点上再用笔标出时间和风速,用来判断台风行进过程中的速度与强度。

五、说明

(1)在图纸上画线的时候,一般要用铅笔,连接的直线要直。

(2)一般一张图纸画一次台风的路径,并在图纸的左上角注明这次台风的编号;但有时为了比较一年中各次台风的路径,也可以把一年中所有台风的路线画在一张图纸上。为了不至于混淆,在每个台风的起点位置注明每个台风的编号及生成时间,便于区别和比较。

(3)通过长期地跟踪台风的路线并绘制台风移动路径线路图,可以了解一些台风的动向,掌握台风运动的规律,并能积累一些资料。

六、温馨提示

在进行本活动时要选择能够抗防台风,比较坚固的场所,绝对保障师生的人身安全。

七、分析与结论

八、科学博士

同类问题:其他气象灾害的跟踪调查。

拓展链接:本地台风灾害的历史调查。

延伸思考:台风灾害的抗防措施和台风带来益处的分析。

灾害篇

实践1　沙尘暴揭秘

陈可伟　郑玲玲

（宁波市鄞州区高桥镇中心小学）

一、概说

沙尘暴是指强风将地面的尘沙扬起，使空气极度浑浊，水平能见度小于1千米的严重风沙天气现象（图1）。沙尘暴是沙暴和尘暴两者同时存在的总称，沙暴是大风把大量沙粒吹入近地层所形成的视程障碍现象，尘暴是大风把大量尘埃及其他细粒物质卷入高空所形成的视程障碍现象。

图1　沙尘暴

世界上沙尘暴多发的地区有北美、大洋洲、中亚以及中东地区。我国沙尘暴多发区主要集中在西北地区的塔里木盆地周边地区、吐鲁番—哈密盆地经河西走廊、宁夏平原至陕北一线，内蒙古阿拉善高原、河套平原及鄂尔多斯高原，以及华北地区的赤峰、张家口一带。

沙尘暴是一种灾害性比较严重的天气现象，主要表现为：风蚀土壤，破坏植被，掩埋农田；污染空气，使空气中的悬浮颗粒物超过国家标准指标的十几倍甚至100倍，危害人体健康；严重影响交通，降低能见度影响行车和飞机起降，掩埋路基，阻碍交通等；还会引起天气和气候变化。

沙尘暴的形成必须具备3个条件：一是物质基础条件，即地面上有沙尘物质；二是动力基础条件，即出现大风；三是局地热力条件，即存在不稳定的空气状态。

由于近年来生态环境不断遭到人类的破坏，助长了沙尘暴发生的条件，促使沙尘暴形成的频率和强度有所提高和增强，不断地给人类带来危害和威胁。因此，抗、防、减沙尘暴，降低沙尘暴的危害迫在眉睫。

二、目的与意义

结合中小学科学课教学中关于"环境污染及自然灾害"系列内容，通过课内系统教学让学生了解沙尘暴的形成和危害等基本常识，通过系列探究活动拓展、补充、延伸课本知识。让学生学习、训练科学探究的方法与技能，树立环境保护的思想和意识，并用自己的实际行动来保护环境。

三、工具与材料

- 可以上网的电脑若干台
- 数码照相机若干台
- 笔记本和笔若干
- 有关沙尘暴的学术著作和科普书籍
- 有关沙尘暴的报纸、杂志

四、内容与步骤

1. 了解有关沙尘暴的基础知识

(1)阅读有关沙尘暴的学术著作和科普书籍。
(2)在网络上搜寻有关沙尘暴的相关资料。
(3)搜集有关沙尘暴的图片。

2. 分析沙尘暴的成因

(1)从相关书籍和网络中摘录出有关沙尘暴成因的论述。
(2)通过汇总分析,整理出详细的成因论断。
(3)结合本地地理实况,寻找可能造成诱发沙尘暴的潜在因素。

3. 分析沙尘暴的危害

(1)从相关书籍和网络中摘录出有关沙尘暴危害的实例。
(2)搜集有关沙尘暴危害的相关图片。
(3)通过汇总分析,整理出详细的沙尘暴危害的各种方式。

4. 探究沙尘暴的防治方法

(1)从书籍和网络中搜寻沙尘暴防治的相关资料。
(2)对我国沙尘暴防治的经验进行科学评论。
(3)提出自己的沙尘暴防治观点。

5. 进行沙尘暴利用的探究

(1)寻找有关沙尘暴利用的研究与论述。
(2)搜寻各地利用沙尘暴的成功实例。
(3)探讨本地利用沙尘暴造益的可能与设想。

6. 进行沙尘暴探究活动学习成果展示

(1)将学习成果撰写成科技论文。

（2）将搜集到的有关沙尘暴成因、危害、防治、利用等图片进行分类编辑，并制作成手抄报等。

（3）举办一次有关沙尘暴的学习成果展示会。

五、说明

（1）本项探究活动中，教师不仅要让学生明白保护环境、治理沙尘暴的急迫性，更重要的是让学生在本次教学活动中，互相团结，大胆创新，积极探索，共同参与，充分体现合作学习的优越性以及信息技术手段的先进性。

（2）由于本项探究活动周期长，任务多，教师应该提醒学生将第一手的资料进行及时整理、加工，形成电子文本，在后期制作过程中，对一些资料要进行加工与提炼。在活动开始前，教师要指导学生制定一个详细的活动计划，详细说明在每个环节需要做的工作。

六、分析与结论

七、科学博士

同类问题：对雾霾、台风等灾害性天气做类似探究。

拓展链接：对地球温室效应、厄尔尼诺现象等的学习探究。

延伸思考：灾害性天气的科学利用。

实践 2　雷电灾害调查与防御探究

朱超顶

（宁波市鄞州区高桥镇中心小学）

一、概说

雷电是伴有闪电和雷鸣的一种雄伟壮观而又有点令人生畏的放电现象。雷电一般产生于对流发展旺盛的积雨云中，常伴有强烈的阵风和暴雨，有时还伴有冰雹和龙卷。1752 年 6 月的一天夜晚，天空阴云密布，电闪雷鸣，一场暴风雨就要来临了。美国科学家富兰克林和他的儿子威廉一道，带着上面装有一个金属杆的风筝来到一个空旷地带。富兰克林高举起风筝，他的儿子则拉着风筝线飞跑。由于风大，风筝很快就被放上高空。刹那，雷电交加，大雨倾盆。富兰克林和他的儿子一道拉着风筝线，此时，刚好一道闪电从风筝上空掠过，富兰克林用手靠近风筝上的铁丝，立即掠过一种恐怖的麻木感。回到家里以后，富兰克林用雷电进行了各种电学实验，证明了天上的雷电是与人工摩擦产生的电具有完全相同性质的放电现象。

雷电的能量非常巨大，放电时，瞬间电火花的高温能够达到三万多度，瞬间电流能够达到几万至几十万安培，瞬间电压能够达到一万多伏。雷电都是携着雷雨而来的，雷雨爆发的时间虽然短，但发生的场数却多得惊人。据统计，全球每天有 44 000 多场雷雨发生。也就是说，平均一小时内，地球上有 1 500～2 000 场雷雨在同时进行，每分钟平均有 30 场。而在雷雨倾泻而下的同时，全球每分钟约发生 300 次左右的雷电闪击。

由于雷电的能量巨大，常常会造成人畜伤亡、建筑物损毁，甚至引发火灾、爆炸，造成电力、通信、计算机系统的瘫痪，并危及航空安全等，给国民经济和人民财产带来巨大的损失。虽然并不是所有的雷电都会造成灾害，但近年来的雷击事件也比较频发。据中国气象局统计，我国每年有将近 1 000 人遭雷击死亡，雷击造成的直接经济损失近 10 亿元，是"联合国国际减灾十年"公布的最严重的 10 种自然灾害之一。

二、目的与意义

本活动组织学生通过多种方式的学习与调查，使学生对雷电灾害有充分的认识，了解雷电的危害与预防措施，树立较强的防雷意识。同时组织学生对全校师生和学校附近的居民进行雷电危害、如何防雷等宣传，以期减轻或避免因雷电带来的损失。

三、工具与材料

- 有关雷电的科普书籍(如《雷电灾害典型案例分析》)
- 有关雷电灾害报道的报纸或杂志
- 可以上网的电脑若干台
- 笔记本若干本
- 笔若干支

四、内容与步骤

1. 提出问题并寻找相应的答案

(1)什么是雷电?

(2)雷电是怎样产生的?

(3)雷电的威力有多大?

(4)雷电具有哪些危害?

(5)雷电危害有哪些方式?

(6)有哪些措施可以防雷?

2. 资料搜索

(1)通过科普书籍、报纸、杂志、网络,摘录不同类型的雷电灾害案例20个。

(2)摘录校园不同类型的雷电灾害案例20个。

(3)到本地气象部门摘录关于本地雷电灾害案例记录20个。

(4)本地年雷暴日调查与统计。

(5)学习《雷电灾害调查与鉴定技术规范》(DB33/T 778—2010)和《雷电灾害风险评估技术规范》(QX/T 85—2007)。

3. 资料整理

(1)设计如表1所示的资料整理表。

表1 资料整理表

灾害对象＼灾害类型	直击雷所造成的危害与损失	感应雷所造成的危害与损失	球形雷所造成的危害与损失
建筑物			
电力通信			
森林			
户外			
学校			
其他			

(2)对所搜集的资料进行分类处理,分别填入上表。

4．讨论分析

(1)哪些地方容易遭受雷击?

(2)校园哪些地方容易遭受雷击?

(3)雷电发生时应采取什么应急措施?

(4)防御雷电袭击有哪些措施?

(5)本校容易遭受雷击的地方应采取哪些防御措施?

(6)校园防御雷击的有哪些应急措施?

5．总结与宣传

(1)总结雷电灾害给人类带来的灾难。

(2)总结防御雷电的应急措施。

(3)总结校园防雷的措施与应急方法。

(4)详细了解雷电预警信号的图标、标准和防御指南。

(5)撰写课题探究报告。

(6)撰写科技小论文。

(7)制作防雷宣传品,创建宣传栏。

(8)组织召开防雷主题班会、专题报告会或主题文艺演出。

(9)到社区、农村等进行防雷主题社会宣传。

五、说明

(1)在活动开始前要做好活动的全面规划。

(2)活动的每一个阶段要给予比较宽裕的时间。

(3)本探究活动的重点在于校园防雷,因此,与校园相关的各个环节必须详尽设计。

(4)活动过程中必须充分发挥学生的主动性。

(5)本课题最好能列入学校的学期或年度计划;学生的优质作品,可向当地报纸、少年儿童杂志、中国气象局的《气象知识》等宣传平台投稿。

六、温馨提示

在活动的过程中,走出校门的环节(如到气象部门摘取资料、社会宣传等)要注意强调安全问题,辅导老师要亲自陪同。

七、分析与结论

八、科学博士

同类问题：本地比较常见的其他气象灾害种类的探究。

拓展链接：雷电给人类带来的好处。

延伸思考：雷电利用。

实践 3　台风灾害与抗防

吴建萍

（宁波市鄞州区高桥镇中心小学）

一、概说

台风是形成于热带或副热带洋面上的热带气旋。根据气象学上的定义,热带气旋中心持续风力为 12 级或以上时称为台风或飓风,飓风的名称用于北大西洋及东太平洋,而在西太平洋则称为台风。

台风的形成是一个能量积聚的过程,当能量积聚到一定程度的时候台风就生成了。台风发生是能量释放的过程。台风的能量是非常大的,如果我们把台风的能量和原子弹、氢弹的能量做对比,那么,一个成熟的台风在 24 小时之内所降下的雨量大约为 200 亿吨,200 亿吨雨水所释放的热能相当于 50 万颗 1945 年在日本广岛爆炸原子弹的能量。也就是说,台风降雨每秒钟所释放出来的能量,相当于 6 颗普通原子弹的能量。据另一些科学家的计算,200 亿吨雨水所释放的热能相当于 400 颗 2 000 吨级氢弹爆炸所释放出来的能量。

台风不仅能带来风灾,还能形成巨浪、风暴潮、暴雨和洪水等灾害。全世界每年约有 80 多个热带气旋发展成台风,造成的经济损失在百亿美元以上,每年遭受台风灾害的人数在千万以上,其中死亡人数约在万人以上。由于台风具有突发性强、破坏力大的特点,因此,被人们称为世界上最严重的自然灾害之一。

二、目的与意义

浙江是我国台风光顾最频繁的省份之一,每年都要遭受几次乃至十多次的台风袭击,造成众多的人员伤亡和巨大经济损失。

通过对有关台风内容的书籍的学习,可使学生对台风灾害有进一步的认识;通过对台风案例的搜集与探究,可使学生了解台风灾害的经过和特点;通过对多个台风个例进行分析,可使学生掌握防减台风灾害的方法与措施,特别是应急自救的方法与措施。

三、工具与材料

- 有关台风的书籍(如《中国气象灾害大典·浙江卷》《浙江通志·气象志》《台风预报及其灾害》《浙江省台风灾害评估与风险区划》《区域灾害系统与台风灾害链风险防范模式》《关注台风》《疯狂的"飞碟":台风》《沿海农村台风灾害区"避难所"优化布局理论与实践研究:以浙江

为例》《台风灾害防范与自救手册》《中华人民共和国水利行业标准:防台风应急预案编制导则(SL611—2012)》《儿童如何面对自然灾害(预防与自救)》《全民防台风知识读本》《公众防灾应急手册》等)

- 可以上网的电脑若干台
- 记录用的纸和笔若干

四、内容与步骤

本次活动可分为 4 个阶段进行。

1. 学习台风的一些相关知识

这个阶段的活动主要以学生搜集、学习有关台风基本知识的内容为主,教师引导学生课外自学,并安排 2 个课时上课,这个阶段的活动用时 2~3 个星期。

2. 搜集和整理台风个例资料

(1)从相关书籍上摘录有关台风的个例;从网络上搜索有关台风的个例;到当地气象台摘录本地最近 10 年的台风个例。
(2)设计如表 1 所示的表格(表格行数可根据需求自定),并根据表格要求对台风个例进行分类统计。

表1　台风个例统计表

时间	台风名称	台风类型	预警信号	最大风力	灾害程度与损失情况

(3)本阶段用 2 周时间完成。

3. 分析讨论

(1)哪些地方容易遭受台风袭击?
(2)台风为什么会造成人员伤亡?
(3)台风为什么会造成财产损失?

（4）近年来各级政府采取了哪些防减台风袭击的措施？

（5）哪些校园曾遭受台风袭击？造成哪些损失？为什么？

（6）中小学防避台风袭击应该采取哪些措施？

（7）中小学学生在台风来临时应该如何应对？

（8）登记与考察学校四周的自然灾害避难所。

4．总结宣传

（1）总结本地历史和各地防台减灾的经验，结合本地实际，提出防台减灾的具体措施。

（2）检查本校防台减灾的措施是否切实有效，提出完善与巩固的意见。

（3）召开防避台风主题班会。

（4）组织防避台风宣讲团，对学校和社区居民进行宣传。

（5）撰写课题探究总结报告。

（6）撰写科技小论文。

五、说明

（1）在进行台风灾害调查时，不必探究台风的成因。

（2）台风是不可抗拒的气象灾害，探究时应以防台减灾为重点。

六、温馨提示

在课题进行的过程中，教师要做好各方面的安全教育。

七、分析与结论

八、科学博士

同类问题：除台风外的其他类型大风的探究，或风力利用探究。

拓展链接：为什么有人盼望台风来临？

延伸思考：世界上有哪些"追风人"？他们的目的分别是什么？

实践4　高温热浪巧应对

周　怡

（宁波市鄞州区高桥镇中心小学）

一、概说

自然界所有生物的生存都需要一定的环境温度,由于地球倾斜自转,不同地区不同时间所接受太阳照射的能量也不同,因此,自然界就有了温热程度不同的四季区分。四季不同的环境温度孕育了四季不同的自然生物。人类虽然生活在地球上的不同地区,且生命的长度是要经历数十乃至上百个寒暑,因此,环境温度对于人类生存、生命延续和身体健康至关重要。过高或过低的环境温度都会影响人们的生活和健康。

夏天历来是温度普遍较高的季节。我国长江流域的许多城市素有"火炉"之称,也就是说,这些城市夏天的气温比其他地方都有明显偏高。夏天气温偏高也是一种灾害,气象学上称为高温热浪。

高温热浪也有一定的标准,世界气象组织建议高温热浪的标准为:日最高气温高于32 ℃,且持续3天以上。我国一般把日最高气温达到或超过35 ℃时称为高温,连续数天(3天以上)的高温天气过程称为高温热浪(或称为高温酷暑)。高温热浪通常有两种情况,一种是气温高而湿度小,称为干热性高温;另一种是气温高、湿度大,称为闷热性高温,也称"桑拿天"。

高温热浪破坏了使人体能够适应的环境,超过了人体能够承受的极限,从而导致疾病的发生或加重,甚至造成人员死亡。高温热浪也会危害动物,造成动物疾病和死亡;同时也会影响植物生长发育,造成农作物减产。高温热浪过程还会加剧干旱灾害的发生发展,使生活和生产的可用水量急剧下降,从而严重地影响人们的生活和生产。另外,高温热浪还会使人心情烦躁,甚至会出现神志错乱的现象,容易造成公共秩序混乱、事故伤亡以及中毒、火灾等事件的发生与增加。

二、目的与意义

高温热浪虽然也是一种气象灾害,但不像台风、雷电等灾害那样来势汹汹,它的态势比较平和,因此,高温热浪可抗可防。随着现代科学的不断发展,抗防高温热浪的方法与措施越来越多,也越来越有效。

本课题探究通过让学生了解高温热浪灾害的常识,探究和尝试多种抗防高温热浪的办法,用科学实验的方法激发学生自觉、主动地去观察大自然的各种天气状况,培养科学意识。

三、工具与材料

- 可以上网的电脑 4 台
- 温度表 4 支（使用前与校园气象站百叶箱中的温度表进行校正，记下器差）
- 两种 SPF 数不同的防晒霜各 4 瓶
- 感光纸若干张
- 铅画纸若干张
- 塑料薄膜袋 4 只
- 笔记本和笔若干
- 有关高温热浪的科普书籍

四、内容与步骤

本活动分为学习、调查、实验、总结 4 个阶段。

1. 学习

(1)通过对相关书籍的学习，了解高温热浪的标准、危害。
(2)了解人、动物、植物所能够承受高温的最大极限。
(3)学习高温预警信号的图标、等级、定义。

2. 调查

(1)调查我国哪些地区易发高温热浪灾害(可以通过书籍和网络搜索)。
(2)调查本地区发生高温热浪灾害的年份和次数(可以到本地气象局摘录资料)。
(3)调查本地区遭受高温热浪祸害的情况(可以到本地医疗、水利、环保、农业等部门调查了解)。

3. 实验

实验 1
(1)实地测量校园中教室、走廊、塑胶操场、水泥走道、花坛、树荫下等处的 08,14,20 时的实际温度。
(2)实地测量校门外沥青路面、窨井盖、水泥走道、花坛、树荫下等处的 08,14,20 时的实际温度。

实验 2
(1)把学生分为 4 个大组，每组拿出事先准备好的感光纸、铅画纸、防晒霜等物品。
步骤：
①先用剪刀把感光纸剪成 5 厘米×5 厘米的感光纸片，然后用笔在纸上画线，将纸分成 3 等份。

②将铅画纸也剪成感光纸大小的长方形,并覆盖在感光纸上,用订书机钉好。

③在第一条感光纸的背面写下低的 SPF(防晒指数)值,在第 2 条感光纸的背面写上高 SPF 值,将这两条纸并排放到密封袋里封好,然后用订书机钉在白色的正方形上,放在适当位置。

④用塑料小刀在每条感光纸最下面一个正方形的塑料袋上均匀地抹上两种防晒霜。

⑤然后将塑料袋放到正对着太阳的地方,并将涂有防晒霜的一面朝上,直到中间正方形变白为止。

⑥变白后,拿掉袋子及铅画纸,将感光纸放在冷水中漂洗 1 分钟,然后晾干。

⑦最后,把两张涂有不同 SPF 值防晒霜的感光纸和没有晒过的感光纸进行对比,看哪一个更接近没有晒过的感光纸。

(2)教师观察各队实验准备及完成情况,必要时给予一定帮助,然后根据实验结果进行全班打分,并请每队派代表上台公布各自的实验结论,再综合评定出"最佳实验队"。

4. 总结

(1)分别列出人、动物、植物承受高温的最大极限。

(2)分别列出我国经常发生高温热浪的地区和城市。

(3)分别列出本地区发生高温热浪的年份和次数。

(4)详细叙述本地区发生高温热浪灾害的原因,并进行案例分析。

(5)分析两个实验的结果。

(6)归纳总结课题探究过程,提出校园和社区抗防高温热浪的具体措施。

(7)撰写课题活动总结报告。

(8)撰写探究活动科技小论文。

五、说明

(1)进行学校内外温度测量实验要选择高温日。

(2)实验中要严格控制各类防晒霜在感光纸上的涂抹时间,确保数据的准确性。

六、温馨提示

高温日进行实验要求学生带上帽子或穿防晒衣,谨防中暑。外出调查和校外实验要做好安全教育,并制订安全措施。

七、分析与结论

八、科学博士

同类问题：城市热岛效应的调查与探究。

拓展链接：校园缓解高温热浪的方法与措施。

延伸思考：现代化城市建设中,抗防高温热浪的科学设施。

秦振朝

（宁波市鄞州区高桥镇中心小学）

实践5　雪灾的危害与预防

一、概说

下雪是一种自然降水现象,在我国北方每年都可以见到几次下雪,在南方某些年头也可以见到下雪。

下雪也是自然界水循环的一种形式,下雪不仅可以给地球家园带来非常丰沛的水源,还可以给山川沃野披上素裹银装,为大地装饰出一派秀美的旖旎风光。可是,雪下多了、下久了,也会成灾。雪灾是指因长时间大量降雪造成大范围积雪成灾的自然现象。因此,在我国北方牧区,把大雪称为"白灾",还有人称它为"白色死神"。

二、目的与意义

雪灾是我国北方经常出现的自然灾害,虽然雪灾的足迹极少踏入南方,但古今中外雪灾给人类造成的灾难案例却不计其数。因此,不管是生活在北方还是生活在南方的青少年,对雪灾进行探究,都会有不同的收获:①了解雪灾危害的基本形式,懂得抗、防、减雪灾的基本常识,掌握避灾逃生的基本技能;②结合《科学》课教学中关于"环境污染及自然灾害"系列内容,拓展、补充、延伸课本知识;③学习、训练、掌握科学探究的方法与技能。

三、工具与材料

- 可以上网的电脑若干台
- 笔记本若干本
- 笔若干支
- 有关雪灾的学术著作、科普书籍
- 有关雪灾报道的杂志、报纸

四、内容与步骤

1. 了解、学习有关雪灾的基础常识

(1)阅读有关雪灾的学术著作和科普书籍。

(2)从书籍中摘取有关雪的形成过程和雪灾形成的原因。

(3)从书籍中摘取有关雪灾的危害性质与形式。

(4)搜索抗、防、减雪灾危害的方法与技术。

(5)撰写成一篇有关雪的文章,题目自拟,内容包括:雪、雪灾、雪灾的形式与危害、防减策略等。

2. 搜索统计雪灾案例

(1)从书籍、报刊、网络等渠道搜索雪灾案例。

(2)设计如表 1 所示的表格(表格行数可根据需要自定),将搜索到的雪灾案例填入表中。

表 1　雪灾案例统计表

时间	发生地区	灾害形式	危害程度(造成人员伤亡和财产损失)	说明

(3)搜索、翻拍有关雪灾的图片。

3. 总结与宣传

(1)总结雪灾给人们生产、生活带来的危害与灾难。

(2)总结防御雪灾的措施与方法。

(3)撰写课题研究的报告与论文。

(4)制作校园雪灾宣传栏。

(5)组织学生宣讲团,到社区、农村进行气象灾害防御宣传。

五、说明

本课题探究以拓展、延伸、补充课本知识,训练学生的科学探究能力,提高学生的科学素质为主要目的,同时也为气象科普宣传搜集和组织素材而开展。

六、温馨提示

走出校门到社区、农村进行防减气象灾害宣传时,教师要提示学生注意安全。

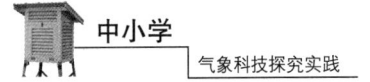

七、分析与结论

八、科学博士

同类问题：对本地多发的气象灾害进行类似探究。

拓展链接：2008年雪灾给本地区造成哪些危害与损失？

延伸思考：下雪与工农业生产、人们的日常生活有什么关系？

实践6 "雾霾天气"危害调查

周 怡 张 瑜

（宁波市鄞州区高桥镇中心小学）

一、概说

2013 年新年伊始,北京、天津等全国 30 多个城市上空几乎同时都披上了一层灰蒙蒙的 "轻纱",视程出现了严重的障碍,能见度普遍低于 1 000 米,有的地方甚至不到 100 米。一时间,全国各种媒体都在沸沸扬扬地播报各地的即时情景,气象与环保部门都先后发出各种颜色的预警信号。

人们一般把这种现象称为"雾霾天气",但在气象学上,雾和霾是有区别的。雾是在水汽充足、微风及大气层稳定的情况下,如果接近地面的空气冷却至某程度时,空气中的水汽便会凝结成细微的水滴悬浮于空中,使地面水平能见度下降到 1 千米以下的天气现象。霾是悬浮在大气中的大量微小尘粒、烟粒或盐粒的集合体,使空气浑浊,水平能见度降低到 10 千米以下的一种天气现象。

雾霾是一种灾害性天气,由于能见度降低,造成一定的视程障碍,严重影响公路、铁路、航空、航运等的正常运转,致使交通事故频发;由于出现雾霾天气时大气中飘浮着大量的矿物颗粒物、硫酸盐、硝酸盐、有机气溶胶粒子、燃料和汽车废气等,严重影响农作物的生长,特别是这些飘浮物中富含大量的有毒、有害物质,且在大气中停留的时间长、输送距离远,因而对大气环境质量影响极大,尤其对人体健康带来较大危害。

二、目的与意义

随着城市建设的迅速发展,大楼越建越高,使风流经城区时明显减弱。静风现象增多,不利于大气污染物向城区外围扩展稀释,并容易在城区内积累高浓度污染;机动车辆的增多,使污染物排放和城市悬浮物大量增加……这些都加剧了雾霾天气的形成,使道路上的能见度降低,加大了车辆行驶危险性,易使年老体弱者感染呼吸道疾病,对人民的生产和生活产生不利影响。

通过此项小调查,可使学生对雾霾天气现象有更加具体直观的认识,并且可以借助调查、分析等方法亲历雾霾的危害性,了解抑制霾的科学方法和措施,学习几种预防雾霾天气危害的办法。

三、工具与材料

• 药棉若干

- 标本收集瓶若干个
- 笔记本若干本
- 笔若干支
- 有关雾霾的科普书籍
- 有关雾霾的科普影视宣传片

四、内容与步骤

雾霾天气危害的调查分为：学习与认识、资料搜集、实地调查、分析与探究、总结与建议等5个环节。

1. 学习与认识

认真研读有关雾霾的科普书籍，观看有关雾霾的科普影视宣传片，了解和认识如下问题：
(1)什么是雾霾？
(2)雾霾是怎样形成的？
(3)雾霾有哪些危害？
(4)怎样抑制和防御雾霾危害？

2. 资料搜集

通过科普书籍、网络、报纸、杂志等多种渠道，搜集有关雾霾危害的实例。
(1)搜集由于雾霾天气造成海、陆、空及其他方面的交通事故实例。
(2)搜集关于雾霾天气危害农作物的实例。
(3)搜集关于雾霾天气对人体健康造成危害的实例。

3. 实地调查

通过对不同部门和不同实际点的调查，见证雾霾天气的危害。
(1)到本地交通管理部门了解因雾霾天气而造成的交通事故案例。
(2)到本地农业管理部门了解因雾霾天气而造成农作物受害的事例。
(3)到本地医疗部门了解因雾霾天气而造成人体健康受到影响的病例。
(4)到气象部门了解本地雾霾天气的观测记录。
(5)采集多种受害农作物的叶子，用药棉采集受害标本。
(6)当出现雾霾天气时，采集多台空气净化器吸附板上的黑灰色颗粒物样本。

4. 分析与探究

将搜集到的资料进行有序整理，通过设计分类表、曲线图、柱状图等形式对本地雾霾天气的情况做出比较明了的展示。
(1)雾霾天气危害交通的情况。
(2)雾霾天气危害农作物的情况。

(3)雾霾天气危害人体健康的情况。

(4)分析本地雾霾天气的各项基本指标。

(5)归纳本地雾霾天气出现的基本规律。

5. 总结与建议

(1)总结本地经受雾霾天气危害的严重情况。

(2)总结本地形成雾霾天气的基本原因。

(3)提出控制、防御雾霾天气危害的方法与措施。

(4)撰写活动过程的调查报告。

(5)撰写多种类型的科技小论文。

五、说明

(1)本活动可组织 10～20 人，分为 2～4 个小组进行。

(2)本活动可计划为 2～4 周时间完成。

(3)分类图表发动学生设计。

(4)到各部门调查时要注意文明礼貌。

六、温馨提示

本活动必须走出校门进行，辅导老师必须事先进行安全教育，并对各项安全事项做出具体规定。

七、分析与结论

八、科学博士

同类问题：沙尘暴、雾、霾等天气现象相同与不同点。

拓展链接：雾霾危害人体的不同病例分析。

延伸思考：雾霾发生、发展研究。

实践7 暴雨危害调查与探究

孙波霞

（宁波市鄞州区高桥镇中心小学）

一、概说

下雨是一种极为常见的天气现象，是地球上水循环的一个必然过程。俗话说："雨露滋润禾苗长。"说的是雨水能为植物生长和人类生活提供天然资源。

可是，雨下大了，下久了，也会酿成灾难。如1975年8月，河南省西南部山区发生了我国大陆上罕见的特大暴雨，8月5—7日3天的总降雨量达到1 605.3毫米。暴雨引发了山洪、水库垮坝、局部地区山体滑坡、泥石流等灾害，造成严重灾害与损失。据不完全统计，这场暴雨导致29个县市、1 100万人口、113万公顷土地遭灾，京广铁路被冲毁102千米，中断行车18天，影响运输48天，造成直接经济损失近200亿元。

降水量观测历来是气象部门和水利部门的重要观测项目之一。我国气象部门把降水分为7个等级，其中24小时内降雨量达到50.0～99.9毫米的称为暴雨，超过250.0毫米的称为特大暴雨。这是气象部门根据专门仪器测量出来的数据来划分的，即下雨时，落到平地上的雨水在不流失、不渗入地下的情况下，地面积水的深度。如果一个成人下雨天站在地面积水里，200毫米降水会漫到他的小腿肚；1 000毫米降水会漫过他的胸口。

根据统计，我国是世界上暴雨出现频率和强度较大的地区之一。因此，中国气象局编制了暴雨预警信号，为人们警示灾害。预警信号分4级，分别以蓝色、黄色、橙色、红色表示。

二、目的与意义

本活动通过多种方式的学习与调查，使学生对暴雨灾害有充分的认识，了解暴雨的危害及其预防的方法与措施，树立起较强的防暴雨意识；并能在突遇暴雨时，沉着应对，根据不同情况，采取科学的方法，增强自我保护本领。

三、工具与材料

- 可以上网的电脑若干台
- 笔记本和笔等若干
- 有关暴雨的科普书籍
- 有关暴雨灾害报道的报纸或杂志

四、内容与步骤

1. 了解有关暴雨的知识

(1)什么是暴雨?
(2)暴雨是怎么形成的?
(3)暴雨的预警信号。
(4)我国的降水分布。

2. 搜集有关暴雨灾害的资料

(1)通过上网搜寻或向附近居民了解有关本地近年暴雨的灾害情况。
(2)通过上网及阅读报纸、杂志等方式,搜集暴雨灾害的实例及相关的照片。

3. 分析暴雨的危害

(1)交流记录的有关暴雨灾害的实例。
(2)展示有关暴雨危害的图片。
(3)通过汇总分析,进一步整理出详细的暴雨造成的各种危害的资料。

4. 学习应对暴雨的措施

(1)暴雨来临前的准备。
(2)突遇暴雨时的应对,包括:行车遇暴雨应怎么做,旅游时遭遇暴雨应怎么做。
(3)暴雨后的疾病预防措施。

五、说明

(1)本项探究活动中,应本着实事求是的原则,向他人了解本地近年暴雨灾害情况必须要真实,既不夸大也不降低。
(2)本课题的重点在于让学生了解预防和应对暴雨措施。
(3)本次活动可分几次进行,直到完成。

六、分析与结论

七、科学博士

同类问题:对台风、洪涝、干旱等气象灾害的探究。
拓展链接:探究天上"暴雨库"——积雨云。
延伸思考:暴雨的衍生、次生灾害研究。

实践8 气象部门装备高炮和火箭探秘

赵贤产[1]   金关琦[2]
（1. 义乌市气象局；2. 义乌市廿三里第二小学）

一、概说

大家都知道,高炮和火箭是军队用来作战的武器。我国法律规定,非军事部门和单位不得拥有武器,更不要说高炮和火箭了。可是,我国的气象部门却普遍都装备了高炮和火箭。这是为什么呢？原来,气象部门装备的高炮和火箭,是用来进行人工影响天气的设备与工具。气象部门人工影响天气包括人工增雨雪、消雹、消雨、消雾、防霜冻等内容。

人工影响天气历史比较久远,据记载,我国在清时代就开始有人采用土炮轰击雹云的方法进行消雹。自1958年开始,我国主要的消雹手段是采用55式37毫米口径单管高炮、65式37毫米口径双管高炮或火箭向雹云过冷部分发射炮弹,所以国家给气象部门装备了许多高炮和火箭。目前,我国气象部门已经装备了众多的高炮和火箭装置,参加消雹防灾的专业技术队伍已有数万人之多。

2002年3月13日国务院第56次常务会议通过并公布了国务院第348号令——《人工影响天气管理条例》。条例对人工影响天气的明确定义是:为避免或者减轻气象灾害,合理利用气候资源,在适当条件下通过科技手段对局部大气的物理、化学过程进行人工影响,实现增雨雪、防雹、消雨、消雾、防霜等目的的活动。

人工影响天气的原理主要是运用云和降水物理学知识,采用向云中撒播催化剂的方法,使某些局地天气过程朝着有利于人类的方向转化。所使用的催化剂有碘化银、干冰、液氮等,当前使用最多的催化剂是碘化银,即炮弹或火箭弹内装有碘化银催化剂,浙江省内目前基本上使用的是碘化银火箭弹。

二、目的与意义

人工影响天气是运用高科技手段达到避免或者减轻气象灾害的目的,也是现代气象科学发展的体现。带领学生了解人工影响天气知识,可以达到如下效果:①把人工影响天气知识普及化、大众化;②让学生直接参观人工影响天气设施,观看人工影响天气设施模拟操作和科普介绍过程,了解其中的一系列原理和方法,能够在一定程度上拓宽学生的科学视野;③了解"四大发明"以及其他发明创造成果在世界上的科学地位,能够激发学生学科学、爱科学的浓厚兴趣,培养创造发明的自信心、自觉性与积极性;④通过活动,可以提高学生的实验动手与操作能力。

三、工具与材料

- 可以上网的电脑若干台
- 能产生水蒸气的设备 1 套
- 少量碘化银
- 少量杂草
- 扫帚 1 把
- 喷雾器 1 个
- 一定数量的口罩

四、内容与步骤

（1）用"百度"查"人工影响天气"和"四大发明"等方面的知识,了解"四大发明"以及其他发明创造成果在世界上的科学地位。

（2）参观气象局。先参观人工影响天气方面的有关展览展板,初步了解人工影响天气方面的科普知识,再观摩人工影响天气设施操作模拟,然后再听取火箭弹构造原理等方面的科普介绍,最后对有关问题进行提问或讨论。

（3）有条件的学校,可以做水蒸气内放少量碘化银实验,观察水蒸气的变化过程,然后进行讨论。

（4）在出现浓雾的日子燃放杂草放烟,观察雾中的变化,然后进行讨论。

（5）扫地时出现了大量灰尘,用喷雾器洒水,观察空气的变化,然后进行讨论。

五、说明

（1）水蒸气内放少量碘化银的实验,是模拟云内施放碘化银情景。没有碘化银时,也可以用香烟等能产生少量烟雾的东西代替。

（2）浓雾日燃放杂草放烟,是模拟人工消雾的办法;同样用喷雾器洒水,也是模拟人工消灰霾天气的办法。

六、温馨提示

相关活动有一定的安全风险,教师应强调活动纪律和加强安全教育。有雾、灰尘、烟雾时,注意做好相关防范,以防不利影响发生。

七、分析与结论

八、科学博士

同类问题:民间土法消雹和气象部门使用高炮与火箭消雹的对比。

拓展链接:高炮与火箭的发射原理是否一样。

延伸思考:相关气象资源的有利利用。

实践 9　干旱灾害与抗防探究

倪丽莎　何　芹

（义乌市廿三里第二小学）

一、概说

干旱是指长期无雨或少雨，使土壤水分不足，淡水总量极少的气候现象。干旱不一定会造成灾害，如在无人居住的地区，即使长期无降水也不会构成旱灾，只有当干旱影响到人们的生产与生活，并给人们的生命安全造成威胁，给生产与经济带来损失时才是旱灾。

旱灾是一种历时长、范围广、危害重的气象灾害。旱灾在世界范围内具有普遍性，波及范围最广。20 世纪 60 年代末期在非洲撒哈拉沙漠周围一些国家发生的大旱，是影响最为严重的一次旱灾，遍及 34 个国家，近一亿人口遭受旱灾后的饥饿威胁。

我国也是世界上旱灾严重的国家之一，据《中国灾害通史》一书记载，公元前 206 年—1949 年，中国曾发生旱灾 1 056 次。16 世纪至 19 世纪，受旱范围在 200 个县以上的大旱灾有 8 次之多，其中 1785 年有 13 个省受旱灾，1835 年有 15 个省受旱灾。20 世纪以来，1920 年陕、豫、冀、鲁、晋 5 省大旱，灾民 2 000 万人，死亡 50 万人；1928 年华北、西北、西南的 13 个省 535 个县遭旱灾；1942—1943 年大旱，仅河南一省饿死、病死者即达数百万人。

根据历史资料分析和气象科学研究，造成我国各地干旱灾害的原因有 3 个方面：一是降水量低于平均值；二是各地之间水资源不平衡；三是人口迅速增长，各地工农业生产高速发展，使用水量急速提高。

根据《干旱灾害等级标准》（SL 663—2013），干旱灾害按照其严重程度、影响范围和防范能力可以分为 4 级，特大干旱灾害是 Ⅰ 级，严重干旱灾害是 Ⅱ 级，中度干旱灾害是 Ⅲ 级，轻度干旱灾害是 Ⅳ 级。当然，对于农村和城市，干旱的影响方面有所不同。

二、目的与意义

干旱灾害是一种范围广泛的气象灾害，我国境内都有可能发生，因此，全国各地的中小学生都应该对该灾种进行探究。通过探究可使学生得到以下收获：①懂得干旱灾害形成的基本原因；②深刻地认识干旱对人类生活、社会经济和大自然等带来的严重灾难；③懂得并掌握抗御干旱灾害的知识与技术。

三、工具与材料

- 温度表 1 支

灾害篇

- 雨量筒 1 个
- 毛发湿度表 1 个
- 风向风速仪 1 台
- 记录用的纸和笔若干

四、内容与步骤

(1)本次活动由 3 个气象探究小组分工完成:第一小组观测气象要素;第二小组调查一个居民区居民生活用水情况,为下一步探究抗旱策略打下基础;第三小组抽样调查工业区工业用水情况。

上述 3 组共同合作的成果,可形成干旱探究的完整资料。

(2)观测记录与统计。

①设计如表 1 所示的表格(表格行数可根据需要自定),并按表格要求进行观测并记录,在备注栏标明本地引发干旱灾害情况。

表 1 干旱观测记录表 　　　月　　　日至　　　月　　　日

	气温	气压	相对湿度	雨量	最大风速	风向	备注
日　时							
日　时							
日　时							

②对观测记录进行画图,气象要素随时间的线性变化情况就可以一目了然。

③通过画图,就可以分析出现干旱时气温、气压、湿度、降水量随时间的变化状况以及风、雨、灾害状况等。

(3)如已经积累了几年干旱资料后,就可以总结分析一下干旱总体上有什么特点。

(4)思考:如何提高人类管理水资源的意识?

五、说明

(1)在做实践之前,教师要对学生进行仪器使用和观测方法的培训。

(2)由于观测时间较长,教师要经常关注学生的天气记录情况,并及时提供帮助。

(3)可以利用有关天气网站,如 http://www.weather.com.cn/等做辅助参考记录。

(4)了解灾害情况可以通过观看电视、报纸等媒体报道后的追记,也可以由老师带部分学生在安全的前提下,到现场感受干旱灾害后的灾害惨状,深刻认识防灾减灾和气象工作的意义。

(5)该活动的主要目的是通过亲自观测、记录、画图分析等工作,使学生学会做要素的时间曲线变化图,只要通过分析结果能对干旱有感性认识就足够了。

六、温馨提示

本次调查活动要深入居民区和工厂,老师必须亲自带队,并关注学生的安全。

七、分析与结论

八、科学博士

同类问题:其他气象灾害的探究。

拓展链接:干旱对农作物的影响。

延伸思考:出现干旱时如何提高人体免疫力。

周岳静

（杭州市德胜小学）

一、概说

冰雹也叫"雹"，俗称雹子，有的地区叫"冷子"，是一种固态降水物，通常在夏季或春夏之交最为常见。

冰雹是在积雨云中形成的。发展特别强盛的积雨云云体可高达 10 千米以上，云上部空气非常寒冷，温度可在－40～－20 ℃，同时云中有强烈的上下对流气流，云内有充沛的水分，这样积雨云也就变成了冰雹云。冰雹云分为 3 层，下层温度在 0 ℃以上，由小水滴组成；中层温度为－20～0 ℃，由过冷水滴、冰晶和雪花组成；最上层温度在－20 ℃以下，由冰晶和雪花组成。

冰雹云中强烈的上升气流携带着水滴和冰晶运动着，并将它们合并冻结成冰粒，再随上升气流输送到含水量累积区，形成雹核。雹核在上升气流的携带下进入生长区，与冰晶、雪花和过冷水滴碰并长成冰雹。由于上层的上升气流较弱，当支托不住长大的冰雹时，冰雹就会下落，并在下落的过程中不断与冰晶、雪花和过冷水滴碰并继续长大。当下落时又遇到更强烈的上升气流，冰雹又再次上升，重复生长过程，再次长大，重复次数越多的冰雹，结成的雹块就越大。最后落下的就是我们看到的冰雹。

根据雹块大小、累计时间和地面积雹厚度，降雹过程可分为 3 级。

轻雹：多数雹块直径不超过 0.5 厘米，累计降雹时间不超过 10 分钟，地面积雹厚度不超过 2.0 厘米。

中雹：多数冰雹直径为 0.5～2.0 厘米，累计降雹时间为 10～30 分钟，地面积雹厚度为 2.0～5.0 厘米。

重雹：多数冰雹直径达 2.0 厘米以上，累计降雹时间在 30 分钟以上，地面积雹厚度在 5.0 厘米以上。

降雹不一定会造成灾害，只有当所降的雹块较大，降雹的时间较长，地面积雹较厚等的情况发生时，才会造成灾害。灾害性降雹出现的范围虽然较小，时间也比较短促，但来势猛、强度大，并常常伴随着狂风、强降水、急剧降温等阵发性灾害性天气过程，常常会危及农业、建筑物、通信、电力、交通以及人民生命财产。

二、目的与意义

我国除广东、湖南、湖北、福建、江西等省降雹较少外，各地每年都会出现不同程度的雹灾，尤其是北方的山区及丘陵地区,地形复杂,天气多变,冰雹多,灾情重。据有关资料统计,我国每年因冰雹所造成的经济损失达几亿元甚至几十亿元,甚至还会出现冰雹砸死人的现象。因此,通过对冰雹的研究,学生一定会有或多或少的收获:①通过相关冰雹科普图书及专著的学习,帮助学生加深对冰雹灾害的进一步认识;②通过冰雹案例的搜集与探究,了解冰雹的形成过程及预测冰雹的出现的方法;③通过对多个冰雹个例的分析,探究防范冰雹灾害的方法与措施,特别是掌握应急自救的方法与措施;④掌握一些科学探究的方法与技能。

三、工具与材料

- 可以上网的电脑若干台
- 笔记本若干本
- 笔若干支
- 有关冰雹的学术著作、科普书籍
- 有关冰雹的个例资料

四、内容与步骤

本次活动可分为 4 个阶段进行。

1. 了解、学习冰雹的一些相关知识

这个阶段的活动主要以学生搜集学习有关冰雹基本知识的内容为主,教师引导学生课外自学。
(1)阅读有关冰雹的学术著作和科普书籍。
(2)从书籍中摘取有关冰雹的形成过程和冰雹形成原因的内容。
(3)从书籍中摘取冰雹的危害形式的内容。
(4)探索抗防、减轻冰雹危害的方法与措施。

2. 搜集和整理冰雹个例资料

(1)组织学生从书籍、报刊、网络等渠道搜集冰雹案例。
(2)设计如表 1 所示的表格(表格行数可按需要自定),并将搜集到的冰雹案例按表格的要求进行分类统计。

表 1 冰雹个例统计表

时间	发生地区	积雹厚度	冰雹形状及直径大小	危害程度(造成人员伤亡和财产损失)

灾害篇

(3)搜集、翻拍有关冰雹的图片。

3．分析讨论

(1)哪些地方容易遭受冰雹袭击？

(2)冰雹造成危害程度如何？

(3)近年来各级政府采取了哪些防减冰雹袭击的措施？

(4)小学防减冰雹袭击应该采取哪些措施？

(5)小学生在冰雹来临时应该如何应对？

4．总结宣传

(1)总结冰雹带给人们生产和生活带来的危害。

(2)总结抗防冰雹的措施与方法。

(3)召开冰雹主题班会。

(4)到社区居民家里(特别是孤寡老人)宣传冰雹的危害,并告知如何防范。

(5)制作校园冰雹灾害宣传报并进行评比。

(6)撰写科技小论文。

五、说明

本课题探究以拓展、延伸、补充课本知识为主要目的,同时也为气象科普宣传搜集和组织素材而开展。有可能会由于季节或天气状况的原因,学生无法切身体验到冰雹这种自然现象。

六、温馨提示

在课题进行的过程中,教师要做好各方面的安全教育工作。

七、分析与结论

八、科学博士

同类问题:其他天气灾害的探究。

拓展链接:天降"怪雹"的探究。

延伸思考:校园防避冰雹灾害的措施。

实践 11　寒潮路径的观察与记录

姚锦烽

（中国气象局宣传与科普中心）

一、概说

在秋末、冬季、初春时节，尤其是秋末冬初和冬末初春之际，人们常常会听到气象台发布北方冷空气南下的信息。这种南下的冷空气达到一定的标准就称为寒潮，意思是寒冷的空气像潮水一样奔流过来。

寒潮在气象学上有严格的定义和标准。《冷空气等级》(GB/T 20484—2006)规定：使某一地区气温 24 小时内下降 8 ℃以上，且最低气温下降到 4 ℃以下；或 48 小时内气温下降 10 ℃以上，且最低气温下降到 4 ℃以下；或 72 小时内气温连续下降 12 ℃以上，并且最低气温在 4 ℃以下冷空气称为寒潮。

由于我国地域辽阔，北方和南方的气候差异很大，各地人们的生产和生活方式也各有不同，因此，各区域采用的寒潮标准也各不相同。一般说来，北方采用的寒潮标准是：24 小时降温 10 ℃以上，或 48 小时降温 12 ℃以上，同时最低气温低于 4 ℃；南方采用的寒潮标准是：24 小时降温 8 ℃以上，或 48 小时降温 10 ℃以上，同时最低气温低于 5 ℃。

寒潮是一种灾害性天气，是强冷空气大规模侵袭，造成大范围急剧降温的天气过程。寒潮一般都伴有大范围的大风天气，对我国沿海地区威胁很大，带来的雨雪和冰冻天气会给渔业、农业、交通、建筑带来严重危害。寒潮天气对人体健康危害很大，大风降温天气容易引发感冒、气管炎、冠心病、肺心病、中风、哮喘、心肌梗死、心绞痛、偏头痛等疾病，有时还会使患者的病情加重。所以，寒潮来到之前气象台都要发出寒潮警报。

20 世纪 80 年代后期以来，随着全球气候变暖，寒潮侵袭我国的次数明显减少。据初步统计，2003—2010 年 8 年间，全国性寒潮仅有 10 次，平均每年仅有 1.2 次。

二、目的与意义

在通常情况下，寒潮影响我国都是从北方渐次南下侵袭，但每次南下的路径也各不相同（图 1）。本课题设计了对寒潮南下路径的观测与记录，目的在于通过探究，让学生对寒潮影响我国的主要路径有一个常识性的了解；利用气象部门的天气预报和自身观测，去勾画出我国寒潮主要的移动路径，寻找出其中的一般规律；通过探究性学习，让同学们主动地去观察天气状况，培养气象科学意识。

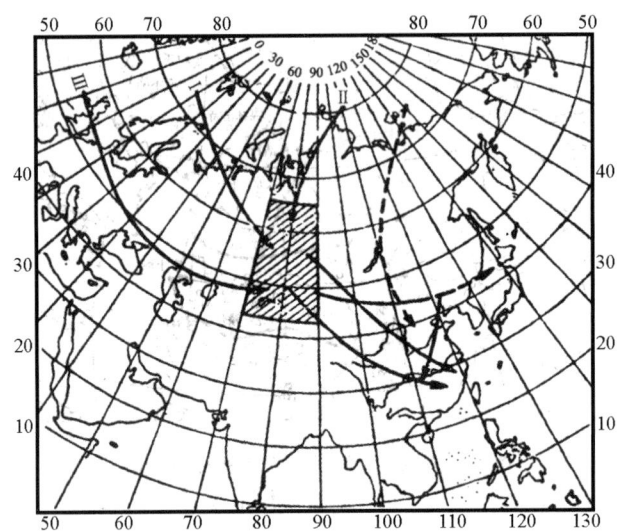

图 1　寒潮路径示意图（转引自《天气学原理和方法》（气象出版社））

（Ⅰ.西北路径，Ⅱ.超极地路径，Ⅲ.西方路径）

三、工具与材料

- 可以上网的电脑 1 台
- 温度表 1 支（有校园气象站的学校，以百叶箱观测数据为准）
- 笔记本和笔若干
- 有关寒潮灾害的科普书籍

四、内容与步骤

本活动分为：学习、调查、探究、总结 4 个阶段。

1. 学习

（1）通过相关书籍学习，了解寒潮的定义、标准、危害。

（2）了解寒潮的形成原因，寒潮形成的关键和影响我国的主要路径。

（3）了解寒潮天气对社会造成的影响。

2. 调查

（1）调查我国哪些地区易发寒潮灾害（可以通过书籍和网络搜索）。

（2）调查本地区发生寒潮灾害的年份和次数（可以到本地气象局摘录资料）。

（3）调查本地区遭受寒潮时，农业、交通、公众身体健康受影响的情况（可以到本地医疗、交通、农业等部门调查了解）。

3．探究

（1）关注天气预报，了解全国天气形势，关注寒潮暴发情况。

（2）一旦寒潮暴发以后，了解我国省会城市的降温情况（可通过中国天气网查询，关注最高、最低温度的差别）。

（3）时刻观测当地区域是否遭受冷空气影响（可利用校园气象站的观测资料，或自己进行气温观测）。

（4）找出降温最大的城市，勾画出冷空气的移动路径。

（5）当寒潮影响当地时，前往医院等地了解寒潮天气对当地造成的影响。

4．总结

（1）做表，列出各省会城市寒潮来临时的温度情况，找出温度变化最大的城市。

（2）勾画出寒潮的活动路径，并与常见的寒潮路径做对比。

（3）分析本次寒潮的强度。

（4）以当地遭受寒潮影响时的情况为例，形成寒潮危害的调查报告。

（5）撰写课题活动总结报告。

（6）撰写探究活动科技小论文。

五、说明

本活动可以分组同时进行，尽量让更多的学生参与。

六、温馨提示

寒潮日要求学生外出时，应做好防冻准备。外出调查和校外实验要做好安全教育并制订安全措施。

七、分析与结论

八、科学博士

同类问题：高温热浪的调查与探究。

拓展链接：近几年来，我国寒潮呈现怎样的活动路径，有怎样的规律？

延伸思考：近年来，寒潮侵袭我国的次数明显减少，这是什么原因造成的？

实践 12　龙卷风灾害与抗防探究

陈志峰[1]　黎作民[2]

（1. 德清县洛舍中心学校；2. 湖州市爱山小学教育集团）

一、概说

在许多书籍上都有人或重物被风卷到天空的记载，是什么风这么厉害，能够将人或重物卷上天空？有一定气象科学常识的人都知道，这是龙卷风的杰作。

龙卷风是雷暴云的产物，虽然并不是所有的雷暴云都会产生龙卷风，但雷暴云却是龙卷风诞生的母体。在云层上下温度相差特别悬殊的情况下，会造成高空的冷空气迅速下降、地面的热空气快速上升。冷热空气的对流形成许多小漩涡，在大量小漩涡的作用下，天空就出现了积云。积云的发展使小漩涡变成大漩涡，大漩涡又使积云发展成雷暴云，雷暴云内部的热能量在不断的旋转摩擦中迅速增多，就产生了强大的旋转上升气流。当漩涡运动越来越猛烈的时候，气流就会从云中直降到地面，形成漏斗状的云柱。云柱下部直径一般为数百米，最大可达1 000米以上；上部直径一般为数千米，最大可达10千米。云柱中心的气压迅速降低，形成了一个大空洞，使得四面八方的气流急速流入空洞，相互碰撞着变为绕轴心向上快速旋转，就形成了具有强大抽吸力的强风。这时候，这个向上旋转的云柱就可以将地面的水、尘土、泥沙或物件等挟卷而起，人或重物就是这样被卷到天空的。

龙卷风的力量非常巨大。1956年9月24日，上海遭受了一场巨大的龙卷风灾害，龙卷风把一只三四层楼高的110吨重的大储油桶"举"到了15米高的天空，再抛到120多米以外的地方。龙卷风的吸卷能力这样强大，所以，把人卷上天空更是一件轻而易举的事了。

龙卷风的破坏力也极强。它经过的地方，常常会发生大树被拔起、车辆被掀翻、建筑物被摧毁等现象，有时还会致使成片庄稼、成万株果树瞬间被毁，以及交通中断、房屋倒塌、人畜生命遭害等严重灾情。2013年7月7日，江苏省高邮市遭遇龙卷风袭击，据当地有关部门统计，共有400余户受灾，1 100多间房屋受损，50多人受伤，其中7人重伤。

龙卷风可分为水龙卷和陆龙卷2种类型。水龙卷发生在海面或湖面上，可使水上交通和作业受损失；陆龙卷发生在陆地上，它所到之处陆地上的一切都会受到侵袭。

虽然龙卷风不可抗御，但还是可以躲避的。躲避龙卷风最安全的地方是地下室或半地下室，如果没有这些处所，应该迅速就近寻找低洼地伏在地面，但要远离大树、电杆，以免被砸、被压和触电。

二、目的与意义

我国是龙卷风灾害频发的国家，根据历代的记载，我国很多地区都曾经受到龙卷风的侵袭。由于龙卷风的破坏力极强,因此,我们有必要对它进行探究。通过本次探究活动可以使学生获得以下收获:①了解龙卷风形成的基本原理;②了解龙卷风的分类、威力和危害;③掌握龙卷风抗防的相关知识。

三、工具与材料

- 可以上网的电脑 1 台
- 照相机 1 台
- 笔记本和笔若干
- 有关龙卷风的科普书籍和学术著作

四、内容与步骤

本活动分为学习了解、资料记录、统计分析、总结宣传 4 个阶段。

1. 学习了解

(1)通过相关书籍学习,了解龙卷风的形成条件、分类、特征。
(2)了解龙卷风的危害。
(3)了解龙卷风的抗防知识。

2. 资料记录

(1)通过书籍和网络搜索全国历年发生龙卷风的个例。
(2)重点搜集本地区龙卷风灾害的个例。
(3)记录龙卷风发生的时间、地点,以及危害的形式和灾害程度。

3. 统计分析

(1)设计专用图表,内容包括:时间、地区、危害程度。
(2)分析龙卷风发生的时间和地区规律。
(3)分析龙卷风危害形式与规律。

4. 总结宣传

(1)总结本地区龙卷风发生的时间、地点规律。
(2)总结历年龙卷风对本地区造成的危害。
(3)撰写课题活动总结报告。
(4)撰写探究活动科技小论文。
(5)开展校园有关龙卷风灾害的宣传。
(6)开展社区有关龙卷风灾害的宣传。

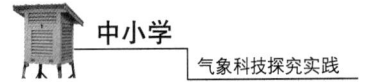
五、说明

本活动可以分组同时进行,尽量发动更多的学生参与。

六、温馨提示

开展社区宣传前,教师要做好安全教育工作。

七、分析与结论

八、科学博士

同类问题:其他气象灾害的抗防探究。

拓展链接:设计龙卷风形成的各种实验。

延伸思考:了解国内外科学家对龙卷风研究的进展。

实践 13　霜冻灾害的抗防探究

姚锦烽

（中国气象局宣传与科普中心）

一、概说

每年 10 月下旬(10 月 23 或 24 日)是二十四节气的"霜降"，这是秋季的最后一个节气。由于二十四节气最早发源于我国黄河流域，所以它代表着这个地区的气候变化规律，表示这些地区气候渐渐寒冷，已经开始有霜。

霜与霜冻不能混为一谈，它们是两个不同的概念，有着根本的区别。霜是由于气层中地物表面温度或地面温度降到 0℃以下，使空气中的水汽的过饱和部分在地面一些传热性能不好的物体上凝华成的白色冰晶。霜一般在冷季静风夜间到清晨的一段时间内形成。在我国四季分明的中纬度地区，深秋至第二年早春季节，夜间的气温一般能降至 0℃以下。在晴朗的夜间，因为无云，地面热量散发很快，到了后半夜和黎明前，地面散发的热量已很多，而获得大气辐射补偿的热量很少，气温下降很快，当气温下降到 0℃以下时，近地面空气中的水汽附着在地面的土块、石块、树叶、草木、低房的瓦片等物体上，就凝华成了冰晶的白霜。

霜本身对农作物并无直接影响，但结霜时的低温却会引起农作物冻害。霜冻是农业气象灾害之一，多在春秋转换季节，是白天气温高于 0℃，夜间气温短时间降至 0℃以下的低温危害现象，也就是农业气象学中所说的土壤表面或者植物株冠附近的气温降至 0℃以下而造成作物受害的现象。每年秋季第一次出现的霜冻叫初霜冻，翌年春季最后一次出现的霜冻叫终霜冻，初、终霜冻对农作物的影响都较大。出现霜冻时，往往伴有白霜，也可不伴有白霜，不伴有白霜的霜冻被称为"黑霜"或"杀霜"。

二、目的与意义

霜是我国秋冬季节常见的天气现象，而霜冻是一种农业气象灾害。本课题设计了霜与霜冻的区别的内容，目的在于通过探究让学生对霜与霜冻有一个常识性的了解；让学生通过自身的观察与记录，区别霜与霜冻的概念，了解霜冻对于农作物的危害，并了解和掌握如何预防霜冻的危害；通过探究性学习，让学生主动地去观察天气状况，培养气象科学意识。

三、工具与材料

- 可以上网的电脑 1 台

- 相机 1 台
- 笔记本若干本
- 自行设计的统计表格若干份
- 有关霜与霜冻的科普书籍

四、内容与步骤

本活动分为学习、调查、探究、总结 4 个阶段。

1. 学习

(1)通过相关书籍学习,了解霜与霜冻的定义。
(2)了解霜的形成原因。
(3)了解霜冻的危害与预防。

2. 调查

(1)调查我国哪些地区易发霜冻灾害(可以通过书籍和网络搜索)。
(2)调查本地区发生的典型霜冻灾害(可以到本地气象局摘录资料)。
(3)调查本地区遭受霜冻时,各种农作物的不同情况(可到本地农业部门摘录资料)。

3. 探究

(1)关注天气预报,了解全国天气形势,了解本地区初霜冻的情况;在本地区初霜冻发生后,根据学习到的霜的形成原因,分析当地第二天是否会下霜,并验证。
(2)验证"晚秋吹北风,日头火样红,日落红霞现,风停霜必浓""寒夜风云少,霜冻快来了""雪打高山,霜打注"等有关霜的农谚的正确性。
(3)在下霜后,仔细观察各类农作物的情况,利用相机拍照,并按农作物种类做好保存。
(4)重点观察玉米、大豆、棉花等秋收作物,对比其他农作物遭受霜冻后的产量情况,并分析为什么出现这种情况。

4. 总结

(1)做表列出本地区各种农作物遭受霜后产量的变化情况。
(2)分析什么作物最易受霜冻影响。
(3)形成霜与霜冻的区别以及本地区霜冻对各种农作物危害的调查报告。
(4)撰写课题活动总结报告。
(5)撰写探究活动科技小论文。

五、温馨提示

冬季实验要求学生外出时,要做好防冻准备。外出调查和校外实验要做好安全教育,并制订安全措施。

六、分析与结论

七、科学博士

同类问题：高温热浪的调查与探究。

拓展链接：观测记录本地区霜冻出现日数，并与其他地区作对比。

延伸思考：寒潮暴发时，是否比较容易出现霜冻？

实践14 台风眼探究

张金霖 陈枝法 阮 飞
（福建省霞浦县第十八中学）

一、概说

2006年8月10日,台风"桑美"光顾了福建省福鼎县沙埕镇。下午,狂风怒号,大雨倾盆。到了17时左右,强风顿弱,甚至还出了太阳,大家都以为台风已经过去了,安全了,不少上岸的渔民又纷纷下船,重新回到船上出海打鱼。哪知不到20分钟,强风又来了,而且比第一阵更为强劲。狂风毫不留情地将他们的财产与生命一并吞噬,造成193人死亡、11人失踪的惨景。这是因为他们遭受了台风眼的欺骗。

台风是一个巨大的圆柱状空气涡旋,直径大约1 000千米,垂直高度大约10千米。它就像在江河中流动前进着的水漩涡一样,在旋转的过程中,水漩涡中间出现了一个无水的空洞,水漩涡旋转得越快,中间的无水空洞就越大越长。台风也是这样,在气流高速旋转的过程中,中间也形成了一个静止的无风无雨的空洞,这个空洞就是台风眼。

台风眼的直径一般在40千米左右,大的可达200千米左右,呈圆形或椭圆形。台风眼里面非常神奇,那里天空晴朗,甚至艳阳高照,是台风中的"世外桃源"。但它不是固定的,而是随着台风的移动而移动。一旦台风眼移到别处,原来的地方又会出现狂风暴雨。

根据台风眼的形状,台风眼可分为开放眼型和封闭眼型两大类。封闭眼型是外围眼壁为单层结构且间断角度小于90°的眼区,封闭眼型还可分为圆形眼、类圆眼、同心眼和多边形眼4个小类型。

台风眼很有特点,在热带气旋发展初期,眼区形状一般不规则,范围也较大;在强烈发展时,眼区范围缩小呈圆形,并呈轴对称分布。在台风眼形成以后,不管台风多大多猛,而眼区基本上是晴空少云区,只在低层有少量层积云;眼区中心的气压最低,风速也很小,为微风或静风,而眼壁附近,风速急剧增大,达到极大值。另外,在台风眼中,还常常出现许多鸟群,有时还会随着台风的移动而飞到很远的地方。台风眼持续时间并不会太长,一般大约为1～2个小时。

气象专家告诉我们,只有在风雨渐次减小,并变成间歇性降雨,风慢慢变小,云升高,雨渐停,才代表台风离开了。如果台风眼并未经过当地,但风向逐渐从偏北风变成偏南风,且风雨渐小,气压逐渐上升,云也逐渐消散,天气转好,这也表示台风正在远离中。

二、目的和意义

达尔文说:"大自然是一有机会就要说谎的。"确实,大自然总是不肯轻易地以真面目示人,它常常把假象呈现给我们,而把真相隐藏起来。台风眼就是大自然呈现给人们的一种假象。这种假象常常会误导台风灾害区的人们以为台风已经过去,并且松懈甚至解除了抗防台风的心理与措施,造成其后所受的灾难与损失更为惨重。

设置本课题探究的目的在于:①让有关台风眼的知识得到进一步的普及;②让学生充分认识台风眼的形成、特点与分类;③让学生充分认识台风的危害与抗防的基本措施。

三、工具与材料

- 可以上网的电脑若干台
- 记录用的纸和笔若干
- 有关台风眼的科普书籍与学术著作

四、内容与步骤

1. 组织学生了解、学习有关台风眼的基本常识

(1)阅读有关台风眼的学术著作和科普书籍。
(2)从书籍中摘取有关台风眼形成的原理与过程的内容。
(3)从书籍中摘取有关台风的危害性质与形式的内容。
(4)搜索抗、防、减台风危害的方法与技术。

2. 搜索统计有关台风眼的案例

(1)从书籍、报刊、网络等渠道搜索有关台风眼的案例。
(2)制作如表1所示的表格(表格行数可根据需要自定),并将搜索到的案例进行分类统计。

表1 台风眼案例统计表

时间	发生地区	灾害形式	危害程度(造成人员伤亡和财产损失)	说明

(3)搜索有关台风眼的图片。

3．总结与宣传

(1)台风给人们的生产、生活带来的危害与灾难。

(2)总结防御台风的措施与方法。

(3)撰写课题研究的报告与论文。

(4)制作校园有关"台风眼"的宣传栏。

(5)组织学生宣讲团,到社区、农村进行气象灾害防减宣传。

五、说明

本课题探究以拓展、延伸、补充课本知识,训练学生的科学探究能力,提高学生的科学素质为主要目的,同时也为气象科普宣传搜集和组织素材而开展。

六、温馨提示

走出校门,进行社区、农村防抗气象灾害宣传时,教师要提示学生注意安全。

七、分析与结论

八、科学博士

同类问题:其他气象灾害出现时的假象。

拓展链接:台风眼与台风的关系。

延伸思考:台风眼现象的规律和识别方法。

后 记

　　《中小学气象科技探究实践》一书的编撰与出版,是浙江省气象学会校园气象协会成立以来又一个前进的脚步。

　　2013 年 9 月 13 日,由浙江省气象学会校园气象协会理事长俞善贤老师牵头,组织协会副理事长、秘书长、理事等 10 人组成编委会,并在杭州召开编委会会议,讨论并确定了本书编撰的格式、篇幅、作品数量和创作时限。

　　在广大编委老师的大力支持下,本书创作编辑进展比较顺利,截至 2014 年 1 月 31 日,历时 4 个月零 18 天,共收到作品 130 余篇,初编确定 92 篇。

　　各位编委老师都是学校中的教学骨干力量,担负着学校中繁重的授课、科研、校园气象科技辅导等重任,有的老师还担任学校中的行政领导职务,但大家对本书的撰写工作一直非常热心,很多老师的支持力度确实令人非常感动!

　　嘉兴市实验小学的申海明老师在繁重的授课和辅导工作中,第一个给编辑组赐稿,后不堪重负生病住院,在休假恢复期间还坚持撰稿赐稿,且作品的内容均为多年气象科技辅导的经验和结晶,很能给人以启发和引导。申海明老师带病坚持撰稿支持本书编撰的敬业精神确实让人感动!

　　宁波市鄞州区高桥镇中心小学的陈可伟老师有过多部著作编撰的经历,对本书的编撰予以鼎力的支持。不但他个人积极参与撰写作品,还发动学校老师共同撰稿,至截稿日期共赐稿 20 多篇,使该校成为所有编委所在学校中创作作品的人数最多、赐稿数量最多的单位。

　　湖州德清县洛舍中心校的俞国新老师也是本书的积极支持者,他除了个人积极撰稿外,还长期发动本校老师撰稿,在外出学习培训的一个多月时间内,仍心挂本书的编辑进展,多次召开相关老师会议,鼓励老师积极撰稿。该校也是给本书赐稿较多的单位之一。

　　湖州市爱山小学教育集团的黎作民老师是一位能力较强积极努力向上的年轻科学课任教师,在学校是骨干教师,在协会是活跃的积极分子,也是本书编撰的积极支持者。她组织本校和他校老师撰写的稿件达 10 多篇。

　　舟山市岱山县秀山小学的邱良川老师也是本书的积极撰稿人之一,他个人已赐稿 10 多篇。同时,他还负责在网络上与各位撰稿老师沟通,极大程度地增多了稿件的数量,并加快了本书编写的进度。

　　嘉兴桐乡市崇德小学的陈梅娟老师是一位浙江省内小学科学课教育的积极分子,她不但自己踏踏实实地创作,还带领桐乡全市的科学课任老师为本书赐稿。

　　义乌市气象局的赵贤产高级工程师虽然平时工作比较繁忙,但对校园气象科普教育特别热心。得知我们在编撰本书的信息之后,他便在百忙之中挤出时间撰稿,而且还发动相关学校老师一起撰稿,为本书的顺利编撰做出了努力与贡献。

　　特别感谢浙江省气象局、气象学会领导在本书的编写过程中对我们多方面的大力支持、鼓励和高度关注！

　　感谢浙江省科协对我们的支持、鼓励和帮助！

　　感谢中国气象局气象宣传与科普中心、中国气象学会对我们的支持与鼓励！

编　　者

编委简介

任咏夏——男，1950年生，中国科普作家、中学教师，浙江省气象学会校园气象协会秘书长，系中国气象学会会员、中国教育学会会员、中国地理学会会员、《中国教育学刊》学术研究员，义务兼任国内青少年科技活动中心和中小学等30多个单位的校园气象科普教育顾问或校外辅导员。

自2002年以来，在国家级核心期刊上发表有关校园气象科普教育的论文数十篇，出版有关校园气象科普教育的个人专著2部；曾连续受邀参加中国科协主办的"全国科普理论研讨会"六届；曾主持承担全国教育科学"十二五"规划教育部重点课题的专题研究，研究成果撰成《我国中小学校园气象科普教育发展史》一书(待出版)；曾参与《十万个为什么》(第六版)第18分册《灾难与防护》卷中"气象灾难与防护"章节的编写。

俞善贤——男，浙江省气象学会秘书长，浙江省气象学会校园气象协会理事长，教授级高级工程师，第九届浙江省科协委员、常委，浙江省跨世纪学术和技术带头人("151"人才工程)第二层次人才。

曾主持国家和省部级科研项目20多项目，获省部级科技进步奖二、三等奖5项，先后在核心期刊上发表论文30余篇。曾担任浙江省"科学+"报告团成员，多次参与气象科普讲座和气象科普著作、气象培训教材的编写，曾参与《十万个为什么》(第六版)第18分册《灾难与防护卷》中"气象灾难与防护"章节的编写。

申海明——男，1962年7月生，小学高级教师，现任教嘉兴市实验小学，兼任学校红领巾气象站辅导员，2012年被选为浙江省气象学会校园气象协会科普工作委员会主任。

自2003年9月以来，曾指导学生撰写了大量气象科普文章，并在《气象知识》杂志上发表作品多篇。2011年被评为《气象知识》校园气象网年度优秀通讯员；2013年，所任教学校被中国科学技术馆和中国气象局评为"优秀小博士工作站"，个人被评为"优秀辅导员"。

陈可伟——男，1975年3月生，小学高级教师，浙江省气象学会校园气象协会副理事长，浙江省民间文艺家协会会员，宁波市民间文艺家协会理事，鄞州区民间文艺家协会副秘书长，现就职于宁波市鄞州区高桥镇中心小学。

曾专注于教育科学研究、民间文艺创作、小学气象科普教育、非物质文化遗产教学传承等工作。著有《追寻温情的教育智慧》《成功学生经典智慧案例100则》《寻找教育的支点》等教育专著5部，策划主编《绚丽多彩的梁祝文化》《气象探秘》《甬上风情》等校本教材4部，并参加过《梁祝文库》《职校生自我修养读本》《小学生安全教育读本》等书的编写工作，主持过市级以上科研课题 7 项,并有多项成果在省、市获奖,在各类中文核心期刊发表论文 10 余篇。

邱良川——男,1956 年生,小学高级教师,现任舟山市岱山县秀山小学科学及综合技术课教师,校园气象辅导员,浙江省气象学会校园气象协会副理事长,中国气象学会会员。

自 1979 年起在校园里建立气象站,带领学生进行气象观测和开展气象科技活动,其间虽然数易工作单位,但仍一直坚持不断,至今已有三十余年。2005 年参与建立秀山小学校园气象站,2010 年 3 月,该校园气象站获现任中国气象局局长郑国光博士亲笔题词。

最近几年来,曾多次参加全国和省级有关校园气象建设的交流活动,多篇论文分别在国家及省级杂志上发表并获奖。2011 年荣获岱山县政府颁发的气象先进工作者称号,2013 年主持并完成教育部"十二五"重点课题之子课题——《我国校园气象科普教育网络的兴起与发展》,2013 年被岱山县委、县政府评为"最美岱山人"。

陈梅娟——女,1973 年生,中学高级教师,现任桐乡市崇德小学科学教师,嘉兴市小学科学学科带头人,"浙江小学科学网"管理员,浙江教育资源网"小学科学门户"管理员,浙江省农村中小学现代远程教育工程"学科难重点网络课程"小学科学授课工作承担者。

近几年来坚持利用业余时间参加各类网络教研活动,收集整理的大量教学资料发布于浙江省小学科学论坛,深受各地科学教师欢迎。几年来先后主持了 6 项省、市级课题的研究并多次获奖,撰写论文 40 余篇,并多次获国家级及省、市级奖;带领学生开展校园气象观测等科技活动多年,活动成果多次获奖与发表。

沈钊——男,1986 年生,绍兴市上虞区竺可桢中学教师,学校科普教研组组长。曾参与编写科普校本教程《科技之光》,多次辅导学生参加上虞区青少年科技创新大赛,并获一、二等奖。

赵贤产——男,1958 年 5 月生,高级工程师,曾任义乌市气象台台长及义乌市气象学会秘书长。近年来曾主持和参与 6 项科研项目,获义乌市科技进步奖。主要对冰雹预警、防雷技术、雨雪冰冻等灾害性天气预报技术进行研究,在国内外核心期刊发表论文十多篇,其中被评为金华市级与义乌市级各等级优秀论文十多篇。曾被金华市科协评为先进工作者,并连年被义乌市科协评为先进个人。

姚锦烽——男,硕士,工程师,2010 年毕业于南京信息工程大学气象学专业。近年来,先后在公共气象服务中心、气象宣传与科普中心等单位从事气象科普相关工作,主要负责校园气象科普推广、气象科普产品开发等工作,先后在"中国天气网"《中国气象报》《气象知识》发表文章 10 余篇。

俞国新——男,小学高级教师,曾被评为"湖州市第二批五个一先进个人""湖州市优秀德育导师""德清县优秀教育工作者""德清县十佳优秀教育管理者""德清县教坛新秀"。

曾组织学校师生深入挖掘中国传统二十四节气中的科学育人元素,推出了以"二十四节气"命名二十四中队活动。2002 年,负责策划的《在农业气象科技活动中提高学生科学素质的研究》荣获浙江省教育科学第三届优秀成果三等奖。2012年主持的国家级少先队课题《依托可桢气象学校培育队员科学文化素养的实践与研究》荣获特等奖，并被推荐到2012年下半年在河北石家庄市举行的全国少先队工作年会会上做专题发言。

徐虹——女，浙江省气象学会学会部主任，气象电子工程师，从事气象工作二十余年，浙江省科协、中国气象学会特约通讯员。

程昌春——男，1966年生，大专毕业，小学教师。曾执笔开发校本课程《壶源江——我可爱的家乡》，获浦江县优秀校本课程一等奖、金华市二等奖。2011年起，担任杭坪中心小学"红领巾气象站"辅导员，积极指导学生开展丰富多彩的气象科技活动，指导的多篇气象科技小论文获省、市、县级奖，多幅以"校园气象活动"为主题的剪纸作品与童诗在《气象知识》上刊登。

黎作民——女，1981年生，小学高级教师，湖州市爱山小学教育集团科学课任教师，吴兴区学科中心组成员，湖州市气象学会会员。

曾获"湖州市优秀科技辅导员""区教坛新秀"等荣誉称号；曾在《科学课》《中国教育技术装备》《气象知识》等杂志发表论文数篇，并多次在全国、省、市、区获奖；指导学生科技论文获省、市、区奖项60余次。

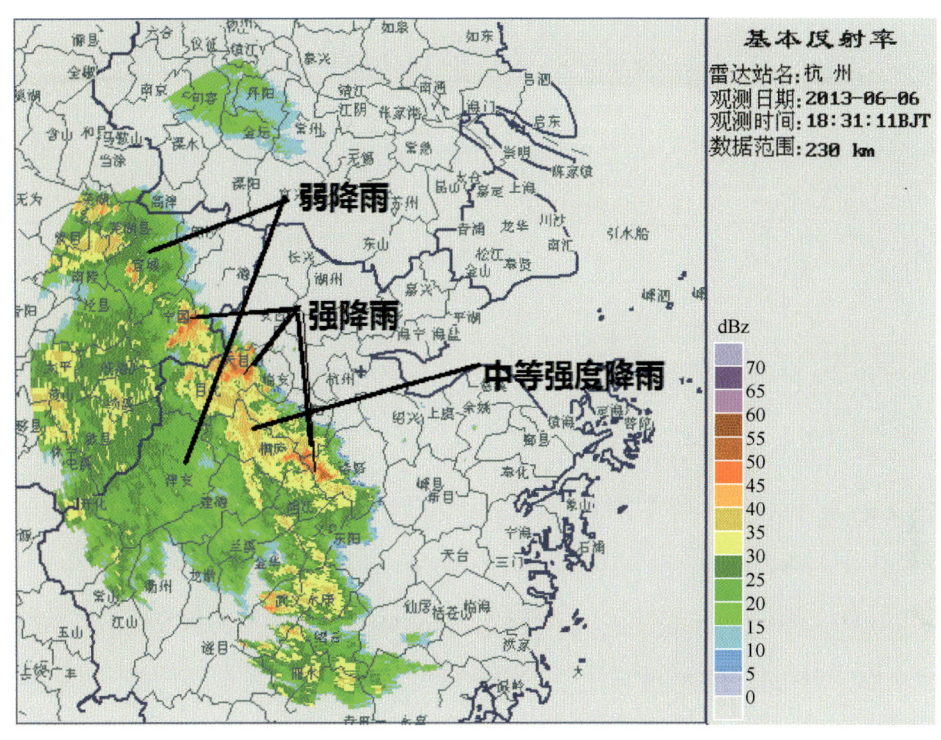

附彩图1 不同强度雷达回波对应的降雨等级

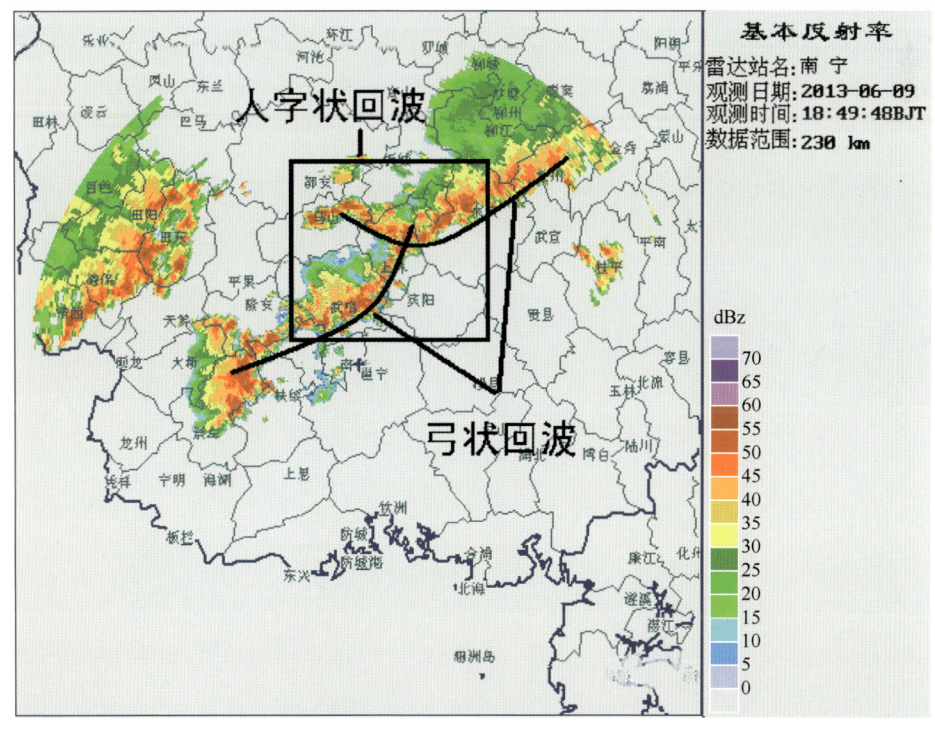

附彩图2 弓状和人字状回波

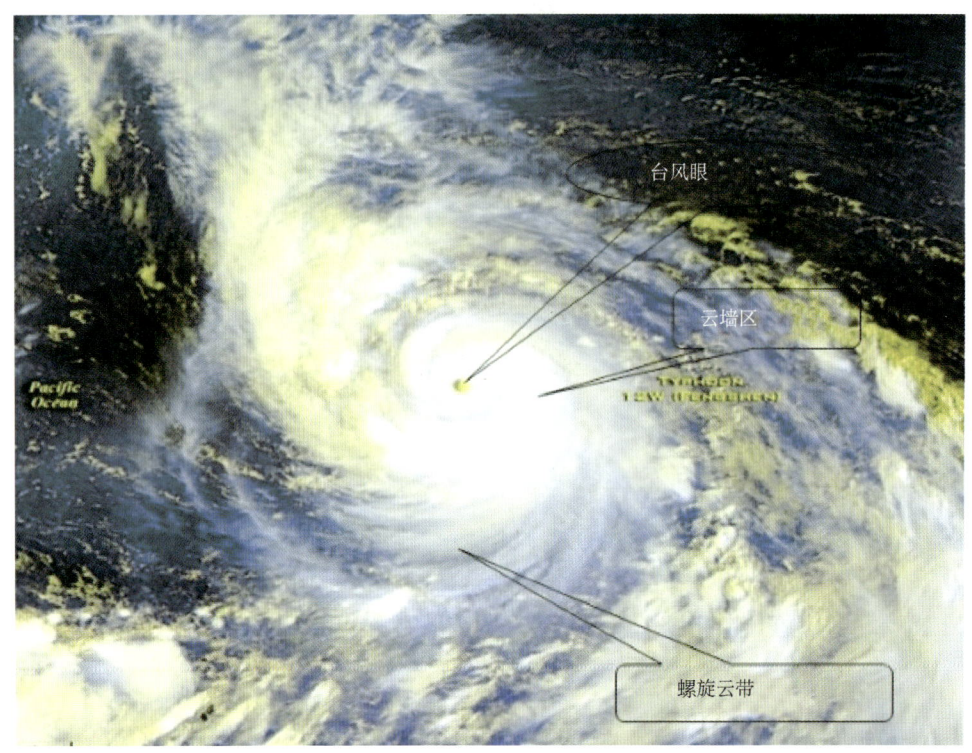

台风眼

云墙区

螺旋云带

附彩图 3　台风结构图